黑龙江大学文化哲学研究丛书

文化哲学
基础理论研究

RESEARCH ON FUNDAMENTAL THEORY OF
CULTURAL PHILOSOPHY

主　编　丁立群

副主编　周来顺

社会科学文献出版社
SOCIAL SCIENCES ACADEMIC PRESS (CHINA)

本丛书获国家社会科学基金重大项目"中国优秀传统文化的创造性转化与创新性发展研究"（项目编号：2015MZD014）、马克思主义理论研究和建设工程重大项目"中国优秀传统文化的创造性转化与创新性发展研究"（项目编号：2015MZD014）、黑龙江省文化发展战略研究中心（黑龙江省首批重点培育智库）、新时代中国特色社会主义文化理论与实践省级培育协同创新中心资助。

文化哲学元问题探讨

文化哲学基础理论问题与西方哲学思潮

文化哲学基础理论问题与现时代

文化哲学基础理论问题与俄罗斯东欧哲学

海外译稿

文化哲学元问题探讨

文化哲学：问题与领域*

丁立群**

文化哲学已成为当代哲学领域的显学，甚至已经超越哲学领域，对政治、文学、艺术、教育以及经济学等领域产生了重要影响。已有西方学者预言，随着时代的发展，未来的所有哲学都是文化哲学。不管这位西方学者在什么意义上作此预言，文化哲学的普遍意义乃是一个无可争辩的事实。然而，在这种形势下，文化哲学的基本界定却仍然是一个见仁见智的问题。存在的问题是：文化哲学的基本意义是什么，文化哲学的基本问题和学术领域如何界定。

首先应把文化哲学个别问题研究和系统的文化哲学研究区别开来。文化哲学个别问题的提出和进入研究视野只是文化哲学产生的前奏曲，而系统的文化哲学研究则是文化哲学获得自我意识，即由自在到自为的标志。依据这种区分，我认为，在西方思想史上，文化哲学的个别问题研究早在18、19世纪的哲学、历史学、文化人类学及社会学研究中就已经存在。20世纪30年代以后，出现了比较系统的文化哲学研究，如恩斯特·卡西尔（Enst Cassirer, 1874-1945）明确使用了"人类文化哲学"（Philosophy of Human Culture）这一概念，他以人的"符号"或"象征"活动为人的本质活动，这一本质活动演化出一个包括语言、神话、宗教、艺术、科学和历史在内的文化世界，据

---

* 本文发表于《哲学研究》2010年第9期。
** 丁立群，黑龙江大学哲学学院教授，主要从事西方实践哲学与文化哲学、马克思主义实践哲学与文化理论研究。

此他构造了一个较为系统的关于人和文化本质的文化哲学。卡西尔的思想标志着文化哲学已经由原来的个别问题研究上升到系统的研究，由自在上升到自为。然而，系统的文化哲学研究在西方思想中尚属少见。特别是，由于文化概念的宽泛性以及文化哲学的实践品格，文化哲学的根本性质是一个没有解决的问题。在当今中国学术界，文化哲学研究已经成为一个热点研究领域。然而，人们对文化哲学的理解仍然难以统一，以至于文化哲学研究在内容上已经被泛化：人们对文化哲学的理解已经远远超出了一门学科产生之初所具有的多元性，从而，在认识上产生了一些混乱。这种泛化，对一门学科的健康发展是十分不利的，也很可能导致文化哲学自身的普泛化乃至逐渐消解，由此也成为中国文化哲学进一步发展的瓶颈。

文化哲学的产生起自时代的根本性变化，文化哲学的问题意识和基本意义即关联于这一根本性变化。具言之，以人的全面发展为核心的总体现代化之成为可能，全球化所催生的"世界文化"理念以及人们对文化本身经验感受的迫切性，这三者是系统的文化哲学的催生剂。同时，文化哲学又以理论的自觉形态，体现了这种时代的诉求。

前提之一，现代化的逻辑演进以及总体现代化观念的产生。

遍布世界的现代化运动，首先是从西方社会开始的。西方自近代以来的现代化运动从其肇始就伴随着一种功利主义和物质主义的"原罪"。资产阶级力图以自己的意识形态取代中世纪的神学世界观，要求人们把目光由遥远的彼岸世界拉回到现实世界，关心人的现世利益，于是在精神核心上以片面的工具理性取代了全面的理性概念。以此为核心精神的整个资本主义社会制度激励了科学技术和生产力的高度发展，提高了人们改造自然的能力，并为整个资本主义世界创造了丰裕的物质财富。但是，这样一种现实主义却在对抗中世纪宗教神学的超验世界观的过程中走向极端，它消解了此岸与彼岸的张力，使得一种功利主义、物质主义伴随着西方现代化的产生而产生，并成为伴随西方现代化的"原罪"——现代化就是生产效率的提高、物质的丰裕，这是一种单维的现代化。这种单维的现代化导致了很多社会问题。如围绕社会与自然的关系产生的环境污染，生态失衡，自然的异化及能源、资源危机问题；围绕社会与社会的关系而产生的资源的无政府竞争，国际经济秩序紊乱和世界安全危机；围绕人与人、人与社会的关系而产生的人的异化、生活意义的丧失、个性的湮没等人的生存危机。基于这种认识，西方世界普遍兴起了对现代化的反思热潮，以法兰克福学派的诸多成员为代表的社会哲学家、以弗朗索瓦·佩鲁为代表的发展理论家、现代化研究者从各个角度对西方的现代化观念进行了批判。一方面，这种批判促进了传统现代化观念的解体及现代化的多元化，在这种多元化现代化观念的支配下，现代化实践呈现出多种样态。另一方面，这种批判从精神核心上，导向对与工具理性相对的生存和生存智慧等精神文化的关注；在现实层面，这种批判也促使一种新的现代化观念产生——一种以人的自由和全面发展为核心的，包括政治、经济、文化在内的社会全面进步的现代化观念。这是一种与单维的现代化相对立的总体现代化观念。总体现代化观念的提出很快就得到了实践上的响应，西方种种以传统现代化观念为目标的"反现代化"运动以及我国现代化运动中提出的精神文明和文化现代化建设问题，从总体上反映了这一趋向。总体现代化观念的提出和进入实践，意味着完整的生活世界和完整的人——这一人类"千年福祉"——的实现已经具备了充分的现实条件，并已经进入人类现实的历史过程。这是人类历史的一场巨大的变革，是人类生存方式的根本性转换，这种生存方式的根本性转换亦将深深地影响人类的思想境界和理解方式；同时它使得更加全面的文化视野展现在人们面前。

前提之二，全球化的文化逻辑以及一种超文化形态——"世界文化"理念生成。

现代化也同时伴随并促进了全球化进程。全球化必然带来各种文化形态的交流、冲突和融合，这种交流、冲突和融合无论在深度上还是在广度上都是以往所无法比拟的。全球化的基本矛盾是同质化和异质化的矛盾，在全球化过程中，西方发达国家借全球化之机，力图把自己的文化模式和价值观念普遍化，同化与自己不同的第三世界的民族文化，由此而形成一种同质化倾向。与此相反，第三世界各民族文化在全球化浪潮中，感受到一种来自发达国家强势文化的压力，纷纷强调本民族文化的个性，以其个性与强势文化的普遍化相抗衡，从而形成一种异质化倾向。同质化和异质化已经成为发达国家和发展中国家在全球化初期坚守的不可调和的文化逻辑。

然而，同质化和异质化两种倾向之间不可调和的、僵死的对立，恰恰说明它们都不可能成为全球化过程中的建设性逻辑。随着世界范围内各民族文化交往的拓展和加深，通过多元文化的相互作用，将形成一种建立在各民族共同需求基础上的统一的价值核心，全球化中的文化同质性和异质性观念的消极对立将为一种积极的建设性理念所扬弃。以往在理论上被当作乌托邦观念、在实践上仅仅被看作一个界域性概念的"世界文化"，作为一种"超文化"类型，将第一次富有内涵并成为一种可经验的现实。"世界文化"既不是西方文化的一元化，也不是发展中国家和民族文化的原子化，而是不同文化在世界范围内的有机整合，正像联合国教科文组织国际专家小组的报告《多种文化的星球》中所区分的那样，"统一性完全不同于一致性，它不是基于消除各种差别性，而是基于使这些差别在一个和谐的整体中整合"。可见，全球化作为一种全球政治、经济、文化的结构性转换和理性重建，必将逐渐生成一种全新的文化经验、思想境界和价值依托，进而形成一种全新的生存方式。同时，这种全新的生存方式又使得理解全球化内在的文化冲突问题有了革命性的转换并提供了彻底解决的可能。

前提之三，文化发展的逻辑、文化总体性以及文化本体经验的凸显。

文化是人的存在方式，同时也是人对世界的理解方式。从人类认识的发生史来看，文化的演化经历了一个历史过程。在这一历史过程中，文化曾由一个浑然一体的整体分化为不同的文化领域、文化部门，如宗教、艺术、道德、科学、经济、政治等，其中每个文化领域和部门都构成人类理解生活的独特的理解视界，具有一定的世界观意义。J.杜威认为，这种分化，是人类认识和理解世界的一个自然的过程。但是这种分化却产生了一系列的后果。首先，不同文化门类所形成的理解视界乃至世界观产生了差异性。部门文化或不同的文化门类形成了特殊的认识事物的视野，这种视野同时是一种局限。我们说，一块石头，在艺术家眼里，它可能是一件艺术品，而地质学家看到的则可能是石头的成分、形成年代等，这是文化分化形成的理解视界乃至世界观的差异及局限所致。其次，这种差异性导致了相对视界的隔绝化。文化的分化是人类认识和理解深化的自然过程，但是随着认识和理解的进一步加深，这种自然过程却被极端化，以至于完全割断了文化各部门、各门类之间应有的内在联系，使得文化各领域、各部门产生了一种自我封闭倾向。从技术层面上说，这种分化的自我封闭倾向也表现为，各文化领域和部门分别形成了一套理解世界的专业术语，这种专业术语由于过分"专业化"以至于无法互译和相互理解，使得各文化部门之间发生了沟通和交流障碍，文化的各种成分变成了莱布尼茨无法沟通的"单子"。这种隔绝使得文化的基本价值即真、善、美、神圣性等作为不同领域的价值核心相互对立、相互冲突，以至于我们所认识和理解的世界也被分裂了，这是人类认识进程中的一个悲剧。再次，伴随着相对视界的隔绝，文化各领域、各部门产生了一种绝对化倾向。这种绝对化倾向把部门文化自身的局部价值超范围地普遍化到一切文化领域，形成一种以虚假的"普遍"价值为核心的文化意识形态，从而导致文化生态（斯图尔特）的失衡，这往往造成一种文化危机，如中世纪的宗教意识形态，近代肇始的唯科学主义意识形态等。

所以，很多现代西方思想家呼吁文化的统一或科学的统一：逻辑实证主义提出科学统一的理想，试图将人工语言作为一切科学的统一语言；哲学人类学的创始人 M. 舍勒尔提出"完整的知识"的理想，试图克服文化的分裂状态。当然，他们所说的统一的含义并不一致，如逻辑实证主义试图用科学语言来统一一切语言，这仍然是一种文化意识形态，但是，这毕竟代表了一种文化诉求。

从总体性角度来看，各种文化领域和门类的相对性，同时也说明它们相对于文化整体来说，意义和价值的依赖性——所有的文化领域和门类都只有在文化整体中才能获得意义和理解，离开了文化整体，个别文化领域和部门的意义和理解只能被歪曲。所以说，文化的分化并不能消解文化各领域、各部门的内在联系。正是这种本体论依据使得不同的文化门类、不同专业和学科已经意识到自身的局限性，纷纷向相邻学科渗透，形成了很多边缘学科——这些边缘学科恰恰标志着文化各门类之间本源的联系。

正是在这种日益强化的文化总体化的趋向中，文化本身的经验逐渐由生活世界的"隐背景"，凸显为生活世界的"显背景"。由文化各门类、各部门的机械堆砌，生成为具有有机内涵的一种新的世界观和意义实体：文化本身作为组织生活的"经纬线"已经成为人们的一种迫切的经验感受，在人们的心理、意识和思想中逐渐形成关于文化的整体经验——人们已经能够或者有条件打破原有的门类、学科的局限，感受到文化本身。这与以前的情形已成鲜明对照。此前，部门文化的局限遮蔽了文化本身，使这一经验无从产生；而这种整体经验一旦形成，文化的总体性就将成为哲学的主题。卡尔·曼海姆（K. Mannheim）认为，在这种文化总体性的经验之中，今后"我们所有的哲学则都已变成文化的哲学"。可见，文化总体性的强化以及对文化本身的经验感受是文化哲学产生的本体论和认识论根据。

总之，文化哲学产生的三个前提即以人的完整性和全面发展为核心的总体现代化的实践诉求、全球化所催生的"世界文化"理念以及文化总体性世界观的形成。

首先，法国哲学家 G. 马塞尔（Marcel, 1889-1974）曾说，人以什么方式认识和理解世界，人就以什么方式存在着。文化哲学产生的三个前提改变了人类认识和理解世界的方式，改变了人的生活境界，标志着人的生存方式将发生一种根本性转换。当人以一种个别文化门类的形式去理解和认识世界时，人就以一种片面的方式存在着，相对于完整人，这标志着人的存在的分裂。而新的认识方式即标志着一种总体性的生存方式的生成。这种总体性生存方式使文化本身这种以往只是处于灰色背景中的"基底"由"隐"而"显"，成为一种新的世界观。

其次，这种认识和理解方式的转换，从而人的生存方式的转换，在哲学上的效应亦将是革命性的。哲学是人的认识和理解方式的集中体现，因而上述转换亦意味着哲学自身形态的转换。它不仅转换了哲学自身的存在方式，而且它所提出的问题扩大了哲学的视野和思考外延，为哲学提供了新的问题域，提供了一种理解和解决问题的新的思想境界和思维方式。在这种意义上，许多传统的哲学问题都可能在一种新的坐标系中得到一种全新的阐释。同时，这一根本性转变使一切哲学似乎都无法回避文化问题，文化哲学成为当代各种哲学形态所蕴含的潜流和底蕴——文化哲学的理论形态，或者说文化哲学的系统研究只是这种潜流和底蕴的集中体现和自觉形态。这也许就是曼海姆预言的真实含义。

可见，文化哲学研究从自在走向自为，从个别问题研究走向系统研究依据一种现实文化的发展逻辑：这种文化逻辑决定了文化哲学的问题域。而自觉的系统的文化哲学研究也正是这种现实的文化逻辑的思想回应，它以理论的自觉形态，体现了这种时代的诉求。在这样一种背景下，我们可以理解文化哲学的理论层面、哲学意旨和实践目的。

系统的文化哲学研究从总体上，具有自己的元哲学理解和形而上学运思，同时凭借这种形而上学运思，对现实的文化形态和文化状况进行整合和理性重建。所以，文化哲学研究具有相互区别同时又相互联系的三个基本层面。

其一，哲学的文化价值研究。这是文化哲学的前提性研究，目的在于确立文化哲学的合法性：只有确立哲学之普遍的文化价值以及与此相关联的哲学在文化中的超越地位，才能确定文化哲学的合法性。哲学的文化价值研究实际上是对哲学的一种元（"meta-"）研究，它将得出一种对哲学性质的独特理解。哲学自产生之日起，它的大部分兴趣不在于"对象研究"而在于一种"元研究"，即追问哲学是什么，哲学的价值、意义如何理解等。但是，传统上，对哲学的规定只局限于哲学自身。黑格尔认为，任何一门具体的学科都依赖于相邻学科的限定并借助于相邻学科的理论以为自己的前提，哲学则不同，它是自大无外的，因而只能自圆其说，据此，他构造了以最抽象的"存在"为逻辑起点的哲学体系。因此，一切具体科学都可以以相邻学科来规定自己，哲学却一直是一种自我规定的学科，这种自我规定使哲学具有一定的自我封闭性——哈贝马斯所说的意识哲学，不仅在认识论上有一种主体封闭性，在哲学自身的界定上也有一种自我封闭性，这也是意识哲学的一个特征。然而，自近代以来，哲学外延的逐渐退却，使得哲学可以在一个更大范围里规定自己、理解自己的意义；同时，诸多文化学科的兴起，如文化人类学、社会学等，为人们开阔了视野，也使哲学开始融入文化，人们开始在文化中考察哲学。这一时期和此后很多哲学家的著作都融入了文化人类学的内容和成果，如G.维柯、O.斯宾格勒等。美国哲学家J.杜威则明确指出，不能把哲学史当作一个孤立的过程来研究，哲学史是文明和文化史的一章。他要求把哲学的故事和人类学、原始生活、宗教史、文学和社会制度的研究结合起来。可见，从传统哲学的自我界定到杜威把哲学看作文化史的一章来研究，从"纯粹理性批判"（康德）到"文化批判"（E.卡西尔）是符合哲学发展的逻辑的。

关于哲学在文化中的普遍的文化价值，我们可以通过哲学的演变过程来了解。在哲学史上，哲学最初是包罗万象的：它几乎涵盖所有的文化学科，包括人文学科和主要的科学技术学科，换句话说，哲学实际上就代表着文化总体。随着人类历史的发展和人类认识的发展，文化开始分化，产生了不同的文化部门和文化学科，这是人类深入理解世界所必须经过的认识环节。与此同时，哲学的疆域则逐渐退缩，它不再代表文化的总体，而成为文化系统中的要素之一。但是，哲学这种文化要素或文化门类却具有一种特殊性，即它是文化系统中的无实用价值要素——正是根据这种学科分化以及哲学的"无效用价值"性，近代以降的西方哲学史上，产生了种种哲学或形而上学终结的说法。但是，哲学作为文化系统中的"无效用价值"要素，却能够在文化系统中长期存在、不可或缺，并且一度成为文化之王：成为文化学科的元标准以及文化学科合理性的裁判者，这一现象曾引起人们的惊奇：如果哲学是一种"无效用价值"要素，那么哲学作为一个文化门类其作用和意义就会成为问题，难道哲学是人们茶余饭后的奇思幻想？考察这一问题涉及哲学在文化系统和结构中到底有什么功能和作用。其实，哲学在文化系统中确实没有功利效用，这一点就连实用主义的代表人物 W. 詹姆斯也是承认的。然而，哲学虽然没有具体的功利效用，它的意义也许更为重要，正像 W. 詹姆斯所说，哲学虽然不能用来烤面包，但是它能照亮人类的前程。我认为，哲学的主要功能和作用不在于功利效用，而在于一种重要的、不可或缺的结构意义和系统作用，这种作用主要不在于外在的对象而在于内在的功能，在这种功能作用之下，文化各门类、各部门之间才能在内在意义上，联结为一个整体——如果没有哲学，文化只能四分五裂。换言之，哲学是以其构建的终极关怀作为"经纬线"或者"意义纽带"，将文化各门类"编织"、联结为一个统一整体，同时，也正是这种终极关怀才能照亮人类的前程。在此意义上，文化的各门类和部门都是"哲学的"，或者都是"哲学化的"，因为，它们都蕴含着一种终极价值。

哲学在文化系统中普遍的文化价值决定了哲学在文化中的超越地位。哲学在文化系统中的这种结构意义和系统作用，使得哲学不再是一个普通的文化部门和文化门类，哲学是文化的精神和灵魂，我们借用拉卡托斯的概念，可以把哲学称作文化的"硬核"。从功能上说，哲学是文化的管理者和文化价值的沟通者——文化分化后确实需要这样一个管理者和沟通者担负起整合文化的重任。在这种意义上，哲学是以文化作为中介与世界相连接的，哲学几千年来对世界统一性的不懈追求，实际上，就是以隐喻的形式对文化总体性和统一性的追求——只是这种隐喻形式往往把问题弄得晦暗不明：它以隐喻的表面所指遮蔽了其实际的所指。

可见，哲学在文化各门类中的超越性及特殊地位是无法消解的，它根源于一种分裂的文化存在。现代西方颇为盛行的后现代主义主张在文化中消解"大写的"哲学，消解哲学之王的地位（理查德·罗蒂），但是，这几乎是不可能的：存在几千年的哲学是无法靠一种思想分析而被消解的，作为文化系统中的一个特殊要素，它在文化系统中的存在有其本体论上的根据。

其二，文化形而上学。形而上学（简称为形上学）英语形式是"metaphysics"，它源于希腊文，是"meta"和"physica"的组合，字面意义为"物理学之后"。在西方哲学史上，形而上学主要在两个意义上被使用：其一，由于哲学家们认为哲学研究的对象不在经验之中而在超经验层面，所以形而上学便指对经验事物以外或以上的超验实体的研究；其二，由于人们只能感受经验的具体部分，无法感受经验的整体，所以形而上学也泛指对一切可经验事物整体的研究。文化形而上学是形而上学意义的延伸，是相对于研究具体文化现象的诸多文化科学而言的，又可以把它称为文化本体论。文化形而上学研究是关于文化总体性、文化各门类之间本源的内在联系和文化的深层价值和意义的研究。哲学的文化价值研究确立了文化哲学或者说哲学研究文化、管理文化的合法性——这种合法性同时也说明了其他文化门类如科学等研究文化、管理文化的非法性，当然这里不排除具体文化门类可以作为研究方法而被采用。文化形而上学则在此基础上，对文化的总体性本身以及由于领域性分化和地区性特色形成的不同的文化精神和基本的文化价值进行研究，进而构造一种文化总体性理想，在此基础上，对现实文化进行一种理性重构。

我们知道，文化随着自身的发展，出现了一种分化和专门化的过程，在这一过程中形成了不同的文化门类——道德、艺术、宗教、科学等，各个文化门类逐渐形成了迥然不同的文化价值和内在精神，如，真、善、美、神圣等；同样，不同的地域文化（又称"地方文化"）亦可归结某种深层价值的差异。如前所述，文化是人的存在方式，所有这些文化门类、文化形态都与人的特定的生活方式相关联，都构成了人的某种生活样态和存在方式，因而，有一种天然的自主化、绝对化倾向，即以自己的世界观和生存方式为唯一"正确"的真理。但是，事实上，相对于文化总体性来说，它们都具有相对性：脱离了文化总体联系的个别文化部门、文化形态只能是一个局部、一个方面，只具有相对的真理性。所以，文化哲学要把文化总体性作为自己的研究对象，探究文化总体性的原始形成及其内在联系，探究对文化总体性进行理性重构的理论逻辑和现实途径，在这一总体性基础上重建以艺人的完整性为内容的终极关怀。同时，文化形而上学还应在各文化门类和部门，各文化形态之间建立一种平衡和制约机制、一种开放机制和沟通机制。就平衡和制约机制而言，我们可以借用美国人类学家朱利安·H. 斯图尔特的"文化生态学"（Cultural Ecology）概念。文化生态学在斯图尔特那里，是一门研究特定文化形态适应环境的过程和由这种适应性所导致的文化习俗之间的相互适应性的理论。但是，文化哲学理解的文化生态还应包括一个维度，这是朱利安·H. 斯图尔特没有论述的，这就是文化系统内部的生态平衡问题，它同样应当是文化生态学概念的应有之义。这种意义是用来说明文化系统内部的各门类、各要素应有的一种平衡和制约关系——这种平衡和制约关系是文化稳定和保持良好状态的前提。任何时候，这种平衡和制约关系一旦被打破，必然会出现文化危机。这在文化史上屡见不鲜，如中世纪的神学统治和近代以来的唯科学主义导致的文化危机，就是个别文化门类打破其应有的领域限定，打破文化生态，被人为地意识形态化的结果。所以，文化哲学应在认识文化各门类之内在联系的基础上，建立一种文化平衡机制。文化哲学还应建立一种开放机制和沟通机制，这种开放和沟通机制，一方面要克服文化（包括文化门类和文化形态）的"原子化"及其保守主义倾向，另一方面也要克服以一种文化门类或文化形态取代其他文化门类和文化形态的"文化霸权主义"倾向，以倡导一种辩证的统一。在这种意义上，我赞同约翰·杜威的观点，他认为，哲学不过是处理文化冲突、沟通文化价值的机构和"联络官"。

其三，文化批判。文化批判是文化哲学的第三个层面，也是文化哲学的实践层面。文化批判旨在通过现实批判的途径对文化现实进行理性重构，推进文化的发展。首先，文化批判建立于文化形而上学的理论基础之上，由文化形而上学提供文化发展的理想和基本的价值准则，使这种文化批判有一个稳定的理念，不至于像西方的某些社会批判和文化批判理论那样，堕入无所建树的虚无主义和相对主义泥淖。其次，文化批判的性质是总体性的，是批判之批判。这里的总体性一方面是指对文化总体性本身的反思批判，即对一种文化形态的总体性批判，另一方面是指在理性重构的文化总体性观照下的具体文化现象的批判，即文化哲学对任何具体文化现象的批判都必须是在文化形而上学构造的总体性理想观照下的批判。文化哲学意义上的文化批判是一种批判之批判，换言之，这种批判不是一种具体文化部门和门类内部的批判——这种批判是每一个文化门类自身内部都具备的功能，是文化部门的自我批判，实际上，每一文化部门或门类的内部研究本身就蕴含着一种批判因素，但这种批判往往是一种内在的反思因素，或者至多是一种托马斯·库恩意义上的相对于该文化部门和门类的革命性的范式转换，与文化哲学意义上的文化批判并非同一层面。文化哲学所谓批判之批判是在各文化部门的自我批判的基础上，进行一种更广泛的综合和拓展，即把各种分裂的文化基本价值在一个广泛的层面上重新统一起来。就如J.杜威所说，哲学的批判就是把各文化部门的批判"再作进一步的批评而尽可能地使它们更为广泛而一致"。在这种意义上，J.杜威认为，文化批判的功能实质上是一种意义的澄清和解放，并通过意义的澄清和解放实现文化的统一。我认为，这种统一在本体论上关联的是人的生活世界的统一，人的分裂的最终克服——这就是人的完整性的实现即人的解放，这是文化哲学最终的实践旨趣之所在。

文化哲学的三个层面存在着内在的联系。哲学的文化价值研究确立了文化哲学的合法性，使文化形而上学研究成为可能，文化形而上学则为文化批判奠定了理论基础和价值原则，文化批判则努力把文化形而上学的理念推进、贯穿到文化实践中去。

综上所述，从文化哲学的产生和研究层面，我们可以判定文化哲学的基本性质。系统的文化哲学研究是随着一种新的文化存在方式和人的存在方式而产生的，换言之，文化哲学具有自己独特的现实前提；文化哲学具有独特的元哲学设定，它在整体上转换了对哲学本身、哲学的功能和意义的理解；同时，文化哲学作为各部门文化和各地方文化的整合和沟通，它要消解各部门文化和各地方文化的相对视域以及绝对主义倾向，凸显的是文化本身的经验视界，在这种意义上，文化哲学具有自己的对文化世界的整体理解框架，在一定意义上是一种新的世界观。可见，文化哲学并非与科学哲学、历史哲学一样是一种一般哲学在文化领域的应用，因而仅仅是哲学下属的部门学科，文化哲学是一种新的哲学形态。

实践观念、实践哲学与人类学实践论[*]

丁立群[**]

自从实践标准大讨论以来，实践问题一直是近 20 年哲学研究之绵延不断的内在意识和聚焦点，几乎可以说，近 20 年哲学研究虽经历了几次较大的主题转换，但就其内容和实质而言，无不与实践问题有着内在联系。这种较为集中的研究，无疑使实践问题的内涵得到了多方面的展现。然而，深思之下，这些研究仍有很多不尽如人意之处。在实践观念上甚至存在某些根本性的误解。

首先，实践内涵的经验主义误解和实践观念的泛化，消解实践的超验维度。一般说来，哲学概念的接受范围是相当有限的。一种哲学语汇很少能够直接进入日常语言领域中。然而，实践概念却是一个罕见的例外。在相当长的一个时期里，"实践"已成了一个司空见惯、在日常生活中随处可用的词语。人们习以为常地把实践等同于技术性的、技巧性的、实验的、试验的等具体活动，乃至于衣、食、住、行等日常活动。似乎人们的任何活动都可以直接等同于实践，人们无所不在实践。这种实践观念把实践降低到技术层面，甚至直接等同于简单的本能和功利性活动，正如 H.G. 伽达默尔所说，这是近两个世纪以来人们对实践观念的最可怕的歪曲。这里，应当引起人们深思的

* 本文发表于《求是学刊》2000 年第 2 期。
** 丁立群，黑龙江大学哲学学院教授，主要从事西方实践哲学与文化哲学、马克思主义实践哲学与文化理论研究。

问题是，实践是否可以等同于琐碎的日常活动？实践的意识究竟是一种经验层面的本能意识和功利意识，抑或是一种内涵超验维度的完整的自为意识？失去这种总体性的片面意识是不是实践意识？由此，在这种片面意识支配下的人类活动能否代表实践的本质内涵和丰富内容？

其次，把实践的客观性绝对化，贬低甚至否定实践的主观性。与上述对实践内涵的经验主义误解相关联，人们在关于实践的理解中，还存在着把实践的客观性绝对化的客观主义误区。这种理解按照一般唯物主义原则，在一切研究之先，首先必须确定实践是客观的，至于实践中的主观理念则是一种客观反映，至多是一种"拼结"性反映。在这里，既然"主观性"的全部内涵都是一种反映，那么，主观性实际上就只是一个没有独立内涵的空概念。这种思维习惯不仅表现在实践问题研究中，还表现在很多问题的思考中，甚至成为一种日常的思维的潜在范式。这种思维范式往往把"客观的"当作"真实的""好的"等真理判断和价值判断的同义词，把"主观的"当作"虚假的""谬误的""坏的"的同义词。判定某人主观就等于说某人是错误的，这实际上已经与中世纪基督教神学家奥古斯丁"我错故我在"的命题走到了一个思路上。其实，主观性并不是人的错误，而恰恰是人之区别于物的根本特质之一，是人相对于万物之尊严和高贵性所在。贬低或者否定主观性，我们就无法理解实践究竟是如何超越自然和现实、创造出自然和现实所没有的存在的。而这种所谓的"实践"已和一般的生物行为相去不远了。

再次，把实践庸俗化，忽略甚至割断实践与人类根本存在困境及其终极关怀的联系。实践在古希腊哲学以及以后绵延数千年的哲学传统中，一直与"人的完善""自由"等人的本真存在相关联。然而，对实践的经验主义误解、实践观念的泛化以及对实践之主观性的贬低和否定，则割断了这一哲学传统，导致了实践的庸俗化。德国哲学家费尔巴哈就曾把实践理解为卑污的犹太人的赢利活动，对此，马克思早在 150 多年前就做出了深刻的批判。实践观念的庸俗化，使得各种各样的实践哲学和现实的实践活动不再是人之本真的存在方式及其理论形式，不再关心人类根本的存在困境，不再指向人类的终极解放，而是好高骛远、贪新骛奇和各行其是。这种漠视人类根本存在困境及其终极解放的实践观，只能导致一种非人道的实践活动，导致实践活动的异化从而导致人的自我异化。这已经是现代世界的一种不可否认的现实。

近20年的实践哲学研究可以总结为四种理论，即实践认识论、实践本体论、交往实践论和实践唯物主义。其中实践唯物主义包含了一些十分不同的观点和理论：一些理论偏于传统，接近实践认识论；另一些理论偏于激进，接近实践本体论。所以实践认识论、实践本体论和交往实践论基本可以概括近20年的实践哲学研究。

实践认识论是马克思主义哲学中的传统实践理论。它的经典表述是毛泽东在《实践论》中众所周知的论述。这一论述成为马克思主义哲学教科书中关于实践问题的典范。实践认识论的基本观点在于强调实践是认识的基本要素，是人与自然之间的认识中介，其基本宗旨在于使主体更好地匹配于自然。实践认识论把实践仅仅当作一种认识工具，强调人对自然的服从，看不到实践的创造性和超越性，看不到实践作为人之本质的存在方式所具有的极为丰富的内涵。在西方哲学史上，F.培根就是在认识和实验的意义上来看待实践的。这种实践理论自然而然地成为唯科学主义思潮和实践运动的哲学根据之一。实践本体论是在批判传统的物质本体论过程中提出的一种新的实践哲学。它本自马克思关于实践是整个现实感性世界的非常深刻的基础的经典论述。因此，实践本体论认为实践在马克思的思想中具有世界的"本原"、"基础"和"统一者"的含义，具有本体论意义。实践本体论的主旨在于强调人通过实践对自然的征服，强调自然对人的匹配。近代德国哲学家费希特"自我创造非我"的行动哲学之内在含义就在于此。实践本体论在强调实践的创造性和超越性的同时，在某种程度上过分膨胀了实践的主观性。因此实践本体论虽然和实践认识论在理论上互相反对，然而在实践上却共同导致由对自然的无限制攫取而带来的人与自然关系的危机——这已在世界现代化实践中得到证实。交往实践论是近10年出现的一种实践理论。它的提出从理论上说是由于传统实践理论只研究人与自然的关系，忽略了在实践中结成的人与人的主体间关系；从现实原因来看，是由于改革开放和市场经济的建立使传统的人际关系发生了重要的变革，交往关系在整个社会背景中被凸显出来，于是便进入了实践哲学的视野之中。但是，在交往实践研究中，许多论者由于思维的惯性，把交往研究的目的看作达到主体间认识的客观性，把这一研究圈限于认识论范围里。这就贬低了交往实践在马克思主义思想中所具有的关于人的终极解放的人类学意义。

总之，这三种实践哲学理论都未能充分体现实践的完整性及其本质，未能说明马克思主义实践哲学的革命性变革，甚至把马克思的实践哲学降低到培根和费希特的水平上。我认为，马克思的实践哲学既不是实践认识论，也不是实践本体论，而是把它们扬弃为自身内在环节的人类学实践论。在人类学实践论看来，实践是一种总体性。实践的总体性既意味着实践意识的总体性，也意味着实践行为、实践活动的总体性。自古希腊哲学家亚里士多德起，人们一直坚持实践的二元论。亚里士多德严格区分了实践和制作，前者是以自由为基础的指向"善"的活动，后者则是建立于知识基础上的"技术"（techne）和生产，它以外在的功利结果为目的。德国古典哲学家康德把实践理性区分为经验的与先验的，前者以经验为条件，后者则服从"绝对命令"，因而是无条件的。现代西方一些学者试图在语词上把两者区别开来，用"practice"说明人类一般的经验活动，用"praxis"标示人类的"实践"活动。这种二元论的区分符合自柏拉图以来的哲学传统，这种传统把完整的世界一分为二——经验世界和超验世界。实践二元论就是这一哲学传统的逻辑引申。这种区分使得哲学家们各执一端，一些人把实践理解为纯然的理论活动、超验玄思以及脱离现实的恣意妄为；另一些人则把实践理解为庸俗琐碎的日常活动。把人在不同领域的各种活动彼此对立起来，割裂了实践的总体性，也消解了人的完整性。H. G. 伽达默尔曾正确地指出："我们必须全面地看待人的整个领域——从死者崇拜和什么是正义的关心，到战争——以理解人的实践的真正意义。"实践具有总体性。因此，实践意识理所当然地内含着本能意识、功利意识，也内含着超验理念乃至于终极关怀；实践行为相应地既包括日常本能的、功利性活动，也包括伦理、艺术、审美等文化活动，更包括人类追求自由和解放的现实的历史运动。这里的总体性不是行为的机械堆积、观念的杂然并陈，而是有机的统一体。其中人类的终极关怀作为人类追求的最终意义，理应融会人类实践的全部内容，成为编织人类实践全部内容的意义"纤维"。只有在这种意义之光的普照下，人类的本能活动和功利活动才成为属人的活动，从而才成为实践的。诚如 H.G. 伽达默尔所说，人纯粹为维持生命所必需的活动与其作为人的活动是有区别的，但是，一旦这种行为具有了有意识的意向化了的目的性，就超越了效用性和功利性，"所以人们根据那种有意识的意向化了的目的性，可以把自己理解为具有人性化的理性"。用马克思的话来说，人使自己的生命活动本身变成自己意志和意识的对象①，成为意识到的本能。马克思主义经典作家虽然批判历史上的某些哲学家，把实践局限于道德活动的思想，但是，这只是相对于人类实践的总体性批判道德实践理论的狭隘性，并未否定其中所蕴含的实践之自由和超验关怀的维度。当马克思批判费尔巴哈把实践理解为卑污的犹太人的赢利活动时，实际上即蕴含着这样一种预设。简言之，人类的任何活动都必须融入这种总体性之中才可能是实践的——没有这种总体性的规约，没有一种超验维度、自由维度，一种终极意义的综合统一，这种活动就仅仅是活动，甚至是单纯的动物性活动而不是实践。所以 practice 与 praxis 都是实践总体性的一部分，它们是统一的。

这样一种人类学实践观使实践拥有一种历史维度。在它看来，在原始状态中，实践是与个人联系在一起的，个人能够从事实践的所有环节，因而具有一种"原始的全面性和丰富性"（马克思语）。由于社会分工的产生和发展，个人片面化了。实践的各个环节必须由不同的实践主体来承担，这虽然在全社会范围内形成了全面关系、全面需要以及全面能力的体系，但是实践却"类"化了——实践失去了在个体那里的全面性，变成了类的实践，实践的总体性成为类的总体性，片面的个体活动已不再等同于实践。随着生产力的发

---

① 《马克思恩格斯全集》第 42 卷，人民出版社，1979，第 96 页。

展，人类最终将消灭强制性的分工，实现类本质的复归，使实践重新完整地体现在个体的全面活动中，实现人的完整性和全面发展。可见，实践的总体性意味着人的总体性、完整性和全面发展；意味着重建完整统一的生活世界的理想。

于是人类学实践论便把实践同人的本体论分裂的根本困境联系起来，同人的终极解放联系起来。它所说的实践既不是人类认识自然的手段，也不是人类占有自然的手段，而是克服人的本体论分裂状态，解决生活世界基本矛盾的现实途径。在人类学实践论看来，人的本体论分裂状态的根本改变、生活世界基本矛盾的解决、人的完整性与人的自由解放是同一个问题。马克思曾从各个角度规定了这一理想：在文化范围里，它是对立的文化价值（人文与科学）的统一；在哲学上，它是"自然主义"和"人道主义"、"唯物主义和唯灵主义"（马克思语）的综合；在社会形态上，它是自由人的联合体；在个体立场上，它是完整的人的实现。我认为，人类学实践论是适合于 21 世纪总体现代化建设需要的新的实践观和实践哲学。

文化哲学：一种新的综合*

丁立群**

　　所谓一个世纪的更迭往往是思想发展的新起点。当历史进入 21 世纪，整个世界正酝酿着新的巨变之时，善于思想的人们总是要提出这样的问题：作为人类智慧的象征，哲学将如何变化。我认为，这个问题解答应根植于对 20 世纪后 20 年思想与现实的反思以及 21 世纪总体现代化和全面建设小康社会的诉求。换言之，取决于现实和思想的双重逻辑。

　　从现实来看，20 世纪后 20 年中国大地的改革开放无疑创造了一个历史的奇迹，人民生活水平得到了明显的提高，综合国力大大加强。近 20 年改革开放的主旋律是大规模的经济建设，主要目的在于为现代化奠定坚实而丰厚的物质基础。这种建设是十分必要的，但是，它同时也带来了一系列负效应，如社会价值轴心的断裂、文化的分裂和冲突、拜金主义等，这种现代化在更大程度上表现为一种物质主义的现代化。21 世纪的开篇，党的十六大就适时地提出全面建设小康社会的奋斗目标。全面建设小康社会意味着经济、政治、文化和人民生活的全面提高，我认为，这意味着我国的现代化建设将克服基础建设时期出现的一系列负效应，进入总体现代化建设时期，换言之，一种物质主义的现代化将要为一种以人的完整性为核心的整个社会的物质、文化

---

　　*　　本文发表于《社会科学战线》2003 年第 3 期。

　　**　丁立群，黑龙江大学哲学学院教授，主要从事西方实践哲学与文化哲学、马克思主义实践哲学与文化理论研究。

全面进步的总体现代化所替代——它将引起社会的全面变革。这必将对中国哲学的发展产生极为重要的、意义深远的影响。特别是在新的世纪里，我国的总体现代化建设又是在全球化背景下进行的。尽管人们对全球化持有种种不同的态度和价值取向，但全球化已势成必然：它是全球文化结构的一种转换——它将消解西方中心主义与狭隘民族主义的两极对立，在各民族文化（包括西方文化）的互动过程中，逐渐形成以各民族文化的共同价值为核心的新的全球文化理念；它将形成一种新的思维方式，亦将形成一种全新的经验结构、心理体验和价值依托——一种民族化的传统生存方式将为一种新的国际化的生存方式所替代。一种超文化类型——世界文化即将形成，整个世界历史将以新的面貌展现在我们面前。全球化一方面为哲学研究提供了重要课题，另一方面其本身又进一步拓宽了哲学研究的视野。这一切就把思想发展的重要历史契机推到哲学面前：它是新的哲学思想之产生和发展的沃土——一部哲学史已经表明，只有巨变的时代才能产生哲学的巨变。但是契机和机遇只是哲学发展的条件，要把契机和机遇变成哲学发展的现实，在很大程度上取决于哲学自身。在这种意义上，认真检讨 20 世纪后 20 年中国哲学所取得的成绩以及存在的问题，恰恰是为了 21 世纪中国哲学的进一步发展。

从思想发展来看，与近 20 年来的改革开放相匹配，自实践标准大讨论以来，中国的哲学研究经历了新中国成立以来最大的一次思想解放。20 年来，各种问题研究相继展现，形成了一系列哲学研究的热点，结束了新中国成立以来哲学研究没有"问题"或"问题"意识不足的局面。近 20 年的哲学研究在一定程度上实现了思维方式的转换，表现出一种走出传统哲学的思辨领域回归生活世界、走出"论证哲学"困境由自在上升到自为的倾向。同时，近 20 年哲学在"热点"问题的研究中取得了不容否认的成就。然而，近 20 年的哲学研究毕竟是与当时的现代化建设相匹配的，因此不可能没有一种现实的局限性。我认为，近 20 年哲学对自身前提的批判远不够彻底，基本上没有进行元哲学层面的探究，用一种近乎实证层面的形而下研究湮没了哲学的根本意旨；缺乏一种形而上的维度，未能建立起一种总体性哲学，因而，面对社会意义"纽带"的断裂、价值的倾覆，表现出一种无能为力甚至麻木不仁的状态，失去了其对社会文化价值和人的生活世界的总体化功能和意义，从而也使哲学失去了作为文化"无效用"要素的根本文化效用。因此，近 20 年哲学研究对现实的总体把握能力、批评能力，特别是以系统的思想形式对于社会意识和思想观念的启蒙作用被大大削弱。总体上说，除了实践标准讨论以外，近 20 年哲学的先锋作用远逊于文学艺术。在某种意义上说，近 20 年哲学是未完成的哲学：它未能整合近 20 年的各种问题研究，形成一种内在结构和系统，所以也很难具备哲学应有的功能。

虽然，对于 21 世纪中国应当建构一种什么样的哲学，学术界见仁见智，但是，我认为近 20 年以及 21 世纪中国现代化建设的内在逻辑、全球化的历史背景、近 20 年中国哲学研究所取得的成绩和不足，共同蕴含和昭示了 21 世纪哲学研究和发展的方向。

21 世纪中国哲学必须进行彻底的自我批判，其中关键的问题是应当突破哲学研究的传统范式，建立新的哲学范式。T. 库恩认为科学革命意味着科学范式的转换，而科学范式的转换并不是在同一种框架内不同问题的转换，本质上它是一种前提性转换，一种根本性转换。哲学革命同样有一个范式转换问题。通过这种转换，传统哲学问题一些将变成"伪问题"，一些将在新的范式下获得新的意义，同时亦将产生一批新的问题。近 20 年哲学虽然在某种程度上实现了思维方式的转换，但是，深思之下，就会发现，很多哲学问题研究追根溯源，前提仍然是陈旧的，研究活动只是一种常规性的"解题活动"，甚至存在一些没有意义的"伪问题"。21 世纪中国哲学研究必须首先实现哲学范式的转换，必须对传统范式的非理性前提和根基进行彻底的反思和批判。这种清理是一件非常重要且远没有完成的工作。没有这种清理工作，21 世纪的中国哲学就不可能取得革命性的发展。这是哲学本性的要求，也是哲学发展的要求。

21 世纪中国哲学应担负起整合社会文化的分裂，重建终极关怀的使命。终极关怀本质上是一种超验关怀。中国传统社会与西方社会不同，西方社会一直有一种超验—宗教传统，虽历经变迁，这一传统一直作为或隐或显的背景，支配着西方思想的发展。中国传统思想历来缺少超验维度，中国的社会文化是靠一种建立在"因果报应"基础上的实践道德规范来维系的——因果报应的过程是神秘的，它的结果却是经验的、功利主义的。虽然在思想家中也有"正其宜不谋其利"的动机主义伦理学论述，但社会文化特别是在市井文化中普遍流行的，则是这种"因果报应"的功利主义，这一点与西方传统中维系在宗教的超验实体上的伦理道德相异。市场经济的确立使得传统的"神秘的"功利主义为一种现实的功利主义所替代，传统道德价值面临着严峻的挑战，社会文化经历着类似丹尼尔·贝尔所说的"价值轴心的断裂"，整个社会的总体化机制被大大削弱。在这种情况下，哲学有义务担负起整合社会文化，重建超验的终极关怀的历史使命。重建终极关怀就是重建社会文化的价值轴心，以此把社会朴散的各个碎片重新"编织"成一个整体。

21 世纪中国哲学应承担起对生活世界和整个社会的理性反思和理性重建之重任。近 20 年我国的改革开放和现代化建设由于是以经济建设为主调，因此，理论研究的论域也主要是经济及其辐射的相关领域，现代化所引起的全方位的社会问题还处于灰暗的理论背景之中。21 世纪，在全面建设小康社会、实现总体现代化的过程中，这些背景将由隐而显。新世纪的中国哲学面对的是经济、政治、文化以及人自身的总体现代化建设，它所面临的社会问题亦将是总体性的。因此，21 世纪哲学必须克服近 20 年那种零敲碎打式的研究方式，打破那种仅仅以具体问题为核心的狭隘立场，建立一种宏阔的文化视野，承担起对生活世界和整个社会的总体性反思与理性重建的重任。而要完成这一重任，新世纪中国哲学面临着一种新的综合：只有一种总体性哲学才能重建社会文化的总体性。

21 世纪中国哲学研究应当打破学科壁垒。这里所说的学科壁垒不仅指哲学内部的学科隔绝，而且指哲学与其他各文化门类之间的屏障。传统的哲学教科书体系将哲学分割为哲学原理、西方哲学史、中国哲学史、科技哲学、伦理学、美学等，学者们在这种框架里将自己的研究局限于一个相当狭窄的领域里。尤其是"史"和"论"的分离，导致哲学史研究变成了普通的历史研究，缺乏思想的创造性，哲学理论研究则不能充分摄取哲学史的优秀成果，变得空洞抽象。我认为，哲学分科只是为了教学的方便而不是研究领域的固定。在我国哲学研究的现状下，应当提倡一种"大哲学"观念，以使哲学各个学科互相交融。不仅如此，还应当打开哲学与其他学科的屏障，美国当代思想家丹尼尔·贝尔曾从政治、经济、文化、艺术、宗教各个角度对当代西方社会进行剖析，从而得出了对西方社会的总体看法。众多学科的融汇，对于认识十分复杂的当代社会来说是非常必要的。正因为如此，在当代西方哲学与文学艺术、宗教等学科的界限已经越来越不严格。而且随着认识的发展，各学科已经越来越意识到自身的局限性，于是一种总体性的、文化层面的新视野越来越清晰地展现在人们的面前。

我认为，21 世纪能够克除学科壁垒，整合社会文化的分裂，重建终极关怀、重建社会文化的总体性的哲学应当是文化哲学。

文化哲学不是传统哲学之下的一个分支学科，它本身就蕴含着一种新的元哲学规定，是一种新的哲学范式。文化哲学的范式是哲学发展的结果。哲学史既不是科学史——我们不能说康德哲学比柏拉图哲学进步，又不像艾提尼·索里欧所说，是一种艺术史。哲学史确实如分析哲学家所说，从古至今一个问题也没有解决。但哲学史仍然是有进步的，只是进步的含义与科学不同，哲学的进步更多地表现为一种在前提批判中视野的扩大，哲学史即表现为一种不间断的前提批判，哲学也正是在这种前提批判中达到不同视野的交融，即伽达默尔所谓的"视界融合"，并在这种交融中不断超越其历史形态。自近代人类学和文化学的产生到现代哲学家 E. 卡西尔、J. 杜威从哲学立场对文化的审视；从中国近代的中西文化之争，到五四运动以来的历次文化大讨论以及近来的文化哲学的问题研究，都预示着文化哲学——一种新的哲学范式的产生。

从体系上看，文化哲学有着三个相互联结的层面：哲学的文化价值研究、文化形而上学和文化批判。哲学的文化价值研究力图确立哲学在文化系统中的超越地位及其特殊的文化价值和结构意义，从而确立哲学研究文化的合法性即文化哲学的合理性；文化形而上学则力图通过对文化之深层价值的研究，整合不同文化价值的冲突，为文化的发展提供理念；文化批判则以文化形而上学提供的文化理念，在实践层面上，通过批判推进文化的发展。文化哲学力图在文化视野中界定哲学的意义和价值，又以哲学的高度来研究文化，在这种意义上，文化哲学并不是哲学的一个下属学科，而是一种新的哲学形态，它包含着一系列新的元哲学规定，是一种新的哲学研究范式。

文化哲学的理想是文化的统一性。统一性是从古希腊起，几千年来哲学的一贯追求。但是，哲学史上人们对统一性的追求或者是还原论的，即在人与自然、精神与生命之间相互还原；或者是以隐喻的方式把问题弄得晦暗不明，诸如追求"始基""理念""大全""无知""绝对精神"等。在文化哲学看来，哲学是无法直接面对世界的，因为它缺乏直接面对世界的手段。如果它用自然科学的方法研究世界，哲学就只能是一门自然科学；如果它用文学（广义的文学系指整个人文学科），那么，哲学也只能是一门普通的文学门类。除此之外，哲学又没有自己独特的接触世界的手段。实际上，哲学与世界之间是中介化的，哲学只能依凭文化这一中介，间接地接触世界——它直接面对的是文化。于是，哲学追求的统一性就只能是文化的统一性，是文化由于自然分化而形成的不同文化精神的统一，是文化深层价值即真、善、美的统一，马克思在《1844 年经济学哲学手稿》中把这种统一直接归结为人文科学与自然科学的统一。

文化哲学以一种人类学实践哲学为核心。马克思曾把一种文化哲学理想与一种人类学实践哲学统一起来，在《1844 年经济学哲学手稿》中他明确地把人文科学与自然科学的统一，同由实践哲学构想的人的理想性存在——完整的人和人类的理想社会联系起来。在马克思看来，自然科学与人文科学都是人的存在方式，都是人的本质力量的展现，因此，文化的分裂与人的本体论存在的分裂，文化的统一、自然科学与人文科学的统一与完整的人的实现，即人的最终解放是同一个问题，而实现的途径就是工业和实践，"工业是自然界同人之间，因而也是自然科学同人之间的现实的历史关系。因此，如果把工业看成人的本质力量的公开的展示，那么，自然界的人的本质，或者人的自然的本质，也就可以理解了；因此，自然科学将失去它的抽象物质的或者不如说是唯心主义的方向，并且将成为人的科学的基础，正象它现在已经——尽管以异化的形式——成了真正人的生活的基础一样……"① 在这种意义上，一种以人类学实践哲学为核心的文化哲学是关于人的解放的学说。

总之，我认为，文化哲学是 21 世纪的新的综合性哲学。

---

① 《马克思恩格斯全集》第 42 卷，人民出版社，1979，第 128 页。

文化哲学的双重界定[*]

丁立群 ^{**}

中国文化哲学研究时至今日，无疑已成为当今学术界的显学。就其学术号召力来说，已经有了一个不算小的研究群体和比较规范的学术活动；就其学术影响来说，已远远不只在哲学界，它在相关一些学科领域已经引起较大的反响，如文学、艺术、法学和历史学等领域。然而，文化哲学的主要论争仍然主要在文化哲学的元问题层面，属于文化哲学的学科界定问题。这种论争对于文化哲学的学科建设无疑具有十分重要的意义。

可以深入地反思一下，当我们谈论文化哲学的时候，究竟在什么意义上、几种意义上使用"文化哲学"一词。

总体来说，国内对文化哲学性质的理解有三种观点：第一种观点认为，从学科上来说，文化哲学属于哲学的下属门类，是哲学门类中的新兴学科，就如科学哲学、历史哲学、经济哲学、社会哲学一样；第二种观点认为，文化哲学属于一种新的哲学形态，就此而言，它与历史和现实中层出不穷的各种哲学形态处于同一层面；第三种观点认为，文化哲学是一种新的哲学范式，就其作为一种哲学范式而言，它规范着现代哲学的对世界的理解方式和理解内容。

这三种理解产生差异的一个关键问题是如何理解文化。"文化"是一个涵

---

   *   本文发表于《天津社会科学》2014年第1期。

 **   丁立群，黑龙江大学哲学学院教授，主要从事西方实践哲学与文化哲学、马克思主义实践哲学与文化理论研究。

盖非常广泛，具有很大歧义的概念。据统计，百多年来，有关"文化"的各种不同定义有两百多种。这些定义内涵和外延各有不同，毋庸逐一考察。但是，这些定义大多把文化理解得比较狭窄，在狭义的精英文化或观念文化形态上界定文化。我们所理解的文化在外延上，并不是狭义的精英文化形态，如文学、艺术、宗教、哲学等；在内涵上，也不只是以观念形态表现的文化形态。在外延上，文化的广泛意义应包括所有的人类造物，在这种意义上，"文化"实际上就是我们通常所说的"人化"：在所有的"人化"物上，都蕴含着人赋予的意义，从而也就被"文"化；从内涵上，作为"人化"物的"硬核"，文化乃是人类历史地凝结成的生存方式和社会历史运行的内在机制。在此理解意义上，文化就其外延和内涵来说可以等同于人和人类世界。以此为对象进行哲学思考形成的思想成果，其意义对人类世界是普遍有效的。所以，我们反对这样一种对文化哲学的学科定位：文化哲学是与科学哲学、历史哲学并列的哲学下属门类——这与我们对文化的独特理解是统一的。

我有条件地赞同第二种观点和第三种观点，这两种观点都拥有部分的真理，单独坚持其中一种观点是不全面或者不完整的。第二种观点认为文化哲学仅仅是一种现代哲学形态，这种观点很容易忽略文化哲学之产生的深厚的时代背景以及现代哲学诸多形态表现的普遍的本质精神。第三种观点认为文化哲学是一种理解范式，强调文化哲学对整个现代哲学本质的规范意义，但是，它没有把文化哲学同时理解为一种具体的新哲学形态，这就很容易把文化哲学变成抽象的、无法具体规定的思维形式。所以，这两种观点虽然拥有真理，但分开来看都是不完整的、片面的。

我认为，文化哲学既是一种新的理解范式，也是一种新的哲学形态。

何谓范式？范式作为哲学概念是西方科学历史主义学派的主要代表人物T. 库恩首先提出来的。在T. 库恩的科学理论中，范式概念有多种规定。但一般来说，它有三个层面：首先，它是一种形而上学的设定，一种信念——这是每一种科学理论系统中最高的也是初始的预设；其次，它是一种科学习惯和学术传统，正是这种习惯和传统的存在，科学的从业者才能形成科学共同体；最后，它是由基本理论、基本定律及其应用以及相关的仪器设备等构成的系统。范式为科学研究提供了可供模仿的先例，所以，它也具有方法论意义。T.库恩以范式的形成、发展和转换为核心，论述了科学发展从前科学、常规科学通过反常、危机、科学革命到新的常规科学的整个历史过程。从范式的内涵上可以看出，严格意义上，范式主要是在科学，特别是自然科学研究中形成并在自然科学中使用的。库恩正是在论述科学革命时提出了科学范式概念。

然而，实践哲学家A.麦金太尔却扩充了"范式"的应用范围，在某种意义上，建立了文化范式理论。"范式"在A.麦金太尔那里，被去掉了其中的器物层面，径直变成了"共同体"（值得注意的是，T.库恩有时也把"范式"称作"科学共同体"）或"传统"，这种文化范式在演变中，同样经历了传统的确立、传统的危机和传统的重构三阶段。但是，与T.库恩不同的是，A.麦金太尔强调了"共同体"或"传统"的连续性：在一个特定文化传统的危机中，该传统可以借助于另一个富有生命力的传统构建一个新的认知构架和理论来解决危机，从而使传统继续存留下来。

哲学研究中使用范式概念并非严格地在T.库恩使用的意义上。毋宁说，其意义更接近A.麦金太尔所说的"传统"或"共同体"。它主要是指一种形而上学设定，一种研究的基本背景、习惯和传统。

我们说文化哲学是一种研究范式，就是说文化哲学已经在形成一种哲学产生和哲学理解的基本背景、一种新的哲学研究传统，这种传统影响着现时代哲学形态的基底和深层内容。我们也可以在不严格的意义上，用结构主义哲学家L.阿尔都塞的"问题框架"（problematic）来理解这种基本背景和研究传统。在L.阿尔都塞的意义上，基本背景和研究传统作为"问题框架"，规定了现时代哲学研究的基本内容，规定了问题的基本提出方式，及解决问题的基本条件和方式。一句话，文化哲学作为范式，是当代哲学的"问题框架"。

首先，文化哲学之所以成为一种理解范式是由于文化总体性已经成为人们观念中的基本经验，成为一种基本的世界观。随着人类认识的发展，文化经历了一个由浑然一体的原始统一体逐步分化的过程，在这种分化中形成了不同的文化门类，如科学、艺术、道德、宗教、政治、经济等。这意味着人类对世界的认识和理解由笼统的整体印象，进化为一种分析的、分门别类的研究，这种分化，使人们对世界的认识和理解更加深入、更加具体。但是，在这一分化过程中，产生了一种文化的"原子化"趋向——各文化门类作为文化系统的构成要素产生了一种独立化趋向，这种趋向使得文化门类之间互相隔绝，割断了其作为一个整体本有的意义关联，从而歪曲了文化及文化门类本有的意义内涵。

同时，从主观意识来看，文化的分化产生的诸多文化门类虽然是我们深入理解世界的直接凭借，它同时也造成了我们理解方式和视野的局限。在这里，理解方式和存在方式是一致的，法国存在主义哲学家 G. 马塞尔明确指出，人以什么方式认识和理解世界，人就以什么方式存在着。在这种意义上，文化具有决定置身于特定文化之中的人的存在及其世界观意义。换言之，在文化分化的情况下，这种存在方式也在限制我们的眼界，影响了我们对世界的理解，遮蔽了文化的整体感，割裂了文化的完整意义。

在文化分化的背景下，在人们的理解里，"文化"本体或者文化本身从总体的角度来说，仅仅意味着各种文化门类、文化现象的机械堆砌，是诸多文化现象的种类标志，是一个内涵极浅的普遍性的抽象。

随着人类认识和理解能力的发展，文化的分化越来越细致，界限越来越僵化，以至于文化系统包含的各文化要素和文化门类产生了相互隔绝的术语体系，无法进行意义互译。文化门类之间的相对独立性变得绝对化，如同莱布尼茨的没有可供外界事物出入的"窗户"、拒绝任何外来事物影响的绝对独立自存的"单子"。于是，我们的理解体系和知识体系变得支离破碎，无法形成对世界的完整统一的理解和认识。

在此基础上，甚至出现了个别文化门类意识形态化的倾向。这种倾向把自身的相对价值普遍化为整个文化的元价值，形成了局部相对价值的绝对化和超限度应用，从而转化为一种文化意识形态（文化霸权），如中世纪的宗教神学和近代肇始的唯科学主义。个别文化门类相对价值的普遍化形成的文化意识形态现象打破了文化系统各要素、各门类之间的合理关系和生态平衡，在文化史上，这种现象往往表现为一场文化危机——中世纪宗教神学对其他文化的压制和近代以来由于唯科学主义的泛滥而产生的种种社会危机都是文化生态失衡导致的文化危机。

关于文化门类分化的弊端，西方哲学家已经有了比较充分的认识。实用主义者 J. 杜威曾指出，经验和世界是一个整体，对它的研究表现为不同的方面，这种分化是自然的。但是，这种分化却形成了一些与外界隔离的小天地，"无论这些倾向的固定化是如何自然，它们的分隔孤立却是不自然的。"它导致完整的价值和意义被割裂、片面化。而这些被割裂的价值和意义又被固化在一个狭小的领域，从而使它们无法起到应付变化的经验和世界的作用。文化社会学家 K. 曼海姆甚至明确提出了文化门类的相对价值绝对化的问题，他指出，在文化的分化过程中，个别文化领域摆脱了对整个系统的依附关系，试图以自给自足为目标来构建自己，以自己的价值来组织世界，这是一种从自主化到绝对化的过程。这里说的正是个别文化门类意识形态化的倾向。

正是在文化的这种日益极端的分化中，出现了一种文化的总体化倾向。一方面，文化各门类作为文化整体系统的构成要素，其有机性及内在联系越来越显露，文化本体的经验已经对人们的思想产生影响；另一方面，人们的视野已经超越了学科、门类和专业等既定文化规制的限制，形成了所谓的越界意识——这种越界意识实际上就是对文化各要素、门类的内在有机联系以及对文化总体性某种程度的自觉。

在这种日益强化的文化总体化趋势中，文化本身逐渐具备了独立的内涵，而其作为组织生活的"经纬线"已经成为人们的一种迫切的经验感受，在人们的心理、意识中逐渐形成关于文化的整体经验：人们已经能够或者有条件打破原有的门类、学科的局限，感受到文化本身。这说明，文化的总体性已由生活世界的"隐背景"凸显为生活世界的"显背景"。而这种文化的整体经验一旦形成，就将成为一切哲学形态的基本背景，成为哲学的主题：完整的文化实际上就是一种完整的世界观，由于这种世界观，卡尔·曼海姆认为，我们所有的哲学都已变成文化的哲学。

其次，随着经济全球化的推进，全球不同文化形态的冲突、交流和融合亦将成为一种必然趋势。有西方学者断言，在全球化时代，代替意识形态的冲突，文明的冲突将成为理解世界的主要框架，如伊斯兰教文化与基督教文化等。一方面，不同文化形态的冲突、交流和融合将打破人们身处一种特定文化形态所形成的传统和价值观念的坚硬外壳，使人们直接经历到一种类似欧洲探险时期和殖民时期的文化经验，形成文化视域的融合，从而促成传统的创新；另一方面，全球化亦能较大幅度改变人们的时空观念，大大缩短时间的绵延、缩小空间的延展，形成一种在质上全新的时空观——这不单单是感觉形式的变化，它将直接影响人们的存在方式。这两方面汇聚在一起，将彻底改变人们的生存方式，使人们的生存方式由民族化生存方式转换为全球化生存方式。在这种新的生存方式中，以往在理论上被当作乌托邦观念、在实践上仅仅被看作一个界域性概念的"世界文化"，作为一种"超文化"类型，将第一次富有内涵并成为一种可经验的现实。这已经构成了任何哲学研究都无法摆脱的独特背景。

我认为，文化本体经验作为一种完整的世界观的形成，人的全球性生存方式的转换，构成一切思想和观念之隐隐的地平线，它是一切哲学思考不可回避的背景，我们可以在不十分严格的意义上，借用L.阿尔都塞的"问题框架"概念来表述这个背景。作为"问题框架"，这种文化背景和人的存在方式，决定着现代哲学研究的基本预设和旨趣，决定着现代哲学的理论视野、提出问题的方式和解决问题的途径。在这种意义上，文化哲学的产生是必然的，文化哲学作为一种理解范式已成为当代各种哲学形态所蕴含的潜流和底蕴。卡尔·曼海姆所言"所有的哲学都已成为文化的哲学"，即是说，文化哲学是所有现代哲学的理解范式。这应是卡尔·曼海姆预言的本质意义。

作为范式理解的文化哲学应该含有作为具体形态的文化哲学之意，同时，文化哲学也不能仅仅停留在理解范式的抽象阶段。

所谓哲学形态是与哲学范式相对的。哲学范式在我们的语境里，是各种哲学研究的基本背景和"问题框架"。作为各种哲学研究的基本背景和"问题框架"，它虽然在各种哲学形态里有所体现，但其本身只能是一种抽象的存在。哲学形态则是一种具体的理论体系，它有着内在的理论结构和主要的问题指向。一句话，它是理解范式的具体体现。

另外，哲学形态也是与哲学门类相对的。哲学门类是一种在哲学之下的学科划分，如在哲学总类下，可分为政治哲学、科学哲学、历史哲学等门类，或者如认识论、社会历史观、逻辑学等哲学部门。它往往是一种公认的学科规范体系，是价值中立的。而哲学形态明确或潜含的对哲学元问题的独特理解，有着特殊的元哲学设定以及传统哲学对象和哲学问题的特殊的转换方式。它往往带有"我认为"，或者"我们认为"的色彩。

换言之，一种理论作为一种哲学形态应具备三个特征：一是对哲学元问题（meta-problems）的考问，二是对哲学理论的系统构建，三是对哲学传统问题的历史转换和解答。

按照这样一种界定，文化哲学即具有哲学形态的性质。

首先，文化哲学具有具体的理论形态。文化哲学不仅仅是现代哲学研究的基本"生活世界"背景，它还是一种自觉的理论性形态。现代文化哲学研究处在三个理论层面上。其一是哲学的文化价值研究。这是文化哲学的前提性研究，目的在于确定文化哲学或者哲学研究文化的合法性。其二是文化形而上学研究。文化形而上学研究是关于文化总体性、文化各门类之间本源的内在联系和文化的深层价值的研究，目的在于构造一种文化总体性理想，在此基础上，对现实文化进行一种理性重构。其三是文化批判。文化批判旨在通过现实途径对文化现实进行理性重构，推进文化的发展。

这三个层面是相互联系的整体。哲学的文化价值研究确立了文化哲学的合法性，使文化形而上学研究成为可能，文化形而上学则为文化批判奠定了理论基础和价值原则，文化批判则努力把文化形而上学的理念推进、贯穿到文化实践中去。

其次，文化哲学具有特殊的元哲学设定和特殊的传统哲学问题的转换方式。文化哲学同一切具体的哲学形态一样，也有特殊的元哲学设定，传统哲学对象、问题的特殊的转换方式，这些足以使它成为一种具体的哲学形态。如关于哲学的界定问题，传统哲学往往从"哲学是科学之母"的立场理解哲学，在哲学的界定问题上，认为哲学是自大无外的，所以它不能以相邻学科来界定自身的意义。而文化哲学在其自身的前提设定中即包含着哲学的文化价值。在它看来，近代以来哲学和文化人类学等文化科学的发展表明：哲学不再是文化的总体，而成为文化的"硬核"。在外延上，哲学小于文化，是文化的一个门类；在内涵上，哲学深于一般文化，是文化精神的集中表征。如此，则哲学在文化中具有特殊地位，具有了如 J. 杜威所说的，哲学对文化的管理机构的职能。换言之，哲学不会变成普通的文化门类，成为"小写的"的哲学——就如 R. 罗蒂在"后哲学文化"中所设想的那样。哲学在文化中仍然是大写的哲学。这是文化哲学合法性的基础，也是哲学之成为文化哲学的一般根据。而这种职能又可以在下一个问题的解决中得到进一步展开，这就是关于传统哲学追求的统一性问题。统一性是哲学自产生之日起一直追逐的问题，但问题在于这种统一性究竟是何种统一性。

在文化系统中，具体科学的发展使哲学逐渐退隐，成为文化系统中的"无效用价值要素"。这里的"无效用"是指哲学无论从其本身还是其功能上，都不生产具体的"使用价值"，就如同"哲学不能生产面包"一样。这种无效用性恰恰标志了哲学最大的文化价值：哲学的主要功能和作用不在于功利效用，而在于一种重要的、不可或缺的结构意义和系统作用。在这种功能作用之下，文化各门类、各部门之间才能在内在意义上，联结为一个整体。具言之，哲学是以其构建的终极关怀作为文化的"经纬线"或者"意义纽带"，将文化各门类"编织"为一个统一整体。在此意义上，文化的各门类和部门都是"哲学的"，或者都是"哲学化的"，因为，它们都蕴含着一种终极价值。由此，哲学追求的统一性便不再是物理世界的统一性，而是文化世界或者说意义世界的统一性。

可以说，文化哲学承接了哲学史上的传统问题，同时在新的生活世界和时代背景下发展了问题的内涵，使其不断地"解蔽"，更接近事物本身。一句话，文化哲学实现了 I. 拉卡托斯所谓的"进步的问题转换"。

文化哲学具备一种新的哲学形态的本质特征。

如此说来，文化哲学实际上具有两重含义：作为理解范式的文化哲学和作为具体哲学形态的文化哲学，亦可以理解为广义的文化哲学和狭义的文化哲学。换言之，文化哲学既是一种哲学理解范式，又是一种新的哲学形态。

文化哲学的两重含义是有着内在关联的。从广泛意义上说，现代哲学的诸多形态都有着共同的文化经验以及以此为基础形成的文化世界观，有着共同的"生活世界"。因而现代哲学诸形态都有着共同的"问题框架"和理论基底，都具有文化哲学意义。从另一方面来说，现代哲学的诸多形态亦不过是对这种文化经验和生存方式，对这一新的世界观的不同形式、不同方面的，或者直接或者间接的甚至是隐喻的反映和揭示。

而从狭义上说，文化哲学的理论形态，或者说文化哲学的系统研究只是这种范式、底蕴和视野的集中体现和自觉表征。文化哲学的具体形态由于集中体现这种文化经验和文化背景，所以，它可以揭示现代哲学诸形态之基本根源和背景问题。它与现代哲学的诸形态并不矛盾，它只是更为集中地思考这种背景性的"生活世界"问题。我们可以用海德格尔式的语言来表达：文化哲学对现代哲学的诸多形态具有"源始哲学"的意义。

理论哲学与实践哲学：孰为第一哲学？*

丁立群**

理论哲学与实践哲学概括了哲学的全部领域。然而，一部西方哲学史实际上只是理论哲学即形而上学的历史，实践哲学被隐于形而上学的阴影之下，为形而上学所遮蔽。但是，实践哲学作为一个重要的哲学领域，应当是贯穿于西方哲学史的、异于形而上学的一个十分重要而广阔的哲学领域。该领域囊括伦理学、政治哲学。同时，F. 培根的技术实践论产生后，实践哲学在某种意义上，也概括着实验技术等领域。现代西方哲学中很多哲学家和哲学流派都自称实践哲学，如存在主义、实用主义、西方马克思主义等，以及伽达默尔、阿伦特、麦金太尔等一批重要的哲学家。实践哲学在哲学史上的重要性逐渐凸现出来，可以说，整个现代西方哲学发生了一场实践哲学转向。我们甚至可以在后形而上学的意义上，理解实践哲学的前景。这一切，实际上，都涉及理论哲学（它的最高形式即形而上学）和实践哲学的关系问题。在这种背景下，依据哲学史，合理地确定实践哲学的地位及其学术前景，就不仅仅具有一般的学科意义，在形而上学统治哲学史的背景下，更在一定程度上具有对真理的"解蔽"意义。

本文试图通过对实践哲学同理论哲学的关系研究，确定实践哲学的正当地位。

---

* 本文发表于《哲学研究》2012 年第 1 期。

** 丁立群，黑龙江大学哲学学院教授，主要从事西方实践哲学与文化哲学、马克思主义实践哲学与文化理论研究。

一 亚里士多德的两难

早在苏格拉底和柏拉图的思想中，已经体现了现代西方哲学家所说的"城邦"与"哲学"（严格地说应当是"理论哲学"或"形而上学"）的矛盾[①]，这一冲突的剧烈程度以苏格拉底之死为标志，足见一斑。这一矛盾实际就是理论哲学与实践哲学的冲突。亚里士多德看到了冲突的后果，承继了这一思考，明确把实践哲学同理论哲学剖分为二。他把知识分为三类，即理论的知识又称理论智慧，实践的知识又称实践智慧和制作的知识又称制作的智慧、技艺。理论的知识即科学的知识，它是关于不动不变的、普遍的、必然性领域的知识，因而，它也是可传授、可学习的知识——理论的知识一般说来，是通过证明来使人信服的。[②] 实践的知识和制作的知识是关于变化的偶然性领域的知识，"可变化的事物中包括被制作的事物和被实践的事物"。[③] 虽然二者都属于变化的偶然领域的知识，但它们有着本质的区别。技艺是使某种可以存在也可以不存在的事物生成的方法，也就是我们通常所说的，是制造产品的方法。作为制造产品的方法，其目的是外在的产品，而外在的目的——产品则规定了整个过程和方法的意义。产品对人是有意义的，所以亚里士多德把制作的目的称作"善"——这是局部的手段性的"小善"。实践则处于变化的人类交往生活领域，是人的道德和政治活动。作为人的道德和政治活动，其目的是最终的善，他称之为"善本身"——它是内在于实践活动本身的。

依据这种对知识的分类，如果不考虑与问题无关的制作和技艺的话，亚里士多德相应地把哲学分为两类，即理论哲学和实践哲学。理论哲学是理论智慧的最高体现。科学是从一个"始点"推出的必然体系，而这个据以推论

[①] 列奥·施特劳斯、约瑟夫·克罗波西主编《政治哲学史》"柏拉图"部分，李洪润等译，法律出版社，2009。又见 H. 阿伦特《人的境况》，王寅丽译，上海世纪出版集团，2009，第 8 页。

[②] 亚里士多德：《尼各马可伦理学》，廖申白译注，商务印书馆，2003，第 170 页。

[③] 亚里士多德：《尼各马可伦理学》，廖申白译注，商务印书馆，2003，第 171 页。

的"始点"则不是科学所能把握的，而是由"努斯"所把握。有理论智慧的人不仅知道从"始点"推出的结论，而且确切地知道这个"始点"，可见，理论智慧作为"努斯"与科学的结合，必然是关于最终问题的居首位的科学。①这是对形而上学的比较精确的定义。实践哲学则是人生的幸福、人生的意义，政治的目的、意义以及什么是好的政治的思考。亚里士多德对理论哲学和实践哲学的区别做了这样的概括："理论的思考以真理为目的，实践的思考以行为为目的。"②

那么，理论哲学和实践哲学是什么关系？它们谁更根本？或者借用古希腊哲学家惯用的表述：谁是第一哲学？在这个问题上，亚里士多德表现出一种两难。

首先，在知识类型上即理论智慧与实践智慧的关系上。亚里士多德一方面强调实践智慧是关于特殊性的知识，甚至把特殊性与普遍性对立起来。他说，实践就是处理特殊的事情，"所以，不知晓普遍的人有时比知晓的人在实践上做得更好"。③这是因为，普遍性的知识会湮没特殊性。这里的普遍的知识是指与实践知识相对的理论知识。但是，另一方面，亚里士多德在强调实践智慧关注特殊性的同时，又明确说过，实践的知识需要一种更高的能力来指导它。④这种更高的能力，应当是普遍的理论知识——这同他在知识分类时，把普遍的知识（理论智慧）看作高级的知识是逻辑地关联在一起的。一方面，亚里士多德强调实践智慧是对具体事务和特殊情境的直接判断，它与个体存在的特殊生活经验直接相关：在没有普遍知识指导的前提下，正是这种生活经验使个体存在具有一种特殊的直觉（他称作"慧眼"），能够对特殊的情景做出判断。可见，实践智慧具有与普遍性不相容的特殊性。另一方面，他又明确地认为沉思的理论生活是最高的、最自由的实践。对此，他并不是偶然

① 亚里士多德：《尼各马可伦理学》，廖申白译注，商务印书馆，2003，第174~175页。
② Aristotle, *Metaphysis*, translated by IIuge Lawson-Tancred, Penguin Group, 1998, p.44.
③ 亚里士多德：《尼各马可伦理学》，廖申白译注，商务印书馆，2003，第177页。
④ 亚里士多德：《尼各马可伦理学》，廖申白译注，商务印书馆，2003，第177页。

说之，而是较为详尽地提出了七点论证，择其要：①实践是善的实现活动，沉思的生活是最高等的实现活动；②沉思给人以最大的快乐，是符合神性的生活，是最大的幸福；③沉思的生活是自足的生活，它不依赖于外在条件和他人的帮助，是自由的；④沉思是真正的属人的生活。① 可见，这种论证是很充分的，但这里的矛盾也是显而易见的。

其次，与此相关，在理论哲学和实践哲学的关系上。亚里士多德一方面把形而上学奉为第一哲学，认为沉思的理论哲学有三种形式，即数学、物理学和神学。如果说，神就存在于它们所研究的事物中，那么，形而上学就是探究神（第一原因）的神学，它是近神的，正像格兰特所说，哲学在最高意义上就是神学。② 可见，形而上学是理论哲学的最高形式，在此意义上，他称形而上学为第一哲学。另一方面，亚里士多德又认为，实践哲学（包括伦理学和政治学）是可以支配理论哲学的最高、最完整的知识。亚里士多德认为，最高的善对人们的生活有着重大影响，而政治学作为实践哲学则是把握这种善的知识，因而政治学就是最权威的科学。政治学由于把握了最高的善，它的目的就包含了其他知识的目的，因而，它能够规定城邦中的公民应当学习哪些知识，哪些知识应当由什么人来掌握。③ 这些知识当然也包括理论知识。在这种意义上，实践哲学应当说是一种更为根本的基础性哲学，当他把沉思的理论生活归属为实践生活的一种特殊方式，他试图说明的即是这样一种含义。

如何解释这种矛盾？我认为这一矛盾的形成，是与苏格拉底和柏拉图的影响分不开的。亚里士多德在一定程度上意识到了所谓的"苏格拉底问题"，即"城邦"与"哲学"的矛盾，所以，在古希腊哲学中，亚里士多德一反柏拉图的理念论，表现出一种重视变化的经验主义倾向。在《形而上学》的

---

① 亚里士多德：《尼各马可伦理学》，廖申白译注，商务印书馆，2003，第305~308页。
② Aristotle, *Metaphysis*, translated by Huge Lawson-Tancred, Penguin Group, 1998, p.155. 亚里士多德：《尼各马可伦理学》，廖申白译注，商务印书馆，2003，第176页注①。
③ 亚里士多德：《尼各马可伦理学》，廖申白译注，商务印书馆，2003，第5~6页。

"实体"理论中，亚里士多德虽然规定实体为一种普遍的共相，是"变中之不变"，但他同时强调了经验中的具体的、变易的特殊实体的重要性。正是这种思想倾向的逻辑延伸，在伦理学和政治学中，亚里士多德能够明确地划分出一个不同于形而上学的、变易的实践哲学领域。

然而，我们同样必须承认，事实上，亚里士多德不可能割断与柏拉图的思想关系。亚里士多德在《形而上学》中，曾谈到"形式"和"质料"的相对关系。在《尼各马克伦理学》中，他按照同样的逻辑，对实践的目的——"善"进行层次和等级的划分，以最高的目的"善自身"来统摄人类一切活动。他认为，虽然目的是多种多样的，但并非所有的目的都是最终的，我们需要有一个最终的、最圆满的目的——"善自身"，相对于这个最终的、最圆满的目的"善自身"来说，任何目的都只能是下属的环节，是被统属的目的。而对最终的"善自身"的思考属于理论智慧的普遍性思考。

同时，这一矛盾的形成也是和古希腊哲学的"伦理—认识平行论"特征相关的。古希腊哲学的"伦理—认识平行论"特征，是现代逻辑经验主义总结出来的。这一特征是以苏格拉底"德性即知识"为典型表述的，以古希腊哲学的最高范畴"善"的形而上学和伦理学双重属性为典型表现的。它把伦理规范看作认识的一种形式，它与对几何真理的洞见同属一类。"伦理—认识平行论"的意义在于：一者，它向我们揭示了与近代被片面理解的"知识"不同的本源的"知识"的含义；二者，这种"伦理—认识平行论"也启发了一条为规范性的伦理学确立确定性和必然性的路径，沿着这条路径，近代哲学家斯宾诺莎把伦理学构造成类似欧几里得几何学体系一样的公理论证系统，期望把伦理学建立在和几何学一样坚实的基础上。

这说明，在苏格拉底和柏拉图的思想中，实践智慧和理论智慧没有完全分开，伦理学和认识论没有完全分开，实践哲学与形而上学没有完全分开。亚里士多德虽然区分了实践哲学与理论哲学，但他仍然不可避免地受到"伦理—认识平行论"的影响。

可见，亚里士多德在理论哲学和实践哲学孰为第一哲学问题上，执了一种自相矛盾的立场，这体现了在这一问题上的两难。所以，并不像列奥·施特劳斯所说的那样，"如果说，苏格拉底式的哲学思想就是寻问人类生活的好，寻问真正的国家，那么，亚里士多德的哲学思想就是：对存在者的观察和对存在的理解。如果苏格拉底的哲学思想自己本身是政治的，那么，对于亚里士多德来说，政治退居第二位"。① 我认为，亚里士多德并没有这样明确的立场。当然，从主要倾向来说，我们可以认为，亚里士多德仍然是一个形而上学家——我们这样说，并不是要抹杀亚里士多德实践哲学的意义。

二 理论知识的基础：实践生活世界

虽然，亚里士多德已经区分出理论哲学和实践哲学，然而，认真阅读哲学史的人都会发现，一部西方哲学史实际上就是理论哲学，或者严格地说，是形而上学的历史。而形而上学史作为主流哲学史，其思考方式、提问方式和论证方式无疑深深影响着蔽身其阴影之下的实践哲学。这种现象在亚里士多德的思想中就已经有所表现，而在近代则表现得尤为明显。

理论哲学和实践哲学的关系在近代发生了一个根本性的转换，这种转换是与理论哲学与实践哲学的科学化、技术化相关的。

一方面是理论哲学的转换。理论哲学的核心概念是理论，而理论在古希腊的本意是指"观看""观赏"，通过"观看""观赏"达到纯粹的与事物同在。而且，它除了与事物同在之外别无目的，因而是自足的。在亚里士多德那里，理论知识的最高形式即形而上学，它是一种超越经验的"近神"的知识。因而，在古希腊根本没有我们通常所说的，理论的应用问题——古希腊的"技艺"和"实践"是与理论无关的知识。但是，在亚里士多德思想中已经有从知识论立场看待理论的倾向。这种理论到了近代却变成了对自然的无穷探索，并与经验和技术结合起来，与"技艺"结合起来，成为一种改造自

---

① 列奥·施特劳斯：《犹太哲人与启蒙》，张缨等译，华夏出版社，2010，第144~145页。

然的技术"原理"，而理论哲学（即形而上学，在近代，自然科学只是理论哲学的分支学科）则变成了一种理论的理论即元认识论。所以，理论哲学追求的普遍性是与抽象性相对应的。而无论是主体服从客体，还是客体服从主体，其根本特征都是主体与客体的对立，其作为技术原理与技术的结合，主客体对立的特征则体现为目的和手段的分离：目的不包含手段，它们是外在的关系——目的和手段是一种可"选择"的关系。海德格尔在其"座架"（Gestell）理论中，把科学技术看作当今无处不在的形而上学，是有其真理性的。

另一方面是实践哲学的转换。在这一转换中，政治学家 N. 马基雅维利和哲学家 F. 培根起了非常重要的作用。政治学家 N. 马基雅维利一改亚里士多德政治学的伦理学传统，使"政治的理论观点摆脱了道德"[①]，把"实践智慧"变成了实现任意目的手段、阴谋和权术的代名词，变成了亚里士多德所谓与实践智慧相区别的"聪明""机敏"。他的名言是"目的总是为手段辩护"，换句话说，这种政治学理论唯一考虑的就是权术，即为了达到其目的不惜采用各种手段，而不论目的和手段是正义的还是邪恶的。[②] 这就如上所说，把实践的目的和行为与手段的内在包含关系，变成了外在选择关系。N. 马基雅维利对人们的行为和实践的看法，本质上是科学主义和技术主义的，他认为，对历史的研究可以得出经验的普遍概括，从这种经验的普遍概括中，可以引申出因果性的箴言。所以，人的行为的后果是可预测的，这是他力图证明的重要问题。[③] 政治学与伦理学的分离同时意味着实践智慧与德行和善的分离，意味着实践智慧变成了理智的空壳，变成了计算与权术，消解了实践哲学的德行与善的基本内涵。由此，政治哲学就由传统的实践哲学领域转入"科学"和"技术"领域。到了 20 世纪，则变成了所谓"政治科学"（Political Science）。另外，F. 培根把完整的科学概念转换为偏狭的经验科学概念，从而，

---

① 《马克思恩格斯全集》第 3 卷，人民出版社，1960，第 368 页。

② 列奥·施特劳斯、约瑟夫·克罗波西主编《政治哲学史》，李洪润等译，法律出版社，2009，第 282 页。

③ 阿拉斯代尔·麦金太尔：《伦理学简史》，龚群译，商务印书馆，2003，第 179 页。

使科学和理论与实际应用接近和结合起来，科学也就成为一种技术原理。进而，他用这样一种技术活动代替了实践，把实践变成科学的技术应用，从而使实践的含义发生了 H.G. 伽达默尔所说的技术化的根本改变。这意味着，在近代的文化背景下，只有科学（近代意义的科学是指实验科学和数学）的知识才是真正的知识，"这种观点意味着没有严格意义的实践科学，或者说实践与理论科学的区别必将被理论与应用科学的区别所取代"。[①] 于是，理论与实践的关系便被转换成科学原理如何转化为实验和技术的问题。

在这种技术实践论中，实践智慧也就变成了一种技术性思维，从而实践活动则变成了技术活动。可见，在 N. 马基雅维利和 F. 培根的改造下，实践哲学的本真含义被湮没了。在这种背景下，才可能出现斯宾诺莎的数学化的《伦理学》，使实践哲学进一步理论知识化。

与这种趋向相反，20 世纪很多哲学家对以形而上学为代表的理论哲学进行一种实践的或实践哲学的还原，以探寻理论哲学的实践根源。

J. 杜威认为，在长期的历史发展中，人类发展出两种控制环境的方式，其一是神话和宗教仪式，它是文化和道德的起源，其二是以作用于环境的行动来控制环境，这导致了科学的产生。这两种方式和传统分别掌握在上层贵族和下层的工匠手里。[②] 社会分工使得它们长期并行不悖。其中，原始神话和宗教仪式以及以此为核心形成的传统文化和道德是哲学产生的直接资源。这种直接资源要成为哲学需经过两个阶段。其一，规范化和普遍化。神话和宗教仪式来源于一种原始经验，由于有些经验是反复遭遇且关系到整个集体的喜怒悲欢，因此，形成了一种规范的结构、一种了解生活的共同方式。J. 杜威认为"人类的更博大的天地开辟论和宇宙论，以及更宏远的道德的传统就是这样发生的"。[③] 其二，理论化和知性证明。虽然，分工使得人类两种控制环境的传统和方式长期并行不悖，然而，随着实际知识的逐渐

---

① 列奥·施特劳斯：《古今自由主义》，马志娟译，江苏人民出版社，2010，第 240 页。

② J. 杜威：《哲学的改造》，许崇清译，商务印书馆，1989，第 7 页。

③ J. 杜威：《哲学的改造》，许崇清译，商务印书馆，1989，第 5 页。

增长，这两种控制环境的传统和方式之间不可避免地产生接触并在精神气质方面发生冲突。而传统的信仰虽然高尚，但基础毕竟薄弱。于是，人们就要发明一种研究和证明的方法，把靠习惯维系下来的传统信念置于理性基础上，这就是传统的形而上学——这也是自柏拉图开始的欧洲古典哲学的基本形式。

由此，J.杜威得出解蔽传统哲学的三个结论。

第一，就理论哲学的基本主题来说，理论哲学并不是起源于惊奇和理性等公正无私的源头，它有着既定的使命，"哲学的任务是要在合理的基础上辩护所继承的信念和传统习惯的精神"。[①] 在这种意义上，哲学是有党派性的。

第二，就理论哲学的基本形式来说，理论哲学既然要在合理的基础上辩护传统习惯和信念的精神，就必然重视理由和证明。但由于传统信念和习惯欠缺内在的合理性，于是理论哲学就只能靠逻辑的形式掩饰自己，产生了很多抽象的定义和概念。

第三，就理论哲学的基本方法来说，理论哲学既然要在合理的基础上辩护传统习惯和信念的精神，它就要具有理性的最大普遍性和必然正确性。而要实现这一点，理论哲学只有一个方法，即把世界两重化为经验世界和超验世界。这一不动不变的超验世界就成为一切生活法则乃至社会制度的根源和保证。

J.杜威实际上从人类学和文化史的立场，阐述了哲学的起源，揭示了理论哲学和形而上学内在的实践哲学精神，以此确立了一种取代理论哲学立场的人文的、伦理的实践哲学立场。[②]

现象学家 E.胡塞尔的"生活世界"概念的提出，从另一方面揭示了实践哲学与理论哲学的关系。"生活世界"的含义并不十分明确，但无论存在多少理解，这一概念的基本含义在胡塞尔的思想中是确定的：生活世界是自然态

---

① J.杜威：《哲学的改造》，许崇清译，商务印书馆，1989，第10页。
② J.杜威：《哲学的改造》，许崇清译，商务印书馆，1989，第13~14页。

度中的、无中介的直向世界，是一个非课题性的、奠基性的世界。换言之，生活世界是指一种类似 J. 杜威所说的前逻辑、前认识的"原经验"。"生活世界"的含义在 J. 哈贝马斯那里发生了社会学哲学转向，实际上，这是马克思与 E. 胡塞尔两种思路的一个交合。

生活世界是实践的世界。生活世界是通过人的活动而形成的，是人的实践的领域。胡塞尔说"世界对于我们这些清醒的，总是不知怎么实践才有兴趣的主体来说，并不是偶然的一次性的，而是经常地必然地作为一切现实的和可能的实践之普遍领域"。[①] 这说明，胡塞尔是把生活世界当作区别于理论的"真理"世界的，以"意见"为基础的实践领域。[②]

在生活世界的基础上，形成了理论世界。理论世界存在的意义是由生活世界提供的，生活世界是理论世界的意义之源。"客观的科学也只有在这种由前科学的生活永远是预先存在的世界的基础上才能提出问题。"[③] 这说明，生活世界是理论世界的问题之源和存在之源，因而，也必然是理论世界的意义之源，它表明了理论世界存在的意义和存在的目的。

生活世界与理论世界的分离实质上是人类的生活实践自身的分裂，这种分裂使我们往往把理论世界看作更有效的甚至是意义自足的世界，而忘记了它的真正根源。实际上，理论世界是从生活世界中产生的"亚建筑"，其根基在生活世界之中，但是理论世界却获得了某种最终的和普遍的有效性。于是，科学和理论世界反而成为现实生活世界的原本，而生活世界不过是科学世界的摹本而已。只有采取现象学的态度才能在科学世界与生活世界的关系问题上解蔽，意识到它们的本真关系。

E. 胡塞尔生活世界理论是其现象学理论的一部分，其本意是探寻理论世界之先验意义基础，理论世界在这里也主要指的是科学世界。但是，它无疑对理解理论哲学和形而上学也具有同等意义。E. 胡塞尔明确指出，这种分析

---

① E. 胡塞尔:《欧洲科学的危机与超越论的现象学》，王炳文译，商务印书馆，2008，第 172 页。
② E. 胡塞尔:《欧洲科学的危机与超越论的现象学》，王炳文译，商务印书馆，2008，第 563 页。
③ E. 胡塞尔:《欧洲科学的危机与超越论的现象学》，王炳文译，商务印书馆，2008，第 134 页。

对于"旧意义上的哲学"也是适合的。① 列奥·施特劳斯等主编的《政治哲学史》对生活世界与传统哲学的关系也作了这种理解。因而，它对于我们理解理论哲学和实践哲学的关系，无疑具有深刻意义。不仅仅 J. 杜威和 E. 胡塞尔，我们在现代哲学家中可以罗列出一系列持相同见解的哲学家，如 M. 海德格尔、伽达默尔、R. 罗蒂、H. 阿伦特等。他们实际上颠覆了传统上理论哲学与实践哲学的关系，颠覆了理论哲学作为"第一哲学"的地位，确立了实践哲学的基础性哲学的位置。

据此我们可以得出两点结论。

第一，生活实践是理论之源，它对理论具有奠基作用。人之初或人类之初，首先并不是以一种不偏不倚的理论的态度面对世界，而是以实践的态度面对世界。实践的态度是一种价值和意义的态度。换言之，人类首先是以一种原始的"情绪"（海德格尔）"现身"于世，面对事物和世界的，——这是人或人类面对世界或"现身"于世的最"源始"的态度。从中产生的是一种对意义、信仰和价值的期待。至于理论的思考则是一种派生性的产物。如果说实践的态度是这样，那么，实践哲学则是关于整体的意义和价值的哲学。相对于派生的理论哲学来说，实践哲学无论是在人类历史上，还是在逻辑上，都是在先的。

第二，理论哲学是一种生活方式，对于这种生活方式要进行伦理性、实践性的思考。在此意义上，实践哲学、伦理学是根基性的哲学。当亚里士多德把理论当作一种最高的实践时，他是把理论看作实践的一部分，尽管是最高的一部分——实践是更完整的领域。实践哲学是关于最完整的、最高的善的哲学，它可以决定任何一种生活方式的目的和意义。古希腊存在的著名的"哲学"与"城邦"的对立，在学理上是一个"伪问题"，因为"哲学"只能是城邦中的"哲学"，不存在城邦之外的"哲学"。但是，在现实层面又确实存在这种对立，这正是因为，"哲学"忘记了城邦生活的根基。实用主义曾

---

① E. 胡塞尔：《欧洲科学的危机与超越论的现象学》，王炳文译，商务印书馆，2008，第 556 页。

提出了一个尖锐的问题：是生活为了真理，还是真理为了生活。对这个问题，实用主义用自己的实践哲学理论做出了解答。而实践哲学家 H. 阿伦特则明确回答，"我们以人生为代价获得真理，从根本上说，这样的人生不一定就是我们自己的人生"。①

三 几个进一步明确的问题

从理论哲学与实践哲学的关系中，我们可以进一步明确对以下问题的理解。

首先，理论和实践的关系问题。理论与实践的关系蕴含于理论哲学与实践哲学的关系中。纵观哲学史，理论与实践之间包含着三种关系：即理论的知识与实践的知识两种知识形态的关系，生活世界与科学理论世界两个世界的存在论关系以及科学与实验应用之间的认识论关系。

一般认为，在古希腊不存在理论与实践的关系——这在现代科学背景下，人们对理论与实践关系普遍误解的语境中是可以理解的，换言之，如果在理论与应用的意义上理解理论与实践的关系，这种关系在古希腊确实不存在。但是，在古希腊，理论与实践的关系在其本真意义上是存在的，这就是人们所说的"哲学"与"城邦"的关系。亚里士多德则把它们在知识形态上区分为关于恒常的普遍领域的知识和关于变动的城邦伦理政治生活的特殊的知识，他在与理论知识比较意义上称实践的知识为"另一类知识"。实践的知识在 H.G. 伽达默尔的哲学解释学中，被当作人文科学合法性的基础，而理论的知识经由近代实验科学的"改造"已经在某种程度上改变了原来的含义，变成了人类探索自然的工具并在一定程度上侵蚀了人文科学的基础。由此，理论与实践的关系便在某种程度上具有了一个转换形式：自然科学与人文科学的关系。

---

① H. 阿伦特：《马克思与西方政治思想传统》，孙传钊译，江苏人民出版社，2007，第 9 页。

理论与实践的关系除了这种知识形态的关系外，还具有两个世界之间的存在论关系。这种关系如上所述，是由 E. 胡塞尔在其生活世界理论中论述的。在这种关系中，对理论来说，是其从生活世界的根基中的问题生成与回归的关系，而生活世界中的问题生成并不是认识论意义域中的问题，而是与意义和价值相关的问题；对实践生活世界来说，是一种对理论世界的意义规约与伦理统摄问题。于是，E. 胡塞尔把理论与实践的关系转换成存在论上的本源世界和派生世界之间的关系。

至于理论与实践的认识论关系则是从 F. 培根创立的技术实践论传统中产生的。在认识论意义上，理论是以实验科学为范本的科学理论，实践是以科学实验为范本的科学"实践"。它们之间的本质关系在理想上，即科学命题与实验证实的关系，是理论与实践的符合、匹配与校准关系。质言之，只是在技术实践论的语境下，才存在理论如何应用于实践的问题。这种关系的实质，是以技术理性或工具理性取代人类真正的实践活动。

可见，在理论和实践的三重关系中，知识论的关系和存在论的关系是理论与实践关系的本真含义。而认识论关系则是对理论与实践关系的误解。在前两重关系中，知识论的关系虽然比存在论的关系在历史上较早为人们所认识，但在逻辑上，却是以后者为基础的，二者存在着一种类似"实体"与"属性"的关系。

如此理解理论与实践的关系，其问题意义发生了重大转换。理论与实践的关系不再是理论如何应用于实践，实践如何矫正理论，以达到最好的匹配关系。在存在论上，理论世界是实践生活世界的派生世界，它说明理论的生活根基和意义源泉，说明理论并不像理性主义认为的那样——是自足的，不是生活实践以理论为范式，而是理论以生活实践为前提和范式。在知识论上，它意味着具有实践意义的人文科学和具有事实意义的自然科学孰为基础的问题：按照一般理解，人文科学只是一种前（自然）科学，它应当以（自然）科学为基础和范本。这种理解是错误的，问题恰恰相反，具有事实意义的自然科学是没有头脑的，需要人文科学思考其自身的价值和意义问题——（自然）科学的基础是人文科学。

其次，实践哲学与普遍性问题。这一问题实际上又回到了亚里士多德的难题。我们从这一问题引出了理论哲学与实践哲学的关系，即孰为第一哲学的问题。但是，在这里，我们要考察实践哲学需要什么样的普遍性，或者说实践哲学的普遍性与理论哲学的普遍性有什么差别。

理论的普遍性是一种绝对的普遍性，它是一种"理念"和"原型"，这种"理念"和"原型"对特殊和具体事物有一种规范作用：对于普遍来说，每一个特殊都只是普遍的一个例证、一个实例，是一种现象；对于理论范畴里的特殊事物、特殊情境来说，普遍是一种高于特殊的"理念""原型"，它是特殊现象的"本质"。

但是，亚里士多德实践哲学范畴里的普遍性则是一种具体的普遍性。具体的普遍性包含特殊的普遍性，是普遍性与特殊性的结合。换言之，一方面，实践智慧（即实践理性）要受普遍性的指导，在这种普遍的规则（如"善"）之下，才能做出选择；另一方面，又要把普遍的规则结合于具体的特殊性中，"明智（即'实践智慧'）也不是只同普遍性的东西相关。它也要考虑具体的事实。因为，明智是与实践相关的，而实践就是要处理具体的事情"。[①] 当然，亚里士多德理解的普遍性是理论哲学或形而上学性质的普遍性，只是，他把这种普遍性与特殊性和具体事务结合起来。亦即，亚里士多德多少采取了一种阐释学的态度来看待普遍的规则，使普遍的规则和具体的事物互相阐释，从而把各自的内容展现出来。如法律与具体判定之间的关系——这是 H.G. 伽达默尔特别重视的地方。

理论的普遍性是一种刚性的普遍性，这种刚性的普遍性经过 T. 库恩的科学解释学，其根基已经转移到社会实践和经验[②]领域。亚里士多德曾认为，实践智慧是和生活经验相关的。实践智慧是关于具体的特殊事物的知识，这种

---

① 亚里士多德：《尼各马可伦理学》，廖申白译注，商务印书馆，2003，第176~177页。

② 这里的经验是指生活经验，而非科学经验。前者比后者要完整和原始，J. 杜威把这种经验称作"原经验"。

知识不是一种普遍的、可学习的知识，因而只能靠经验，靠日积月累形成的经验，才能形成这种知识。正是这种经验，使一个人生出了慧眼，使他能够"看"得正确。他把这只慧眼又称作"灵魂的眼睛"。① 这就是说，一个人凭借长期的生活经验，可以产生一种对事物的感觉，这种感觉即是对具体事物及其与普遍知识之联系的直觉。H.G. 伽达默尔非常重视这种与实践智慧相联系的"经验"，并把它与人文科学的理解和真理问题联系在一起。

H.G. 伽达默尔认为，与形而上学和自然科学的客观性理想相反，人文科学的本质性东西恰恰是同对象的在先的关系，这是一种参与的关系。② 在人文科学中，衡量其学说有无内容和价值的标准，就是参与到由历史和艺术构建起来的人类经验的基本陈述中。理解就是特殊经验与人类基本经验的作用过程。伽达默尔把实践智慧关于特殊性与普遍性的结合，转换为一种解释学循环，认为人文科学的本质即是个体经验与普遍经验的融合——这体现了人文科学的特殊性。③ 正是在这种融合中，我们可以通过自身体验的直接性和不可替代性证明一种人文科学的真理——我们对历史传承物的经验居间传达了我们必须参与其中而获得的真理，这种真理不能在一般的陈述或知识中得到证明。④ 所以，"正是亚里斯多德的实践哲学——而不是近代的方法概念和科学概念——才为精神科学合适的自我理解提供了唯一有承载力的模式"。⑤

于是，实践哲学的普遍性是人类基本经验的普遍性，是人类对存在的基本困境以及对自身理解的普遍性。这种普遍性将不断地为人类个体经验所丰富和充实，这实际上就是普遍性和特殊性的相互阐释过程。而这种相互阐释的经验，才是理论的普遍性的真正基础。

再次，实践哲学的正当性和前景问题。自亚里士多德提出理论哲学和实

---

① 亚里士多德:《尼各马可伦理学》，廖申白译注，商务印书馆，2003，第 185~186、188 页。
② 其实这种理论的客观性理想经过 T. 库恩科学解释学的阐释，已经不再是绝对理性的，而是实践的了。
③ H.G.Gadamer, *Praise of Theory*, Yale University Press, 1998, chapter 4.
④ H.G. 伽达默尔:《真理与方法——补充和索引》，洪汉鼎译，商务印书馆，2007，第 586 页。
⑤ H.G. 伽达默尔:《真理与方法——补充和索引》，洪汉鼎译，商务印书馆，2007，第 386 页。

践哲学之分，哲学的领域即已基本界定。但是，整个西方哲学史基本上是一部形而上学史，实践哲学并没有得到第一哲学应有的地位，甚至与形而上学比肩的地位也没有获得。实践哲学处在形而上学的阴影之下，甚至同化于形而上学之中，在哲学史上处于"缺位"状态。但是，作为理论哲学的典型形式——形而上学的历史就是其自身不断地被质疑的历史，也是被批判被否定的历史。这一历史过程在现代西方哲学中已经完成。J. 杜威对形而上学的实践哲学还原，E. 胡塞尔的生活世界理论对理论世界与实践—生活世界关系现象学阐述，直到后现代哲学家们对"逻各斯中心主义"的毁灭性批判，无不确证了形而上学的终结和实践哲学的复兴。于是，对传统形而上学的颠覆引起对哲学之传统意义的反思。R. 罗蒂明确地对传统的"哲学"概念提出怀疑，认为哲学即"爱智慧"，但一般来说，人们都认为智慧在于把握真理，而真理则是对一种自然秩序的准确表象。然而，这种"对自然秩序的准确表象"的幻想已经被由尼采发端的"后现代主义"从根本上消解，尼采尖锐又带嘲讽地把这种幻想称之为"形而上学的慰藉"。这里，关键在于应改变"智慧"的含义。

R. 罗蒂认为，改造后的"智慧"不再是对自然秩序的表象，而是用来指谓在实践中，人类生活各个不同部分之间的一种平衡，"成为智慧的，就是在我们的各种独特幻想和我们与其他人之间的交道之间，在我就我们自己、对我们自己讲的语言和我们就我们与他人共同的关怀、对他人讲的语言之间，寻找某种平衡"。① 这是就私人领域与公共领域的关系而言的。这种智慧本质上不再是理论智慧（sophia），而是实践智慧（实践理性，"phronesis"）。正像 R. 罗蒂所说："即使在'智慧'这个术语的定义已经面目全非之后，对某种可能被称作'智慧'的事物的热爱仍将持续。"② 换言之，哲学仍然是"爱智慧"，只是变成了"爱实践智慧"。

因此，我们不仅应当在哲学史上，赋予实践哲学以应有的地位，而且应当认识到，后形而上学的哲学形态即是实践哲学。

---

① R. 罗蒂:《实用主义哲学》，林南译，上海译文出版社，2009，第 137 页。
② R. 罗蒂:《实用主义哲学》，林南译，上海译文出版社，2009，第 115 页。

文化哲学的几个理论特征[*]

陈树林^{**}

近 20 年来，在中国因文化热而促进了文化学研究和文化哲学研究的兴起。对于文化学研究，由于其研究带有科学性、实证性、描述性等特征，比较符合人们的理性思维习惯和约定俗成的学科分类习惯，人们少有异议。但是，这种对文化"形而下"的研究无法解决与文化相关的深层次问题。相对而言，对文化作总体性的"形而上"研究的文化哲学及其研究则往往招致许多异议。人们对何谓文化、何谓文化哲学争论不休，甚至对文化哲学存在的合法性抱怀疑态度。当人们根据传统的学科分类原则把文化哲学定位为以"文化"为研究对象的"部门哲学"或"分支哲学"时，会因为文化概念的内涵和外延过于宽泛和难以确定而无法把握，人们很难把"文化哲学"与"教育哲学""经济哲学""行政哲学""科学哲学""道德哲学""法哲学""艺术哲学""宗教哲学"等部门或分支哲学相提并论；当人们把文化哲学定位为一种哲学理解范式时，则会遭遇与传统的形而上学、意识哲学、思辨哲学、本体论、知识论、认识论、生存论、价值论等哲学理解范式或各种哲学流派的"冲突"和张力。或许，我们一时还无法就文化哲学的理论体系达成广泛的共识，但是，文化哲学的研究对象、研究方法、理论旨趣等一些

---

   * 本文发表于《中国社会科学》2008 年第 4 期。

  ** 陈树林，黑龙江大学文化哲学研究中心教授，主要从事以东正教为基础的俄罗斯宗教哲学、俄罗斯文化模式和苏俄马克思主义思想理论发展史的研究。

基本理论特征却相对明显。从理论上明确这些理论特征有助于文化哲学研究的进一步深入。

一 透过文化符号形式对人做总体性把握

在确定研究对象问题上，哲学与自然科学有所不同，哲学一般没有像科学那样固定而明确的研究对象。正因此，哲学在表现形态和内涵上丰富多彩，几乎没有超越时空和历史文化的"统一哲学"。但是，正因为哲学一直对世界、宇宙、人、灵魂、精神、规律等研究对象有浓厚的兴趣，各种哲学在内涵上和旨趣上大同小异，可以相互交流和沟通。但是，任何一种比较系统明确的哲学除了与哲学家的历史文化背景密切相关之外，其中对哲学的研究对象作相对明确的划分和界定则是十分必要的。一定意义上讲，没有相对明确研究对象的哲学，很难称得上是一种成熟的哲学，尽管哲学本身不以是否具有固定的研究对象为前提。

对人的研究和把握历来是各门具体科学和古今中外传统哲学的基本追求，但是，以往的科学和哲学难以实现对人的总体性加以把握的目的。或者对人的了解一知半解，或者误入歧途，无法找到研究人的合适的直接对象。

就科学而言，由于研究人的不同科学各自的理论视角、切入点、把握的层面各不相同，从而导致对人的研究缺乏整体性和全面性。科学或者把人等同于其他动物，例如生物学、医学、生理学、解剖学、病理学等，对人做遗传学、解剖学的研究；科学或者从对人的情感、认知、心理、结构、功能等内在非本质特征有所把握，如心理学、行为学等，对人的心理和意识活动进行"深入"研究。但这些支离破碎的研究把本来是一个整体的人给彻底肢解了。进入20世纪，从各方面获得的信息预示了一个基本趋势：似乎科学越发达，就越远离人。

就哲学而言，人类的自我意识觉醒之后，在对人自身认识过程中似乎走过了一条弯路，或者说在很长一个时期把这个问题给遗忘了，到了近现代才开始重新踏上探索自身奥秘的征程。在西方文化中，希腊的哲学家和希伯来思想家们早早地提出了"认识你自己"的艰巨任务。但是，这个任务的解决却历来在两个看似不同的领域或道路中进行。一个是古希腊哲学家的理性主义哲学之路。在这条路上，人们把人自身投射到自然界、宇宙之中，把人与其他动物作对比研究，得出了人是政治动物、人是理性动物、人是高级动物等一些著名的结论。

另一个是希伯来犹太拉比和教父们对人的启示主义或信仰主义的宗教神学之路，他们把人投射到一个超自然和超人类的上帝之中，把人——"上帝的肖像"与全能的、创造人的、给人以启示的上帝作对比对人加以把握。以犹太教—基督教为核心的宗教神学之路对人的把握应该说是"全面的"，因为它回答了人的起源——从哪里来，人在现实中应该如何生活，人的最终归宿——到哪里去等一系列重大问题。通过"生与死""灵与肉""罪与罚""天堂与地狱""信、望、爱"等描绘了人的现实生活的实存状态和理想世界及应然状态。这条路一直没有中断，但是，在历经中世纪和近、现代之后，这条路始终受到理性主义、科学主义和实证主义的打压和围剿，其中，达尔文的生物进化论对创世说的冲击最大，致使其合法性受到怀疑，人们不再轻信宗教神学之路的真理性和可靠性。

理性主义主要运用于哲学分析的方法，试图通过对人做精细的分析而把握其本质特征。正如亚里士多德所说哲学起源于对自然的惊愕一样，希腊哲学从此把注意力从人身上转向了自然。天文学、生物学、地理学、数学、物理学、化学、生理解剖学等纷繁复杂的知识体系和奇特的方法都集中到了自然和宇宙之中，人们通过自然之镜、动物之镜、科技之镜、生产之镜、语言之镜、战争之镜、经贸之镜等去反观人自身。纵然有许多块镜子，但是，它们只能照清人的某些局部，而无法照清人的全貌。

从近代以来，帕斯卡尔、维柯等哲学家率先反叛笛卡尔等人把哲学数学化、几何学化和斯宾诺莎用几何学建构伦理学的做法，他们主张用非理性的方法和诗性哲学代替前者对人和社会现象的分析和描述。康德更加自觉地认识到人的理性认识在面对人自身时无法克服的困境，指出了纯粹理性和实践理性的差别，强调实践理性必须对灵魂不朽问题、意志自由问题、上帝存在问题给予特殊的对待，这些涉及人的道德活动的因素是无法用纯粹理性把握的。新康德主义者文德尔班、李凯尔特、卡西尔等人接过康德的大旗，继续深挖科学主义、实证主义哲学在研究的问题上的先天不足，检讨在此之前西方哲学走过的弯路。在检讨近现代西方哲学的得与失和尽力矫正以往的不足时，新康德主义哲学家们把目光逐渐聚焦到对文化现象和文化范畴的审视上，哲学家们开始全面深入研究人类的文化现象，力图用文化、文化符号系统去反观人的本质特征和生存活动。

事实上，在对人的把握上，以往的哲学家们曾经试图用理性、精神、自然、实践、历史等概念或范畴揭示人，或者说把人投射到理性、精神、自然、社会、生命有机体、实践、历史之中，曾经使得理性主义、精神现象学、自然哲学、进化论、活力论、生命哲学、存在主义哲学、实践哲学、历史哲学等哲学流派盛行一时。但是，与文化符号形式相比，上述范畴都有这样或那样的不足。正如卡西尔指出，对于理解人类文化生活形式的丰富性和多样性来说，理性是个很不充分的名称。而人类的所有文化形式都是符号形式。"我们应当把人定义为符号的动物来取代把人定义为理性的动物。只有这样，我们才能指明人的独特之处，也才能理解对人开放的新路——通向文化之路。"[1]卡西尔坚信，"符号化的思维和符号化的行为是人类生活中富于代表性的特征，并且人类文化的全部发展都依赖于这些条件"。[2] 他认为人与动物的根本区别在于运用的是符号还是信号，"信号和符号是属于两个不同的论域：信号是物理的存在世界之一部分；符号则是人类的意义世界之一部分。信号是'操作者'；而符号则是'指称者'。信号即使在被这样理解和运用时，也仍然有着某种物理的或实体性的存在；而符号则仅有功能性的价值"。[3] 只有人

---

[1] 卡西尔：《人论》，甘阳译，上海译文出版社，1985，第34页。
[2] 卡西尔：《人论》，甘阳译，上海译文出版社，1985，第35页。
[3] 卡西尔：《人论》，甘阳译，上海译文出版社，1985，第41页。

具有符号化的想象力和智慧。卡西尔认为，文化哲学或人类学哲学不应在人性问题上再走形而上学和经验科学的老路，去寻找什么"物质本体"或"精神本体"，对人的本性而言上述道路是徒劳的。因此他指出："如果有什么关于人的本性或'本质'的定义的话，那么这种定义只能被理解为一种功能性定义，而不是一种实体性的定义。我们已不能以任何构成人的形而上学本质的内在原则给人下定义；我们也不能用可靠经验的观察来确定的天生能力或本能来给人下定义。人的突出特征，人与众不同的标志，既不是他的形而上学本性，也不是他的物理本性，而是人的劳作（work）。正是这种劳作，正是这种人类活动体系，规定和划定了'人性'的圆周。语言、神话、宗教、艺术、科学、历史，都是这个圆的组成部分和各个扇面。因此，一种'人的哲学'一定是这样一种哲学：它能使我们洞见这些人类活动各自的基本结构，同时又能使我们把这些活动理解为一个有机整体。"[1]卡西尔在全面研究了人的文化符号本性之后指出："人不可能逃避它自己的成就，而只能接受它自己的生活状况。人不再生活在一个单纯的物理宇宙之中，而是生活在一个符号宇宙之中。语言、神话、艺术和宗教则是这个符号宇宙的各部分，它们是织成符号之网的不同丝线，是人类经验的交织之网。人类在思想和经验之中取得的一切进步都使这个符号之网更为精巧和牢固。人不再能直接地面对实在，它不可能仿佛是面对面地直观实在了。人的符号能力进展多少，物理实在似乎也就相应地退却多少。在某种意义上说，人是在不断地与自身打交道而不是在应付事物本身。他是如此地使自己被包围在语言的形式、艺术的想象、神话的符号以及宗教的仪式之中，以致除非凭借这些人为媒介物的中介，他就不可能看见或认识任何东西。人在理论领域中的这种状况同样也表现在实践之中。即使是在实践领域，人也并非生活在一个铁板事实的世界之中，并不是根据他的直接需要和意愿而生活，而是生活在想象的激情之中，生活在希望与恐惧、幻觉与醒悟、空想与梦境之中。"[2]

---

[1] 卡西尔：《人论》，甘阳译，上海译文出版社，1985，第87页。

[2] 卡西尔：《人论》，甘阳译，上海译文出版社，1985，第33~34页。

文化哲学是透过文化符号形式对人做总体性把握的哲学。文化哲学的表层对象或直接对象是对"文化符号形式"作形而上研究，而深层对象或最终对象——对人类自身的总体性把握，是文化哲学在研究对象上区别于其他哲学的独特之处，不了解这一点就很难理解文化哲学的独特性。文化符号形式主要表现为语言、神话、艺术、宗教、科学等，与人的总体性之间具有一种内在的、实质性的关系。一方面，文化符号形式是人的创造性活动的结晶，最能全面深刻体现出人的本质性特征；另一方面，文化符号形式又是人的创造性活动的起点和基础，没有这种文化符号形式为依托，人就无法生存，就将丧失掉人的应有属性。人的理智性、非理性、情感、意志、欲望、逻辑思维能力、形象思维能力、未特定化、矛盾性、荒谬性、开放性、生成性、主动性、被动性等一切特性都能够在文化符号形式这个更广阔的屏幕上得以彰显，文化符号形式是一种由自然之镜、生产之镜、上帝之镜、科技之镜、语言之镜、动物之镜等无数块镜面组成的"多维万能棱镜"，而人的形象则要通过这个多维万能棱镜全面折射出来。

人的复杂本性必须通过文化符号形式彰显，没有文化符号形式就没有人的总体性特征，就不会有"人"的存在。文化符号形式是通向人的总体性特征的必经之路，这种关系决定了文化哲学必然透过文化符号形式达到对人的总体性把握，而不仅仅把对文化符号形式的研究作为最终目的。因此，不能把文化哲学理解为关于文化形式的哲学，否则就会把它视为一种与其他知识论等同的哲学，就会把文化哲学看作部门哲学或领域哲学。就会离开或丢失文化哲学研究的真正对象，从而使文化哲学丧失存在的必要性和存在根基。

二　运用历史科学方法对人做全方位把握

从西方哲学发展的轨迹来看，理性主义与宗教信仰主义始终处于交织和斗争之中，如果从理性主义路线加以检讨，便会发现西方哲学的演变历史中始终有一种强烈的"科学主义"倾向，其中数学方法、几何学方法、力学方法、天文学方法、生理学方法、心理学方法等轮番占据哲学的中心位置。哲学家们往往把用于研究自然的科学方法绝对化、普遍化，并把这种研究方法运用到对人类自身的研究之中。这种研究在方法论层面无疑等于把人降低到无机物、有机物、高级动物层面，而忽视人的自由意志、灵魂、精神、思想、情感等层面问题，把人也视为同自然存在物一样的"连续性的、同质性的"存在物。相对而言，文化哲学是在方法上运用历史科学方法对人做全面把握的哲学。与其他存在物相比，人就是矛盾和荒谬，从根本上说无法用理性的方法去把握，也不该用理性的方法去把握。人与人的个体差异性、民族之间的差异性不仅突出，而且不可忽视，不甘受"同一性"概念的"奴役"和"专政"，承认人的非连续性和异质性是对人的本性的真实把握，这是文化哲学在方法论上的一个突出理论特征。文化哲学与以往的思辨哲学、意识哲学、知识论哲学的旨趣不同，不以建构完整的科学体系和知识体系为目标，但是，这绝不是说文化哲学可以完全离开概念去思维，即便是文化符号形式，也同样离不开概念这一思维之网的纽结的存在。所不同的是，文化哲学看到了以概念为基础的科学体系在把握人自身时的种种弊端，力图消解这种弊端，探寻更能切合人的本性的方法。

在李凯尔特看来，如果从研究的对象，即从"质料"角度看，可以把科学划分为"自然科学"和"精神科学"或者是"自然科学"和"文化科学"；如果从研究的方法，即从研究的"形式"角度看，可以把科学分为用"自然科学方法"和"历史科学方法"[①]去研究自然、精神和文化现象的科学。自然科学方法坚持的基本原则是把事物，包括自然现象和人类现象看作具有连续性和同质性特征，而不论其真实情况如何，不考虑现象本身的"非连续性"和"异质性"，把现象看作无所谓是否具有个性，不顾事物的特殊性和个别性。而"历史性研究方法"则与此不同，历史科学方法强调事物或现象的非

---

① 参见李凯尔特《李凯尔特的历史哲学》（涂纪亮译，北京大学出版社，2007）第24~28页的有关论述，李凯尔特在此用了"历史学""历史方法""历史科学"等概念，笔者根据著作思想选用"历史科学方法"作为与"自然科学方法"对应的概念。

连续性和异质性，而不考虑其连续性和同质性。因此，历史科学方法有助于研究那些一次性的和个别性的事物，其中对人自身和人类的历史的研究较为多见。李凯尔特认为，"自然科学方法"一词只具有逻辑意义。因为"自然"不仅指物体世界。历史概念是就其特殊性和单一性而言的一次发生事件这个概念。它的特点就是特殊性，没有规律可循。

几乎所有的理论或学说都把探求人类本性的统一性和同质性作为理论使命，而且每种理论都自信找到了答案，试图从自己的视角和理路去透视人的统一性和同质性。例如，柏拉图、亚里士多德认为理性是人的本性，尼采、叔本华则认为意志是人的本性，弗洛伊德认为性欲本能是人的本性，马克思则专注于人的经济本能或物质利益。但是，各种理论学说都有局限性，至多是部分地发现了真理，对人类的统一性和同质性作了局部的或部分的把握。文化哲学在研究方法上运用历史科学方法，这是一种对历史现象进行描述、分析的方法，比自然科学方法、数学方法在研究人的问题上更加奏效。文化哲学的独特之处在于对人的非连续性、异质性、矛盾性、非理性等特征的真实把握。

众所周知，几何学精神适用于所有那些可以精确分析——可以被分解为它们的最初组成成分的学科。它从某些公理出发，并且从这些公理推论出真理，这种真理可以被普遍的逻辑法则所证实。这种精神的优点在于它的原理的明晰性和它的演绎的必然性。但是，并不是对所有的对象都可以做这样的处理。有些事物由于其本性的丰富性、微妙性、多样性、多面性、复杂性和多变性，对其进行逻辑分析的一切尝试都会落空。其中，人的心灵及其活动就是最为典型的事例，面对丰富多彩的心灵变化，几何学精神及其方法变得毫无办法。人之为人的特性就在于其本性的丰富性、微妙性、多样性和多面性。因此，数学绝不可能成为一个真正的人的学说、一个哲学人类学的工具。把人说成仿佛也是一个几何学的命题是极其荒谬的，一种根据几何学体系建立起来的道德哲学是一种臆想和谬论。

几何学和形而上学本身不适合揭开人这个谜的根据在于，逻辑学和形而上学的首要的和最高的法则就是不矛盾律。理性的思想，逻辑和形而上学的思想所能把握的仅仅是那些摆脱了矛盾的对象，只是那些具有始终如一的本性和真理性的对象。然而，在人那里，我们恰恰绝对寻找不到这种同质性。哲学家无权构造一个人，而必须描述一个实在的人。

任何一个关于人的定义，当他们不是依据我们关于人的经验并被这种经验所确证时，都不过是空洞的思辨而已。要认识人，除了去了解人的生活和行为以外，就没有什么其他途径了。但是要把人的问题用一个单一的简单的公式囊括，其结局注定是要失败的。人的生存基本要素正是矛盾。人根本没有一成不变的永恒的"本性"，没有单一的或同质的存在。人是存在与非存在的奇怪的混合物，其位置是在这对立的两极之间，正如舍勒所言：人是介于神与动物之间的动态的 X，人是一个变动不居的存在物。

文化哲学运用历史科学方法的前提就是承认人的异质性和非连续性，反对用一种科学的方法去对待人。人的异质性是指，作为类的存在物，人具有生成性和开放性，不能也不应该把人用固定的概念像模具一样把人束缚住；作为个体的存在物，每个人在具有人的一般属性的同时，个体的差异性不容忽视。个人无论在体力、智力或者外在形象上都有所不同，甚至有"天壤之别"。对人所作的"同质性"的科学假设和科学研究方法的运用，从"类"的层面消解了人与其他存在物的根本差别，把人降低到"动物"水平，这是对人存在的价值的毁灭和尊严的亵渎。从个体层面把人与人的差别抹平，把人视为没有任何个性差异的同一标准"工业制成品"，现实生活中的天才、英雄、芸芸众生之间的差别就被彻底消解了。文化哲学运用历史科学方法则以人的真实特征——异质性为根据，对人做个别的、一次性的研究和把握，力求真正凸显人的个性和差异性。但是，文化哲学也并非能够对每个人做出经验和实证的科学研究，而是透过文化模式，即以特定文化符号形式为载体的主体或主人去把握人的特殊性和真实特征。现实生活中的人都是通过特定的文化符号形式而存在的，文化符号形式的主要表现形式如语言、神话、宗教、艺术、科学尽管在形式上具有相同性，但是其内涵则具有特殊性，这种特殊性主要是由特定的地域、环境、人种、民族、生产、生活、历史等差别决定的，这种差别造成了文化符号形式的内涵的不同，而那些相对稳定的文化符号形式对于特定的人群而言就是独特的文化模式。从历时维度上看，科学方法把研究对象视为一个没有间断的具有连续性存在物，而历史科学方法在面对人的时候恰恰以人的非连续性为前提。人的非连续性是指人与其他自然存在物不同，我们不可以把人的存在视为一个自然而然的过程，相反，人的存在是一个不断变化的过程，这个过程受到主客观相互作用的影响，是不断质变的过程。人不断告别自己的过去，不断创造自己的未来。任何一种文化模式总是一定历史阶段的产物，具有历史性和阶段性。人的这种变化表现为文化模式的不断转型和变迁，文化哲学对人的历时性的把握主要透过其文化模式的转型和变迁来实现。不同文化模式下生活的人的形象不同，人的文化秉性也就不同，对文化模式的历史研究，能够实现对人的生成性的动态把握，从而克服在人的问题上的宿命论。

总体上看，文化哲学运用历史科学研究方法把人视为非连续性和异质性的存在物并加以把握，从方法论上保证了对人的全方位的把握。

三 对文化模式进行批判和重建

作为一种意识形态，无论是思辨哲学还是意识哲学，抑或是认识论哲学或者知识论哲学，它们大多承担着"反映世界"面貌和"解释世界"因果关系的理论使命。相对而言，文化哲学由于相对独特的研究对象和研究方法，决定了其在理论旨趣上是对文化模式进行批判和重建的哲学。文化哲学的最终研究对象是对人的总体性加以把握，这就决定了文化哲学必须从根本上对人的形象和人的生活世界做出刻画和分析，使人的生活处于自觉状态，为人的生活提供生存智慧。但是由于人的形象和生活世界通过文化符号形式得以表现，因此，文化哲学必须直接借助对以文化符号形式为核心的文化模式的批判与重建去实现。另外，由于文化哲学在研究方法上是运用历史科学的方法对文化模式进行研究的，这就决定了文化哲学对文化模式的把握不单纯是一种因果关系的逻辑分析，而是一种对不同文化模式的比较分析，并且这种比较分析的旨趣表现为对文化模式的批判和重建。

文化哲学的基本逻辑前提是：人生活的世界是一个符号交织的文化世界，被具体的文化模式支配的生活世界，人面对的真实世界就是文化符号世界，而不是所谓的物理实在世界，或客观的自然世界，人直接改造的世界是人的文化世界。文化哲学认为，人的创造性活动如何，人的文化世界就如何，人的面貌也就如何，人的本质也就怎样。不存在一个形而上学意义上的不变的"本性"和统一的"形象"，因此，不应该按照统一的关于人的思辨逻辑去寻找人，塑造人，而要到文化模式中去寻找人和塑造人。人的认识不是思维器官——大脑的机能或心理反应活动，而是一种依赖文化符号形式提供的世界图示、宇宙图示，语言概念等媒介的创造性应对活动。人的认识活动也离不开文化形式，没有这些文化形式作为中介，人无法认识任何事物。从这个逻辑起点上看，对人自身世界和外在的世界的改造是一种文化批判活动。

文化形式始终处于稳定化和进化的角斗之中，处于"坚持固定不变的生活形式的倾向和打破这种僵化格式的倾向之间的一种张力之中。人被分裂为两种倾向，一种力图保存旧形式而另一种则努力要产生新形式。在传统与改革、复制力与创造力之间存在着无休止的斗争。这种二元性可以在文化生活的所有领域中看到，所不同的只是各种对立元素的比例。有时是这一因素占优势，有时是那一因素占优势"。[1] 总体上看，一方面，文化形式具有惰性或稳定性，一经形成就具有保守性和稳固性，并把人固定在文化形式之中，使人具有相对稳定的形象和面孔。另一方面，文化形式同时又具有非稳定性和进化性，始终伴随实践活动和生存活动的变化而变化，这种变化表现为人的形象的变化，尽管这种变化比较缓慢。文化形式的这种二元特征在现实生活中就表现为文化模式的双重品性。一方面，文化模式一经形成就具有强大的

---

① 卡西尔：《人论》，甘阳译，上海译文出版社，1985，第283~284页。

惰性和稳定性，不但不会轻易被经济和政治活动所动摇或摧毁，相反决定人的经济行为和政治行为，文化是政治、经济之母。另一方面，文化模式同样是可变的，文化模式可以转型和变迁，只是这种变化需要内在和外在的双重推动力共同作用才能完成。文化模式变迁的内在推动力是指推动文化变化的文化创新能力。人的劳作、实践活动总是建立在以往的文明成果基础上的，文化的习得性保证了文化成果的不断积累和丰富，进而保证了文化模式的进化和变迁。文化模式变迁的外在推动力是指不同文化模式之间的相互影响而推动文化模式变化的文化借鉴力。文化之间的交流、沟通、借鉴、整合成为文化模式变迁的重要外在推动力。任何一种文化都不是绝对封闭的、独立的，而是开放的、多元因素共生的，所不同的是不同民族文化成分的多与寡的区别。古代社会气候的变化导致的人口迁徙，战争导致的婚姻融合，商贸活动导致的商品流动，宗教传播导致的信仰变化，文学艺术的广泛传播等众多活动促进了文化的繁荣与发展，现代社会因新大陆发现，航海、航空、通信等技术的革命，特别是在因特网建成为标志的全球化背景下，文化的交流和借鉴导致的文化变迁成为文化变化的主导因素。

尽管文化模式始终受到内在和外在推动力的双重推动，但其变化并不是一种被动的自然过程，而是一种自觉的批判和重建过程。其中对传统的文化模式批判、反思、颠覆和对外来文化模式的借鉴、汲取必须通过一种"先知式"的批判来完成。没有这种批判和推动，文化模式一经形成就难以变化。文化哲学承认文化模式的相对独特性和独立性，但与文化绝对主义观点不同。前者承认文化模式的相对独特性和独立性的同时，也承认各种不同文化模式的相对优势和相对不足，进而承认文化模式需要在借鉴其他文化条件下不断更新。文化绝对主义因强调文化的绝对差异性而拒绝承认不同文化之间具有可比性。文化绝对主义固守文化保守主义和文化优越论思想，拒绝不同文化模式之间的借鉴和学习，拒绝对自己的本土传统文化作任何改变。

文化模式的批判与重建的最终目的和结果在于为人提供一个新的文化世界图景。这种世界图景无论来自内在的更新还是来自外在的借鉴，文化要给人提供的就是一个理想的世界。人的生活是在想象、激情、希望、空想、理想的支配下进行的,而不是在直接的需要和意愿等本能支配下进行,也不是所谓的完全按照理性支配行事。人的一个重要特点是依靠理想来超越现实和本能,人生活在理想世界,就是要把不可能的东西当作可能的东西来对待。文化哲学反对在人的问题上进行形而上学式的本体论建构,却承认人具有超越现实的理想或想象能力,正是这种想象力,人能够超越本能的局限进行符号化的文化创造。文化哲学在反对思辨哲学家们的理性结构的同时,也反对实证主义经验哲学家们把一切都庸俗地诉诸与理想相反的经验的做法,认为一切伟大的伦理哲学家的显著特点正在于他们并不是根据纯粹的现实来思考。坚信如果不扩大甚至超越现实世界的界限,哲学家们的思想就不能前进哪怕半步。人类的导师们除了具有伟大的智慧和道德力量以外,还极富于想象力,他们那富有想象力的见识渗透于他们的主张之中并使之生气勃勃。像柏拉图的《理想国》、莫尔的《乌托邦》、歌德的《浮士德》、卢梭的《论人类不平等的起源和基础》、马克思的《共产党宣言》等。乌托邦的伟大使命就在于,它为可能性开拓了地盘以反对当前现实事态的消极默认。在卡西尔看来,"正是符号思维克服了人的自然惰性,并赋予人以一种新的能力,一种善于不断更新人类世界的能力"。①

---

① 卡西尔:《人论》,甘阳译,上海译文出版社,1985,第 78 页。

文化哲学范式的历史渊源和发展*

陈树林**

解决文化哲学的合法性问题有必要从其理论的历史渊源和发展脉络加以考察，进而证明这种哲学理解范式古已有之，而不是当今某个天才的杜撰和臆断。在中国语境下谈论哲学的一个基本理论前提是以从希腊哲学源头开始的西方文化中对哲学的理解为准则，因此，我们在对文化哲学进行哲学史的追本溯源时也必须回到西方哲学史之中去寻找相应的根据。或许我们不一定完全同意黑格尔的"哲学就是哲学史"的断言，但是，是否有哲学史根据无疑是断定一种哲学是否具有合法性的重要依据之一。

一 古希腊哲学中的文化哲学理解范式萌芽

纵观西方哲学发展的历史不难发现，从古希腊开始到近现代，西方哲学的发展经历了一个"自然科学化"的长期过程，哲学的天文学化、生物学化、物理学化、数学化等不断发展和强化留下了一条明显的科学化轨迹并产生了严重的后果。这种后果就是哲学的知识体系化、自然科学化，哲学逐渐变成了绝对真理体系而远离人的真实生活世界、远离人的现实生存活动、远离人

* 本文发表于《求是学刊》2011 年第 5 期。
** 陈树林，黑龙江大学文化哲学研究中心教授，主要从事以东正教为基础的俄罗斯宗教哲学、俄罗斯文化模式和苏俄马克思主义思想理论发展史的研究。

的道德实践和政治实践、远离人的历史创造和文化创造，理论化的哲学成为某种自明、自洽的不容怀疑的教条和准则，而作为"实践智慧"的哲学则日趋式微，取而代之的则是僵死的教条和不近人情的刚性的理论化知识体系。然而，西方哲学无论是古希腊还是近现代，都不乏一种非自然科学化的哲学及其哲学理解范式。如果说前者是一种以关注自然为主并用把握自然的准则来把握人自身，以追求世界的本源、始基、逻各斯、本质、理念、形式、法则、规律、因果关系，以寻求世界的统一性、同一性、同质性、一般性、整体性、永恒性、必然性为宗旨的意识哲学、思辨哲学、理论哲学，那么所谓的文化哲学则是一种以"认识你自己"为己任，把哲学的目光从关注自然世界转向文化世界，把哲学的目光聚焦在人类自身的生存实践活动、丰富多彩的生活世界，更多地关注文化的民族性、时空性、差异性、价值性、共通性（通约性），价值的有效性，人的行为的复杂性、多变性、微妙性等特征。这种哲学理解范式渗透在历史哲学、实践哲学、价值哲学、交往哲学、政治哲学、语言哲学、解释学哲学、生存哲学等哲学形态中。

在古希腊哲学中，智者学派就有过关于"自然"与"约定"的区别的讨论，苏格拉底可以看作古希腊哲学发展的分水岭。苏格拉底以前的哲学家大多是自然哲学家，而在苏格拉底那里，以往的一切问题都用一种新的眼光来看待了，因为这些问题都指向一个新的理智中心。在苏格拉底看来，不再有一个独立的自然理论或逻辑理论，唯一的问题只是人是什么的问题。他所探究的唯一世界，就是人的世界。他分析了人的各种品质——善、公正、节制、勇敢，试图规定这些品质的性质并给它们下定义。但是，他从未冒昧地提出一个关于人的定义，因为他还找不到他对这个新问题的直接解答。然而，在苏格拉底那里有一点是明确的，他认为绝不可能用探测物理事物本性的方法来发现人的本性，物理事物可以根据它们的客观属性来描述，但是人却只能根据他的意识和行为来描述和定义。因此，哲学在他那里也就从理智的独白转变成了一种对话，只有靠着对话式的、反讽式的、辩论式的思想活动，才能认识到人类的本性。在他看来，人是不断探究他自身的存在物，每时每刻都必须审视他的生存状况。人类生活的真正价值，恰恰就存在于这种审视中，存在于这种对人类生活的批判态度中。苏格拉底对哲学的理解无疑对后来的希腊哲学产生了重大的影响，也成为文化哲学理解范式的理论源头之一。

柏拉图的哲学无疑特别强调理念与现象的对立和哲学的数学化，然而这只是其哲学的一个方面或一个维度。另外，他把自己的哲学重心放在了为什么和如何建设理想的国家，如何解决城邦的公平正义，如何调节人与人之间的关系的问题上。他更为关注社会为什么要进行分工，公民为什么要接受教育，什么样的政治才更为合理等一系列政治学问题、伦理学问题。他关注的是人的生命共同体——"城邦"内部的生存和发展问题。柏拉图明确提出了"伦理法则"与"自然法则"的区别，认为自然法则要用几何学这种数学原则简化处理，强调"要理解宇宙就要理解数学"，但是，伦理法则却不同。在他看来，善的理念不是知识的对象，它是一种超越知识的存在，不能透过论证加以证明或运用其他知识工具加以把握，只能用类推、模仿、比喻等加以说明。显而易见，柏拉图的哲学并非仅有"理念论"取向，还有"政治哲学""伦理学""社会哲学"等取向。

亚里士多德尽管在自然哲学和形而上学上有重要理论建树，但是，亚里士多德的以追求"实践智慧"为宗旨的"实践哲学"创立则更具哲学内涵和意蕴，也为后来的文化哲学发展开创了历史先河，这种"实践哲学"也成为文化哲学的滥觞和雏形。在亚里士多德看来，人的实践生命活动，在完全的意义上包括理论的、制作的、实践的活动。三者之中，理论的活动最高，实践的活动最重要，实践生命活动的根本在于实践理性的活动。亚里士多德在《尼各马可伦理学》中论述人的行为时，强调了人的行为的构成因素和表现形式，其中有"意愿行为""选择""考虑""希望""德性、恶与能力"等。[①] 他认为，实践智慧的对象是"变动的人事现象"，因此，它为偶然因素所决定。不论怎样崇高的理想和意图，在其推行实现时都难免会发生很大的变数，因

---

① 亚里士多德：《尼各马可伦理学》，廖申白译注，商务印书馆，2003，第58~77页。

此，对待人的行为不能用"必然性的法则"去把握。这种思想影响了康德，康德对实践理性原则的厘定就是遵循这个原则进行的。

当我们发掘以苏格拉底、柏拉图、亚里士多德为代表的希腊哲学思想源头中的以人自身的哲学、政治哲学、实践哲学等为表现形式的文化哲学范式，厘清了传统形而上学与非传统形而上学——文化哲学的区别时，就会发现，文化哲学并不仅仅是一种现代才出现的哲学范式，而是在古希腊哲学之中就已经存在。

二 近代西方哲学中的文化哲学范式表现

传统的形而上学的自然科学化、数学化形成的巨大惯性推动了哲学科学化进程，以笛卡尔为代表的数学哲学家无疑进一步强化了这一进程。然而，与这种进程相对立的非数学化的"诗化哲学"等经帕斯卡、维柯、康德等人的理论建树而得以发展。

帕斯卡反对近代笛卡尔的几何学哲学，他强调了"几何学精神"与"微妙的精神"之间的根本区别。在他看来，人之为人的特性就在于其本性的丰富性、微妙性、多样性和多面性，因此关于人的心灵的问题不能用几何学精神来分析，而且认为根据几何学体系建立起来的道德哲学是一种谬论。他进一步强调，哲学家无权"构造"一个人造的、理想化的人，而必须"描述"一个实在的、活生生的人。要认识人，只能去了解人的生活和行为。人类生存的基本要素正是矛盾，人根本没有单一的或同质的存在，人是存在与非存在的混合物。从根本上看，以几何学为内涵的数学化的哲学在把握人特别是人的心灵活动时是无济于事的。

维柯用以诗性智慧为内涵的"新科学"来对抗笛卡尔的抽象化、理性化的玄学、形而上学，强调哲学的诗性化、历史性、民族性和时代性特征。在他看来，上帝是诗人而不是数学家，不能将人归结为单纯的"思想者"，而是一个有血有肉、有情感有意志、有信仰、懂艺术、有爱有恨、有悲欢离合、现实的人。维柯认为："诗性的智慧，这种异教世界的最初的智慧，一开始就要用的玄学就不是现在学者们所用的那种理性的抽象的玄学，而是一种感觉到的想象出的玄学，象这些原始人所用的。这些原始人没有推理的能力，却浑身是强旺的感觉力和生动的想象力。这种玄学就是诗，诗就是他们生而就有的一种功能（因为他们生而就有这些感官和想象力）。"① 除此之外，维柯提出了"诗性逻辑""诗性伦理""诗性政治""诗性历史""诗性的物理""诗性天文""诗性地理"等概念去反驳传统形而上学。在他看来，哲学生长的土壤不是抽象的理智世界，而是丰富具体的文化世界，在这个世界中，宗教信仰、结婚仪式、葬礼、法律、伦理、习俗等是民族和城邦中最基本的文化地平线。维柯对笛卡尔的批判凸显了哲学对文化精神的理论自觉，是对哲学数学化的批判和矫正。

相对而言，康德在这方面贡献更大。康德的重大哲学贡献是对现象与物自体、自然与自由、知性与理性、目的与手段、意志与表象、自在与自为、纯粹理性与实践理性、认识主体与道德主体等作了区分，同时把哲学转向对人的自由、崇高、价值、目的、幸福、至善的关注，从而实现了近代哲学由客体自然哲学向主体、人自身的哲学转向，从根本上实现了哲学的哥白尼革命。康德的伟大贡献在于不仅实现了哲学转向，而且对许多问题进行了深入的探讨，并为后来的新康德主义开辟了文化哲学之路。

三　文化哲学范式在20世纪西方哲学中的凸显

20世纪以狄尔泰为代表的精神哲学、新康德主义哲学都凸显了文化哲学范式的重要性。

狄尔泰看到了以黑格尔为代表的思辨哲学和以孔德为代表的实证哲学的弊端在于用一种思辨的哲学方法或实证的哲学方法取代了各个不同领域中特殊学科的特殊方法，把各具特色的特殊学科强行纳入形而上学的体系或科学

---

① 维柯：《新科学》，朱光潜译，商务印书馆，1989，第181~182页。

体系之中去，以一般性抹杀个体性，以哲学思辨替代科学研究、以自然科学研究代替人文科学研究。他强调人文现象与自然现象的本质区别，认为自然现象具有可重复性、规律性，人类历史现象则具有不可重复性、多样性、偶然性。他认为，人文科学的任务是对人的精神生命现象和文化系统进行研究。指出："在人类社会的分析中，人本身是一个生命单位，对于这种精神生命单位的分析成了我们的主要任务。"[①] 而"人文科学的第二个任务，是研究在社会中互相交织的文化系统和与此社会相应的外在组织者两者，以解释和指导社会"。[②] 狄尔泰还特别强调人类历史的时代性、民族性、相对独特性，主张用精神科学、解释学方法通过对人类之间的交往、信仰、道德、历史的生命共同体的研究去研究人文现象。

以新康德主义为代表的现代哲学进一步丰富和发展了文化哲学理解范式。新康德主义哲学家沿着康德开辟的道路不断探索，对语言、宗教、艺术、历史、价值等文化要素对人的生存的影响作了极为艰深的理论探索，为丰富和完善文化哲学范式做出了重要理论贡献。

作为弗赖堡学派的创始人，文德尔班把握哲学史的理论框架深受康德哲学影响。他把古希腊哲学分为宇宙论、人类学与体系化时期，认为近代哲学不过重新再现了这样一种关系。文德尔班突出了哲学史的文化价值内涵，他用具有文化内涵的标题——"文艺复兴时期哲学"与"启蒙运动时期的哲学"来命名近代哲学，试图把文艺复兴和启蒙运动的人文精神彰显出来。文德尔班确立了价值在哲学研究中的核心地位，主张价值哲学就是哲学本身。他强调哲学只有作为普遍有效的价值的科学才能继续存在。在他看来，根据研究或关注的问题不同，可以把哲学分为两类。一类是探讨"理论问题"，即"对现实世界的认识问题"和"认知过程本身的研究问题"的"理论哲学"。理论哲学主要包括：形而上学（含神学）、自然哲学（又称"宇宙论"或"物理学"）、心理学、认识论（广义逻辑）。另一类是探讨"实践问题"的"实践

---

① 狄尔泰：《人文科学导论》，赵稀方译，华夏出版社，2004，第145页。
② 狄尔泰：《人文科学导论》，赵稀方译，华夏出版社，2004，第147页。

哲学"，他认为，实践问题一般是指在研究被某种目的所决定的人类活动时所产生的问题。面对"实践问题"可以从各个层面加以研究和把握，实践哲学主要包括伦理学（又称道德哲学）、社会学（狭义的社会哲学）、法律哲学（又称权利哲学）以及美学、宗教哲学、历史哲学等，这些可以统称"实践哲学"或者"文化哲学"。①

同时他还认为，科学从目的追求上看可以分为两类，一些科学是寻找一般规律的，另一些科学则寻找个别的历史事实。由于科学的认识目的不同，便相应地存在着两种不同的思维形式和研究方法：在自然科学中占主要地位的是"综合思维"的形式，所采用的是"规范化"的方法；而在历史学中占主要地位的是"个别记述思维"的形式，所采用的是"表意化"的方法。

从文德尔班的理论倾向上看，他主张的哲学实际上是一种不以追求一般规律为目的的实践哲学，即文化哲学。他断言，"哲学既没有雄心根据自己的观点对特殊科学进行再认识，也没有编纂的兴趣去修补从特殊学科的'普遍成果'中得出的最一般的结构。哲学有自己的领域，有自己关于永恒的、本身有效的那些价值问题，那些价值是一切文化职能和一切特殊生活价值的组织原则。但是哲学描述和阐述这些价值只是为了说明它们的有效性"。② 文德尔班明确指出了"文化价值的普遍有效性便是哲学的对象"，他所说的"文化哲学"属于他自己所讲的"实践哲学"范畴，在此，"文化哲学"和"实践哲学"在概念的内涵上是一致的，相对而言，文化哲学概念在外延上比单纯的"实践哲学"更为宽泛，可以把精神、心理、价值等范畴都涵盖进来。

李凯尔特在文德尔班思想基础上对文化哲学范式的方法论特点做了深入探讨。他认为，由于把自然科学的"世界观"运用于历史文化生活中在实践上必然会遭到彻底失败，因此，自然科学的哲学"从一种自以为绝对合法的地位下降到一种相对合法的地位，从而把自然科学的方法限制于专门研究"③

---

① 文德尔班：《哲学史教程》，罗达仁译，商务印书馆，1993，第31~33页。
② 文德尔班：《哲学史教程》，罗达仁译，商务印书馆，1993，第927页。
③ 李凯尔特：《李凯尔特的历史哲学》，涂纪亮译，北京大学出版社，2007，第18页。

是一个亟待解决的问题。

在李凯尔特看来，科学既可以从它所研究的对象的角度，也可以从它所采用的方法的角度加以区分，即既可以从"质料"也可以从"形式"上来对科学进行分类。他提出了"自然"和"文化"对立、"自然科学"和"文化科学"对立的观点。他认为："自然产物是自然而然地由土地里生长出来的东西。文化产物是人们播种之后从土地里生长出来的。根据这一点，自然是那些从自身中成长起来的'诞生出来的'和任其自生自长的东西的总和。与自然相对立，文化或者是人们按照所估计的目的直接生产出来的，或者是虽然已经是现成的，但至少是由于它所固有的价值而为人们特意地保存着的。"① 李凯尔特认为，自然和文化的根本区别在于是否具有价值。"价值是文化对象所固有的，因此我们把文化对象称为财富，以便使文化对象作为富有价值的现实同那不具有任何现实性并且可以对现实性不加考虑的价值本身区别开来，自然现象不能成为财富，因它与价值没有联系。所以，如果把价值和文化对象分开，那么文化对象也就会因此而变成纯粹的自然了。通过与价值的这种联系（这种联系或者存在或者不存在），我们能够有把握地把两类对象区别开，而且我们只有通过这种方法才能做到这一点，因为撇开文化现象所固有的价值，每个文化现象都可以被看作与自然有联系的，而且甚至必然被看作自然。"② 李凯尔特还强调了价值的有效性而非现实性特点，指出："关于价值，我们不能说它们是现实的或不是现实的，而只能说它们是有效的，还是无效的。"③

相对于"质料分类原则"，李凯尔特更强调科学的"形式分类原则"，即根据科学所采用的方法对科学进行分类。他认为，在科学中出现两种截然相反的形成概念的方法：一种是把现实的异质的连续性改造为同质的连续性，数学就采用这种方法，它所注意的只是现实的量的方面，而不关心现实的质；另一种是把现实的异质的连续性改造为异质的间断性，历史学就采用这种方

① 李凯尔特：《李凯尔特的历史哲学》，涂纪亮译，北京大学出版社，2007，第29页。
② 李凯尔特：《李凯尔特的历史哲学》，涂纪亮译，北京大学出版社，2007，第30页。
③ 李凯尔特：《李凯尔特的历史哲学》，涂纪亮译，北京大学出版社，2007，第30页。

法，它以分割现实的连续性为代价而保持现实的异质性。从这一点出发，他把科学分为自然科学和历史的文化科学，并形而上学地把它们对立起来。一方面自然科学把与任何价值都没有联系的事物和现象看作自己的对象，它的兴趣在于发现对这些事物和现象都有效的普遍联系和规律，因此必须采用"普遍化的方法"。这一点既适用于物理学，也适用于心理学。这些科学都不从价值和评价的观点去考察自己的对象，都把个别、特殊之物当作非本质成分而不予考虑，仅仅把大多数对象所共有的成分包括到自己的概念之中。另一方面是历史的文化科学。在这里，他提出"文化"和"历史"两个概念以与自然概念相对立。他说，历史的文化科学作为文化的科学来说，要研究与普遍文化价值有关的对象，而作为历史的科学来说，则必须从对象的特殊性和个别性方面叙述对象的一次性发展。他认为这样一来就既得出了这些科学的历史方法，也得出了它们形成概念的原则。在他看来，对历史的文化科学来说，只有那些在其个别性方面对于作为指导原则的文化价值具有意义的事物，才是本质的。在大多数情况下，文化事件的意义正是依据使这一文化事件有别于其他文化事件的那些特性；反之，与其他文化事件相同的因素，对于历史的文化科学来说则是非本质的。

新康德主义马堡学派重要成员卡西尔力图从近代认识论哲学向现代文化哲学转向，致力于构建和完善自己的文化哲学体系。卡西尔的符号形式哲学具有反基础主义、反本质主义、反普遍决定论、从认识论向语言哲学过渡和转向等现代西方哲学的一般特征。卡西尔传承了康德的批判哲学尤其是纯粹理性批判中的结构和先验方法，力图将其批判范围从科学领域扩大至其他各种文化形式领域。他认为，符号形式哲学的道路开始于对文化作品结构的分析。因为，"人不可能逃避他自己的成就，而只能接受他自己的生活状况。人就不再生活在一个单纯的物理宇宙之中，而是生活在一个符号宇宙之中。语言、神话、艺术和宗教是这个符号宇宙的各个部分，是人类经验的交织之网。人不再能直接地面对实在，人的符号活动能力进展多少，物理实在似乎也就相应地退却多少。人是在不断地与自身打交道而不是在应付事物本身。即使在实践领域，人也生活在想象的激情之中"。[1] 他提出了人是文化符号的动物的观点，试图从文化世界中去把握人。卡西尔既强调了人类精神结构内在的功能统一性，也强调了各种符号形式自身的结构和法则的特殊性；强调不能将人类文化归结为一种实体，而必须将其视为人类精神自由创造形式的多样性的功能统一。作为新康德主义阵营中的重要成员，卡西尔尽管继承了文德尔班、李凯尔特的关于自然科学与文化科学（人文科学、精神科学）[2] 划分的思想，但又不满意把人文科学仅仅定位于具有"描述"功能，强调人文科学尽管没有像自然科学那样的"刚性的"规律或法则，但同样可以发现"一般性"的规则。他指出，解决人文科学与自然科学的差异问题"我们必须重新回到逻辑之中，并探求人文概念的逻辑性格（der iogische Charakter der Kulturbegriffe）"。[3] 在他看来，"每一门独特的人文科学都能创制出一套特定的形式概念和风格概念，并能使用这些概念作系统性的全面观察，和把这一科学所要处理的现象加以分类和区别。这些概念既不是'法规性的'，又不纯然是'描绘性的'（idiographisch）"。[4] 总体上看，卡西尔所主张的哲学是一种"人类学哲学"，而对人的把握又是在由文化符号编织的文化世界中实现的，因此，这种哲学就是一种"文化哲学"。

四　结语

对古希腊至 20 世纪的哲学发展史进行考察后可以发现，对哲学的理解范

---

[1] 卡西尔：《人论》，甘阳译，上海译文出版社，1985，第 33 页。

[2] 为了与"自然科学"（Naturwissenschaft）相区别，狄尔泰、李凯尔特、卡西尔等德国哲学家，分别使用过 Geisteswissenschaften（狄尔泰）、Geschichtswissenschaft（李凯尔特）、Kulturwissenschaft（卡西尔）等概念，这些概念大多被翻译成汉语的"精神科学""人文科学""文化科学"等概念。科学的分类是由希腊的哲学传统演化而来的，最早的概念为"知识"，然后又有"科学"概念，在此基础上分为"自然科学"和"非自然科学"，与自然科学不同的非自然科学就分别使用上述概念。

[3] 卡西尔：《人文科学的逻辑》，关子尹译，上海译文出版社，2004，第 92 页。

[4] 卡西尔：《人文科学的逻辑》，关子尹译，上海译文出版社，2004，第 94 页。

式一直在转换。在哲学科学化得到强化的同时，与科学哲学相对立的非科学哲学也始终在发展着。只不过对这种哲学的称呼在不断发生变化。从亚里士多德的"实践智慧"到维柯的"诗性智慧"，再到康德的"实践理性""道德形而上学"，狄尔泰的"精神哲学"，文德尔班的"价值哲学"，李凯尔特的"历史科学的哲学"，卡西尔的"人类学哲学""符号形式哲学""文化哲学"，胡塞尔的"现象学"，伽达默尔的"解释学哲学"，哈贝马斯的"交往行动理论"等，尽管他们的哲学称呼有所不同，但其基本理念和宗旨却基本一致。

第一，哲学的对象始终是人自身及其生存活动，进一步说对人的意志自由、道德良知、理性能力、行为及其规范日益明确，逐渐把人的生物学、生理学、人类学、心理学等成分排除在外或逐步被弱化。哲学逐步集中于对人的行为和行为规范进行研究和把握。哲学逐步超越可知论与不可知论、绝对主义与相对主义、本质主义与现象主义、实在论与符号论、客观性与协同性（有效性）、客观主义与主观主义、价值中立与价值中心主义的对立。似乎原型与摹本的关系、游戏与游戏者之间的关系、文本与读者之间的关系等被颠倒了，或者重新理解了。哲学的重心不断下移，开始更自觉地关注人的活动和行为，特别是政治活动、道德活动、交往活动，而不再热衷于宏大叙事式的定性分析。

第二，从方法论来看，哲学思维方式逐步摆脱自然科学方法，开始寻求真正能够把握人的自身特征的文化哲学方法。开始寻求用非连续性、异质性、一次性的历史科学方法、语言解释学、同情和移情理解方法、理想类型方法、描述方法、类比联想方法、跨文化比较方法、知识考古学方法等对人及其行为加以把握。文化哲学对被传统哲学所忽视的历史性、现实性、丰富性、差异性、偶然性、或然性、不可预见性、主观性、相对性等不但承认，而且将之作为自身关注的重点。不再把人置于历史、时间、空间之外，不再用所谓的规律性、普遍性、绝对性消解和甄灭人的丰富多彩的现实生存活动及其价值。新的文化哲学试图用艺术方法、历史学方法、诠释学方法等对自然科学方法论加以颠覆，还哲学方法论本来面目。

第三，对人的把握逐渐从"自然屏幕""自然之镜"转移到人创造的"文化屏幕""文化之镜"上。不再追求把人置于宇宙、自然等"物理世界"之中，而是置于现实的"文化世界"之中。试图从神话、宗教、语言、道德、历史、艺术、精神等视角或"扇面"对人自身加以把握，力求透过各种文化符号形式对人加以把握。相对而言，语言符号等文化形式成为哲学直接面对的对象，而原有的实体、始基、物质、精神、规律、灵魂、思维、意识等本休论问题不再是哲学研究的唯一对象，那些所谓的客体的"现象""外衣"则成了哲学直接分析的对象。语言哲学、分析哲学等强调的对语句、词汇、文本本身进行的分析成为不可或缺的过程。以此为基础的文化哲学就是试图通过对人类自身创造的语言、神话、宗教、艺术、历史、科学等符号体系编制的文化世界进行研究和分析，通过研究文化符号本身进而研究人自身及其行为。

总之，伴随着文化符号世界中人的行动的不断展开，渗透在实践哲学、历史哲学、语言哲学、精神哲学、价值哲学、解释学哲学中的"文化哲学"更能体现与传统的理论哲学、思辨哲学、意识哲学所不同的哲学理解范式的本意。从这点出发，也可以把文化哲学看作一种存在于实践哲学、历史哲学、语言哲学、精神哲学、价值哲学、交往哲学等当代哲学思潮或流派中的一种自觉的哲学形态。

文化哲学的问题域限*

王国有**

文化哲学问题域限的晦暗不明是目前影响文化哲学学科定位和理论深化的重要原因：人们无法把文化哲学区别于其他的部门哲学，也无法把文化哲学区别于其他文化研究，似乎有关文化的研究就是文化哲学研究，有关人的哲学都是文化哲学，人们在纷乱的文化哲学问题视域下，无法进行有效的对话，这不仅影响了文化哲学的学科合法性，而且影响了文化哲学研究的进一步深化。文化哲学的问题域限之所以晦暗不明，一个重要原因在于，人们对文化和哲学的概念尚未达成基本的共识性理解，也就是说，人们不能从文化的角度出发理解文化，不能从哲学的角度出发理解哲学，当然也就无法以文化哲学的方式理解文化哲学。本文试图通过对文化和哲学概念的梳理、分析和界定，为确定文化哲学的问题域限提供理论思考。

一 文化：文化哲学的问题所指

文化哲学首先是关于文化的哲学。因此，"什么是文化"便构成文化哲学的对象性前提，如果不厘清"文化"的概念，就无法界定"文化哲学"的概念，也就容易将文化哲学等同于自然哲学、思辨哲学或其他部门哲学。

* 本文发表于《求是学刊》2011 年第 4 期。
** 王国有，黑龙江大学哲学学院教授，主要从事文化哲学基础理论研究。

于是，对文化哲学对象性前提的追问便首先归结为对文化概念的追问。目前，对文化概念的界定和理解存在三种主要趋向。

一是在与自然对立的意义上，把文化等同于文明，泛指人类活动的所有成果。这种理解以泰勒为代表，泰勒认为："文化或文明……就其在民族志中的广义而论，是个复合的整体，它包含知识、信仰、艺术、道德、法律、习俗和个人作为社会成员所获得的其他能力及习惯。"[①] 把"文化"等同于"文明"，看到了文化的超自然性，然而，这种理解割裂了文化与自然的内在关联，使文化失去了自然基础。片面强调文化的超自然性，就会贬损人作为文化存在的自然性，使人幻化。

二是在与物质文明相对立的意义上，把文化等同于意识形态，泛指人类的精神活动及其成果。这种理解以古典理性主义的集大成者黑格尔为代表，黑格尔认为，"人的一切文化之所以是人的文化，乃是由于思想在里面活动并曾经活动"[②]，文化的进步实质在于精神的自我反思，绝对精神代表着文化发展的顶峰。在这里，"文化"既不同于自然，也不同于文明，"文化"指"文明"的精神层面。"文化"被等同于科学、艺术、宗教、哲学等社会意识形式，或者被等同于社会、民族心理。另外，在狄尔泰的"精神科学"、李凯尔特的"文化科学"、尼采的"文化哲学"、卡西尔的"符号学文化哲学"、伽达默尔的"哲学解释学"中，文化的意识形态意义也得到了强化。把"文化"等同于意识形态，标志着人类精神的成长壮大，同时也昭示了人类理性的狂妄自大。文化的意识形态化理解意味着精神文化与物质文化的疏离，意味着文化与人的进一步疏离，使人的自然的丰富性游离于文化之外。然而，意识毕竟只是人的一部分，自我意识不能代替人，对于意识形态的过分执着，必然使文化哲学陷于软弱和虚幻。

三是从人的对象化活动出发，把文化理解为人的生活方式。这种理解以文化人类学家柯亨、哈里斯为代表。柯亨认为，"文化是历史上所创造的生存式

---

① 哈里斯：《文化人类学》，李培茱、高地译，东方出版社，1988，第 7 页。
② 黑格尔：《哲学史讲演录》第 1 卷，贺麟、王太庆等译，商务印书馆，1959，第 10 页。

样的系统"①，哈里斯视文化为"社会成员通过学习从社会获得的传统和生活方式"②。这种理解建立了文化与人的对象化活动的总体的、本质的关联，克服了文化与自然和人的自然性的疏离，因为在人的生活方式中，文化与自然、物质文化与精神文化是内在统一的，正是在对生活方式的不断创造和归依过程中，人不断创造和回归人本身。虽然柯亨和哈里斯对生活方式的概念并没有进行进一步梳理，但他们给我们指出了一条更加合理地理解和阐释文化概念的视野。

以对文化的第三种理解为基础，本文认为，文化就是指在人的对象化活动中凝结成的相对稳定的生活方式。人的对象化活动包含三个重要层面：一是人指向自然的生产、消费活动，包括物质资料的生产、消费活动和人口的生产、消费活动；二是人指向人的交往活动，即人与人之间进行的物质、能量、信息的交流与共享活动；三是人指向思想的思维活动，包括常识、科学、宗教、艺术和哲学思维活动。文化，作为人的生活方式，就是蕴含在生产、消费、交往和思维活动中的生产、消费、交往和思维方式的统一体。

既然文化指人的相对稳定的生活方式，那么文化哲学就不能简单停留于物质产品、社会制度、意识形态等文化的符号层面，而是指向文化符号背后的生产、消费、交往和思维方式。

在文化哲学的诸研究对象中，具有最高层次、处于核心地位的是作为思维方式的文化，因为人的思维方式蕴含在生产、消费和交往方式之中，既是生产、消费和交往方式的升华，又是生产、消费和交往方式的前提，在很大程度上决定着人的生产、消费和交往方式。因此，文化哲学的核心就在于对人类的思维方式进行哲学追问，即把常识、科学、宗教、艺术、哲学等作为文化的重要层面进行哲学研究和追问，文化哲学涵盖常识哲学、科学哲学、宗教哲学、艺术哲学和元哲学的研究。

对人的生活方式的哲学研究，保证了文化哲学作为文化哲学的合法性，这使文化哲学区别于自然哲学、精神哲学以及其他诸如政治哲学、经济哲学、

---

① 庄锡昌：《多维视野中的文化理论》，浙江人民出版社，1987，第116页。
② 哈里斯：《文化人类学》，李培茱、高地译，东方出版社，1988，第6页。

社会哲学、历史哲学等部门哲学。然而，指向人的生活方式的文化哲学不仅仅是一种部门哲学，毋宁说，文化哲学代表了一种新的哲学范式，从人的生活方式出发理解和把握人的存在，是哲学理性对人的现实生活的回归。哲学之所以要关注文化，并以文化为对象，是因为哲学看到了人作为文化存在的现实性，人既不是抽象的自然存在，也不是抽象的精神存在，而是现实的文化存在。在这一点上，文化哲学超越了自然哲学和精神哲学把人与自然、人的自然性和精神性对立起来的传统哲学范式，从现实的人的生活方式出发理解和把握人的存在，是日益关注人类生存的当代哲学的题中应有之义。

二 哲学：文化哲学的提问方式

文化哲学就是对文化作哲学研究，这意味着，当面对文化问题的时候，文化哲学的提问方式必须是哲学的提问方式。无论是一种哲学形态，还是一种哲学范式，文化哲学必须首先保证其提问方式的哲学性。

哲学的提问方式取决于对哲学的不同理解，目前在文化哲学研究中存在几种不同的哲学观，这决定了人们以不同的提问方式面对文化问题。

一是在常识的意义上理解哲学，把哲学看成以日常经验为基础，以生活习惯为依托的生活常识。以此为基础，文化哲学就是试图透过对文化现象的经验描述和分析，获得可以共享的文化常识。这种哲学观以对哲学的常识化理解为基础，抹杀了哲学的个体性、超越性和批判性等非常识性特征，把文化哲学研究等同于文化学研究。目前，学界很多从事文化哲学研究的学者，在很大程度上以文化学的研究取代了文化哲学研究，或者在文化哲学研究中掺杂了过多的文化学的内容，这不免使文化哲学平面化，失去了应有的理论高度和深度。

二是在科学的意义上理解哲学，把哲学看成对自然界、社会和人类思维的普遍规律和内在本质的探求。以此为基础，文化哲学就是通过对文化现象的分析和归纳，形成关于文化的本质性的科学解释框架和知识体系。正如有学者认为的，"文化哲学的主要目标则在于探讨人类文化所呈现的事实，观察各种文化所表现形态的异同，并进一步探究有没有普遍适用于人类文化的规律、价值或理想"。[①] 这种哲学观超越了文化研究的经验性，但没有意识到文化问题的历史性和个体性以及哲学的非知识性，把文化哲学研究等同于文化科学研究。

三是在伦理学和宗教学的意义上理解哲学，把哲学看成对人类价值的终极关怀。以此为基础，文化哲学就是以人的主体性为基础，对文化价值的系统研究。这种文化哲学观的代表是新康德主义的文德尔班和李凯尔特。如李凯尔特认为，"历史的文化科学"与"自然科学"的重要区别在于，它们并不关注纯粹自然的对象，也不用普遍化的方法进行研究，"作为文化的科学来说，它们研究与普遍文化价值有关的对象；而作为历史的科学来说，它们则从对象的特殊性和个别性方面叙述对象的一次性发展"，因此，对于"历史的文化科学"而言，"只有那些在其个别特性方面对于作为指导原则的文化价值具有意义的事物，才是本质的"。[②] 这种文化哲学观，超越了文化研究中的事实解释的理论框架，突出了文化作为人的生存寓所的理想性和价值性特征，试图把文化哲学和自然哲学区别开来，然而，这种哲学观往往忽视和抹杀哲学作为爱智之学对文化价值的挑战性和颠覆性，把文化哲学等同于文化伦理学或文化宗教学。

四是在美学的意义上理解哲学，把文化哲学看成以审美鉴赏为基础的，对文学、艺术作品的评价和分析。受这一哲学观的影响，目前，很多从事文学、艺术批评的学者经常参与文化哲学的争论，也有一些国外的文学、艺术评论家被等同于文化哲学家。这种哲学观看到了哲学与美学的一致性，把文化哲学等同于文学、艺术批评，试图通过文化的审美化促进审美文化的生成，然而，这种哲学观往往忽视哲学的理论性和逻辑性，经常陷入审美创作和审美鉴赏的技术层面。

---

① 刘述先:《文化哲学》，黑龙江教育出版社，1988，序言第 1 页。
② 李凯尔特:《文化科学和自然科学》，涂纪亮译，商务印书馆，1986，第 88 页。

以上四种文化哲学的哲学观虽然看到了哲学与常识、科学、宗教（伦理）和艺术的一致性，却忽视了哲学与常识、科学、宗教（伦理）和艺术在思维方式上的根本差别，其结果就是容易把文化哲学等同于文化学、文化科学、文化伦理学（宗教学）和文化美学。

第五种哲学观以哲学最原始、最根本的规定性，即反思性为基础，强调了哲学与常识、科学、宗教（伦理）和艺术在思维方式上的重要差别。这种哲学观认为，哲学是"爱智"的理论，它的独特性和重要价值恰恰在于通过对常识、科学、宗教（伦理）和艺术中所蕴含的自明性前提的不断追问和反思，为人类知识、价值和生存方式的创造提供可能性空间。哲学虽然常常变成常识，也曾以科学名义追求客观普遍的真理，也像宗教、伦理一样关注人的价值，也像艺术那样关注人的审美生存，但是哲学之所以为哲学的重要规定性是其反思性。因此，应该从哲学理论的反思性出发理解和阐释文化哲学。在这个意义上，文化哲学虽然也以文化的经验描述和科学分析为基础，但并不简单介绍文化现象，或者试图找到文化运行的规律性知识，虽然也关注文化的价值问题，但并不试图为文化寻求价值的支点，虽然也关注审美的文化形式，但并不注重审美文化的技术层面，文化哲学的重要规定在于通过对文化前提的不断反思和追问，揭示文化的可能性及其限度。有学者洞彻了文化哲学研究中哲学的提问方式的重要性，指出，文化哲学，"一方面对各式各样的文化理论按哲学的整体性原则、无限性原则进行整合，另一方面对各种文化理论的立论基础（即其终极依据）进行检查"，而这种整合和检查的目的在于"形成一种真正哲学式的文化理论的建构"。① 对人类文化的反思性研究，使文化哲学区别于文化学、文化科学、文化价值学和文化美学，保证了文化哲学作为哲学的合法性。

笔者赞同并坚持第五种哲学观意义上的文化哲学研究，因为，这种文化哲学研究把反思的方式作为文化哲学的提问方式，不仅抓住了文化哲学作为

---

① 李鹏程:《当代文化哲学沉思》，人民出版社，1994，第4页。

哲学的研究方式的特质，把文化哲学与文化学、文化科学、文化宗教学（伦理学）和文化美学区别开来，更重要的在于，这种文化哲学研究看到了文化的自在自为本性，使文化研究更加切近于人的存在。

人们之所以要用哲学的方式研究文化，根本原因在于人类文化具有自在自为的性质：一方面，文化具有自在性，是人要归依的对象，人只有熟悉和融入特定的文化，才能确证自己的存在；另一方面，文化又具有自为性，文化在人的对象化活动中是不断超越、不断创造的，没有了文化的创造，文化就会陷入教条和僵化，变成压抑和束缚人的异己化存在。文化的自在性和自为性是内在统一的，融入文化是进行文化创造的前提，同样，文化的创造是为了更好地归依于文化，只有当人类归依的文化是人类创造的文化时，人才能防止在文化中迷失自身，同样，人类的文化创造也是文化通过人的活动进行展现。如果忽视了文化的自在性，人就会失去文化根基，反之，如果忽视了文化的自为性，人就会成为僵化的文化的牺牲品。因此，文化哲学的独特意义在于对文化自为性的确证，即不断挑战文化的自明性前提，防止和克服文化对人的压抑，为文化的创造提供可能。在这个意义上，文化哲学也是文化研究的题中应有之义，文化哲学研究就是文化批判活动。

通过对文化哲学的问题所指和提问方式的梳理、分析，本文认为，文化哲学的问题域限在于对人类的生活方式进行反思式的研究。具体来说，文化哲学并不等同于文明或意识形态的哲学研究，而是自觉关注人类生活方式（生产、消费、交往和思维方式）的哲学研究，这使文化哲学区别于自然哲学、精神哲学和其他的部门哲学；同时，文化哲学并不拘泥于传统的生产、消费、交往和思维方式，而是通过对已有的生产、消费、交往和思维方式的反思和追问，揭示其基础，昭示其限度，为文化的创造提供更加广阔的空间，这使文化哲学区别于文化学、文化科学、文化宗教学（伦理学）和文化美学。

文化哲学的合法性探究*

——从卡西尔的符号文化哲学说起

刘振怡**

当前，文化哲学研究蓬勃发展，方兴未艾，但在繁荣表象背后，也存在着许多亟待回答的深层次理论问题。例如，文化哲学产生的理论背景是什么？文化哲学存在的合法性是什么？在现当代哲学发展进程中，文化哲学要力图解决什么样的理论难题？对于这些问题，无论是传统的本体论、近代的认识论，还是现代的语言分析论、存在意义论以及后现代的多元叙事理论都没有给出明确答案。通过对哲学史的解读，我们发现，哲学作为时代精神的精华，是一种具有历史生成性的理性活动和文化建构。这种理性活动和文化建构需要我们在探讨纷繁复杂的理论体系和思想观点时，厘清贯穿于整个哲学历史发展当中的主导线索。对于文化哲学思想内涵的理解，我们不能仅仅关注各位哲学大师的主要观点或者表述这些观点的时间顺序，而是要把握住贯穿于其中的"基本理智力量"，即理智活动所采取的运思方式，而这种"基本理智力量"只有在哲人的思想活动逻辑的演变过程中，才能被人们所把握。因此，要历史地考察和再现文化哲学，必须把厘清这些"看不见"的主导线索视为哲学研究的最高任务。这种理智活动所采取的运思方式被称为"哲学理解范式"，它对于我们把握哲学发展的主导线索起着至关重要的作用。

纵观哲学史，我们可以总结出两种主要的哲学理解范式：一种是寻求普遍

*　本文发表于《求是学刊》2010 年第 5 期。

**　刘振怡，黑龙江大学哲学学院教授，主要从事西方马克思主义和文化哲学的研究。

性知识的思辨意识哲学理解范式，另一种则是探究价值意义的文化哲学理解范式。文化哲学作为一种研究范式，一直隐藏在哲学的发展历史中，现当代哲学发展进程使文化哲学的理论自觉成为一种可能，同时，文化哲学的理论自觉也是现代哲学发展过程中的一个重要转向。在文化哲学的理性自觉过程中，新康德主义马堡学派代表人物卡西尔有着不可忽视的重要地位：他从哲学理性层面上推动作为一种哲学理解范式的文化哲学的产生。本文通过对卡西尔文化哲学建构的合法性论证，试图从哲学理性自觉层面去印证文化哲学转向的必然性及合理性。

一　卡西尔文化哲学的内涵规定

在《符号·神话·文化》一书的第二篇"作为一种文化哲学的批判唯心主义"当中，卡西尔通过对德国古典哲学，特别是康德与黑格尔的哲学论述比较，对文化哲学的生成基础作了精彩的论述，非常明确地凸显了传统意识哲学思维范式向文化哲学范式的转换。卡西尔对文化哲学的合法性论证是通过理论来源、意义基础和研究主题三个层面的阐释实现的。

首先，从理论来源来看，卡西尔文化哲学的逻辑起点是康德哲学的先验逻辑形式。康德认为，科学知识的形成基础和普遍性来源在于认知主体的先验逻辑形式，认识论的目的就是要去研究这些认识形式。他的思想给我们这样一个启示："真实的世界"其实是我们能够有意义谈论的、经验上实在的世界，是我们的直观能力和悟性的构成物，"人为自然界立法"。因而，人只能理解自己创造的东西。康德把哲学的研究对象从传统哲学对客观事物实体的思考，转向了对人与对象之间关系的思考，力图实现对传统哲学当中主客二元对立的思维模式的超越，填平长期以来主体与客体、自由与必然、价值与认识的鸿沟。卡西尔完全赞同康德哲学的基本立场，即哲学的任务不在于研究存在或客体，而在于研究我们认识客体的方式。但同时他也指出，康德思想当中先验原则适用的认识论范围过于狭窄，仅仅囿于数学、自然科学和形而上学。卡西尔对此持有疑问：知识仅仅限于单纯的理性认识吗？产生于科学之前的神话、宗教、语言、艺术等众多其他文化形式知识的合法性怎样确立？因此，他认为有必要对康德的先验原则基础进行改造：用"符号"来说明理性的统一原则与感性材料相结合的特点。康德的先验唯心主义不应该只限定在物理学、伦理学和逻辑学这些具体形式，它可以被运用到其他所有的思维、判断和理解的形式上，甚至可以用于人类心灵用以把握整体之宇宙的情感上。在卡西尔那里，符号是一个功能性的概念，就像康德的先验范畴一样，并不仅仅反映对象，而且要构成对象。人类借助各种各样的符号和象征，构成各种对象，由此把康德从哲学中排斥出去的人类经验的更为丰富、更为广阔的内容收复回来。举凡人类精神生活的一切形式，诸如语言、神话、宗教、艺术等，都是理性批判的应用范围。这就是他所谓的"扩大认识论"，把康德的纯粹理性具体化为制造并运用"符号"的能力。

在此基础上，卡西尔对哲学概念进行了规定。他认为：哲学的任务体现在精神旨趣上是追求统一性。但是，卡西尔反对传统思辨意识哲学中实体形而上学的同一性，而主张寻求各种符号形式的内在同一性，即一种功能整合上的统一性。因此，哲学的对象与物理、生物、历史学等具体科学对象不同，后者要求它们都有各自具体的研究方法，而哲学则没有明确的、具体的研究对象，通常而言一个概念直接表现为一个哲学问题。因此，哲学的概念、本质和完成的任务，只能通过哲学史进程当中各个不同的发展阶段所蕴含的概念问题来呈现。这种哲学概念到了康德以后越发明晰起来："哲学由此就不再宣称能对知识的实质性内容有所增进，不再宣称能经由教导式的洞见去扩展那些具体知识领域所勾勒的疆域。它满足于探究知识的功能，满足于理解和建构这种功能。这就要求哲学认识那些并不仅仅是分门别类地构成知识的力量，而且还要求哲学在这些力量的内在统一中，在它们的秩序和系统联系中，去统摄这些力量。这种出自其自身领域的统摄，这种对其自身功能的认识，是我们任何哲学知识得以拓展的条件。"① 卡西尔关于哲学的这种理解是建构在

---

① 卡西尔：《符号·神话·文化》，李小兵译，东方出版社，1988，第6页。

发生学意义上的。哲学的理解并不满足于最终的结论，而是希望理解这种结论得以产生的具体方式，关注的是精神表现功能的总体性。在更深一层的意义上，我们可以说哲学理解的问题最终涉及人不可改变的、内在的、不可让渡的权利。因此，卡西尔认为，哲学概念渐渐走出"学院式"的范式，积极发展了"广义的概念"，哲学被人格化到理想的哲学家身上。但是，这并不意味着哲学没有普遍性、自律性的渴求，否则，哲学就会丧失稳定性和意义。

这样，在哲学概念的理解上，卡西尔实现了用功能性的理性范式取代黑格尔体系中统摄和弥漫着的实体性的理性范式。这些符号形式不仅是我们精神生活领域的人类心灵的显现，而且具有内在的功能上的统一性：以关系、活动、运用的方式去理解和界定，区别于体系化形而上学那种简单的、不可分割的实体。神话、宗教、艺术、语言等人类活动都是人类精神自身创造的符号形式，它们都属于现象，没有本体。人类正是凭借自己创造的各种符号形式的体系才使自己获得了理性的、历史的、文化的发展。所以，当目标和意义问题摆在文化整体面前时，我们就处在哲学的自我反省的决定性转折点上：哲学研究应该实现范式的变革。这就是卡西尔文化哲学转向的基础和来源。

其次，从意义生成基础上来看，卡西尔文化哲学的最终旨趣是如何维系各种文化形式的价值普遍有效性。他认为，文化的根基不可能是纯粹思辨的东西，在其内容上会表现出一系列的理论构想，但是它会指向一系列的行动。"文化意味着一个语言的活动和道德的活动之总体——这些活动不要仅仅以一种抽象的方式去理解，这些活动还有变为现实的恒常趋向和能量。在这种现实化中，在这种对经验世界的建构和重建中，包容着文化的概念之真义，塑造着它本质的、最具代表性的特征。"[①]卡西尔关于文化的概念暗含着康德和黑格尔的思想痕迹。在德国古典哲学那里，唯心主义（idealism）不仅关注心灵和肉体或精神与物质的本质问题，而且也关注现实感知等文化哲学问题。正

---

① 卡西尔：《符号·神话·文化》，李小兵译，东方出版社，1988，第17页。

如柏拉图的理念论所认为的，真理必须从理论和实践两个层面来界定。"文化"是人类内在、深层的本质力量的精神，体现着理性的自由，是理性试图冲破自己界限的趋势和冲动。"理当成为新的唯心主义之真正客体的不再是事物本身，而是事物之可能的确定性，即由不同认识方式对事物的确定。"①

文化哲学的基础，即功能上的统一性是各种文化形式中在先存在的前提，那么，它的客观价值和客观意义如何得到维系？康德曾经说过，哲学和一般的人类理性之所以受到怀疑的一个关键问题是：物自体的存在（即外部事物的存在）只能靠信仰的方式，我们没有证据去反驳别人对这个问题的怀疑。对于这个难题，卡西尔提出的解决方法是，把对物质宇宙的关注转向对文化宇宙的关注。因为，"在文化宇宙中要宣称有一种绝对存在和实体性是荒谬的"。② 但是，否认绝对存在和实体性并不意味着抛弃文化形式存在前提的价值普遍有效性，所有文化形式的根本目标是去建立一个思维和情感的意义世界，即一个充满理智的人性世界，在这个世界中，排斥个人的虚幻梦想。人类的认识过程是心灵的自由建构过程，世界图景或概念符号不是被给予的、现成的、固定不变的，它们是他通过功能统一构成的。主体通过意识的"再现功能"，使感觉经验充满千丝万缕的联系。因此，"再现功能"超出了自身的内容规定和孤立意义上的被给予，融入功能整体当中。例如语言，"我们不能以普遍言语的方式去理解语言。它并不具有逻辑思维所具有的那种普遍性。它受民族的、甚至个体的条件的限制，然而它又的确是通达文化进程欲以趋赴的共同世界的第一步"。③ 洪堡也认为，言谈并不仅仅是机械的东西，它还关涉精神世界。语言可以使人通达共同的意义世界。因此，我们可以得出结论，虽然人的文化符号各个形式各有其独特的语言、独特的思维形式和独特的表达方式，但是它们都是对活生生意义世界文化普遍性的一种探究。在卡西尔的文化哲学中，符号的物质存在，即外形、声音、颜色等，并不是认识

① 卡西尔：《符号·神话·文化》，李小兵译，东方出版社，1988，第21~22页。
② 卡西尔：《符号·神话·文化》，李小兵译，东方出版社，1988，第24页。
③ 卡西尔：《符号·神话·文化》，李小兵译，东方出版社，1988，第25页。

所真正关心的内容，主体所要努力发掘的是符号背后的意义。人们通过对符号以意义的把握就可以达到对符号所指对象的把握。所以，符号能进入"人类意义的世界"中去，具有揭示人类生存意义的功能。

同时，符号指向意义世界，意味着人的生存不仅是一个肉体的物理存在问题，更为重要的它还是一个客观价值问题。人的客观价值就在于人与自由和必然性的关系上。因此，文化哲学最终指向的是人的自由和必然性关系问题。"文化不能以必然性的方式去界定和说明，它必须以自由的方式去界定。当然这种自由应在伦理意义上而不是在形而上学意义上去理解……人类历史的真正和最终目的就是理性自由。"① 自由既是人类文明的起点，也是它的终点，自由意味着理性如何实现自律，因而文化哲学的合法性在于从什么角度和经由何种方式在人类思想和意志的演化中去达到这种自律。同时，它的合法性也体现为在理性的自律要求不断变为现实的过程中，蕴藏着人类历史丰富内容的展开线索。文化的进程就是自由意识实现的进程。文化哲学以一种纯粹的分析的方式对自由意识实现的各种形式（包括语言、艺术、宗教、科学）进行描述，这种描述所要达到的目的绝对不是得到精神的绝对本质及其关于单个对象自身的普遍公式，而是希望洞见人类精神得以统摄的那些普遍法则。由此，人类能够更好地理解人类存在的这个世界，每一个个别意识都参与其中并且以自己特有的方式重构着价值的普遍效用性。

再次，从哲学研究主题上来看，卡西尔文化哲学研究的主要内容是"人是符号的动物"。通过以上分析，我们可以总结出卡西尔文化哲学的基本内涵：人与其说是"理性动物"不如说是"符号动物"。人的特点正在于他是一种能够创造和使用符号的动物。科学、语言、神话等人类文化的形式，都是人类创造的不同符号系统，是人类用以把握世界的方式。因此，符号作用就成为人类意识的基本功能，凭借它我们不仅能够理解科学的结构，而且同样能够

---

① 卡西尔：《符号·神话·文化》，李小兵译，东方出版社，1988，第 36 页。

理解语言、神话、宗教、艺术、历史等人类文化的一切成就。因此，文化哲学的研究主题就是人类创造和使用的这些符号系统。在《人论》当中，卡西尔力图阐明符号构造人的活动，人永远生活在主体自己构造的世界中，这个世界是非物质的世界，而这个世界恰恰是以人的活动，人的符号化而编织成的一个关系系统，作为主体的人的意义、价值和可能性都在这个空间里展开。只有首先批判文化形式是何以生成和演变的，才有可能进一步领会整个人类文化活动的意义和价值。"在这里，文化形式所指称的是符号形式或思维方式，其特征是历史的、动态的，而不是先验的、静态的；而文化价值或文化意义所体现的就是人性或自由的创造过程，其特征是伦理的、功能性的，而不是主体的、实体性的。"① 因此，关于"人是什么"这个定义只能被理解为一种功能性的定义，而不能是一种实体性的定义，"我们不能以任何构成人的形而上学本质的内在原则来给人下定义；我们也不能用可以靠经验的观察来确定的天生能力或本能来给人下定义。人的突出特征，人与众不同的标志，既不是他的形而上学本性也不是他的物理本性，而是人的劳作（work）。正是这种劳作，正是这种人类活动的体系，规定和划定了'人性'的圆周。语言、神话、宗教、艺术、科学、历史，都是这个圆的组成部分和各个扇面。因此，一种'人的哲学'一定是这样一种哲学：它能使我们洞见这些人类活动各自的基本结构，同时又能使我们把这些活动理解为一个有机整体"。② 卡西尔突破了传统的本体论认识。无论是亚里士多德的"人是政治的动物"，还是近代传统"人是理性的动物"，都把人的本质看成先验的、给定的东西，是人的一种永恒的实体。卡西尔认为由于人的劳作（work），创造了不同符号，形成与物质自然界相对的文化世界。通过劳动创造出的文化"产品"，是人的本质与面貌的最好显现。"人的劳作怎样，人的本质也就怎样；人的创造活动如

---

① 张志刚：《从理性批判到文化批判——论卡西尔的思想转折》，《德国哲学论集》1992年第12期。

② 卡西尔：《符号·神话·文化》，李小兵译，东方出版社，1988，第107页。

何，人性的面貌也就如何。"① 因此，真正的人性就是人的无限的创造性活动所体现出来的人的自由。

卡西尔的文化哲学建构我们可以归结成这样一种方式：符号—文化—意义（自由），通过分析的方式描述语言、艺术等文化形式，寻求各种文化形式内在统一性的功能，在此基础上去发现心灵的法则，理解人的世界，实现人的意义和自由。对劳作（work）概念的分析是卡西尔文化哲学的核心。这里，我认为，可以把劳作解释成"人的生活"，亦即人活动的中心是以生命价值为轴心的获取。劳作本身积淀着文化的各种形式，文化形式在其基础上不断获得完满性和研究范围的扩展。因此，劳作本身是文化对象化后果的舞台，它反映着生活的本真。从此种意义看，对人的本质的研究可以被看成对作为发明和运用符号形式的人的特点的探讨。

那么，我们如何来理解人的符号化的活动呢？卡西尔认为，符号的发生、形成是人类的符号化活动的结果。符号具有指称性，即一定的符号来代表一定的对象，在丰富多样的对象世界之中，人在主客体之间的关系上，要通过符号指称一定的对象。作为对象的一种观念性的存在，符号与信号的不同之处在于，前者与人的生存方式相联系。人通过符号指称对象，以自己的观念去能动地改造对象世界。人通过符号展现文化世界的这个过程，其实是人通过符号改变了人与世界的关系，符号的不同，说明人与世界关系不是一成不变的。没有符号系统，人就把握不了对象，也就无法实现理性的自由。（符号理性功能生成塑造文化：抽象性、开放性、多变性，展现了人存在的具体多样性）人的符号化活动一方面区别于动物，另一方面是说在人的历史活动中发展出人的各种文化形式，从而使人性得以生成和发展。所以，人的本质不是像传统哲学规定的那样是先天存在的，而是在人的现实活动中生成的。

通过对卡西尔符号文化哲学的阐述可以发现，卡西尔向我们明晰了哲学的真正作用："哲学不再是位于自然科学、法和政治等学科的原理一旁或之上

---

① 卡西尔：《符号·神话·文化》，李小兵译，东方出版社，1988，第 203 页。

的特殊的知识领域，而是一个贯通一切的媒介，用这个媒介便可以归纳、发展和建立这些原理。哲学不仅不能与科学、历史、法学和政治学相分离，反而应当成为这些学科得以存在和起作用的氛围。哲学不再是孤立的理智力量。它的真正功能，它的研究和探讨的特殊性质，它的方法和基本认识过程，都把全部理智的面目披露无遗。因此，18 世纪从以往原封不动地承袭过来的所有哲学概念和哲学问题，便具有了新的地位，经历了独特的意义变化。它们本是固定了的、完成了形式和一目了然的结果，而今则转变成能动的力量和律令。"①

二　卡西尔文化哲学的启示意义

综上所述，卡西尔的文化哲学是西方哲学发展到特定历史文化境遇下对哲学的重新定位，通过对哲学研究对象和哲学研究方法的重新阐释，集中体现了人类文化活动的符号形式作为反思和批判的对象，确证和实现人的自由作为文化哲学的使命。它既体现了哲学与诸文化形式的对话与交融，又是哲学摆脱西方近代理性形而上学的困境、实现自我拯救与超越的有效尝试途径之一。卡西尔文化哲学的建构对于我们理解文化哲学的内涵和理论定位，具有重要的借鉴意义。

1. 实现了哲学思维范式的转换

哲学范式就是在哲学研究（包括哲学史和各式各样的哲学专题）当中，哲学理性分析、反思和批判活动最基本的运思方式和路数。在这种意义上，"哲学范式不是指某种具体的哲学分析方法，而是指哲学的总体性的活动方式，涉及到哲学理性活动的各个基本方面，是指哲学理性分析、反思和批判活动的最基本的方式和路数。在很多时候，对于哲学研究而言，重要的不仅在于研究什么，更在于如何研究"。② 因此，我们可以说，哲学研究范式至少应当包括以下两个基本方面的内涵：一是哲学的主题和对象，即研究什么的

---

① 卡西尔：《启蒙哲学》，顾伟铭译，山东人民出版社，1998，第 3 页。
② 衣俊卿：《马克思主义哲学演化的内在机制》，《哲学研究》2005 年第 8 期。

问题，它反映了哲学的时代性，哲学通过它的研究主题表现其作为时代精神精华的特性；二是哲学理性同所研究的对象和主题之间的关系，即怎么研究、从什么视角和方位研究的问题，它反映了哲学都是一定思维方式的继承和发展，这理所当然地涉及哲学的功能和社会定位问题。因此，从这个内涵出发，哲学范式的转换也必然会带来哲学研究对象和哲学社会定位的转变，它将涉及哲学理性活动的一切基本方面，即哲学范式的创新，指的就是哲学的概念体系、理论研究方法、思维方式及社会功能的总体变迁。对哲学研究范式的研究才是推动哲学史不断发展前进的最终动力所在。

卡西尔的符号文化哲学完成了从传统思辨意识哲学的实体性思维范式向现代文化哲学的功能性范式的转变。在这种范式转换过程中，一方面，把人置于活生生的历史当中，在与人相关的各种形式的符号功能的解释中，把人的存在意义和价值纳入哲学的研究对象中。在卡西尔的哲学体系中，他追溯人类发展最深远的内在动力，挖掘人类心灵发展的历史过程，明确地指出人类的精神活动远不只知识和科学，它还应该包括神话、宗教、艺术、语言、历史等丰富多彩的文化形态。这样，卡西尔给我们呈现了一个完整的符号—文化哲学体系。符号—文化哲学既要思考形式功能的因素，也要兼顾理论与实践的因素，既要注重理性自由也要注意道德规范。卡西尔试图通过描述、分析人类文化活动的不同形式和功能，展现人类精神的基本规则，使每一个参与其中的个体更好地理解人类自身的精神世界。此外，尤为值得关注的是，他把人类思维的发展轨迹看成从"神话思维到语言思维再分化为科学和艺术思维"这样一个过程，明确指出把握神话与语言等的思维特点，对于显现哲学活动的隐喻性具有重大意义。

另一方面，卡西尔为文化哲学研究提供了方法论选择——个体化原则的解释方法。对于人文科学的研究方法，卡西尔认为不能观察和实证，而只能是解释。对人类的各种符号形式的功能同一性进行认识时，仅仅将这些作品作为纯粹的原始材料是不够的，我们必须了解这些作品背后隐藏的深层含义，理解它们究竟向我们传递了什么。而实现这种意义的理解，需要我们运用解释学来对文化符号进行解读。解释学涵盖了物理学、历史方法和心理学等方法，能够比较全面地反映和揭示出隐藏于文化符号背后的意义和价值，无疑是我们进行人文科学研究的一种可资借鉴的方法。同时，卡西尔的文化哲学方法论论证也为文化哲学与现代西方哲学主流研究方法（例如：现象学方法、哲学解释学方法、结构主义方法、存在主义个体性原则方法等）的相互融合和借鉴，奠定了坚实的理论前提。从笛卡尔到莱布尼茨的近代认识论哲学都在努力寻找修复哲学理性自身分裂（即方法与价值目标的分离）的途径。然而，哲学家所做的努力大都只是以普遍的自然科学的逻辑来把握人文世界。随之而来的后果是，理性当中的价值维度开始弱化，哲学渐渐被自然科学的逻辑掌控。受近代自然科学的长足进步的影响，哲学的研究思维范式被体现为严密的理性逻辑、追求普遍真理的思辨意识哲学所主导。这种知识主体所处社会历史环境的影响，是一种超越历史的纯客观的永恒真理。人们相信借助于方法论的力量，能够实现对外部世界的认识，或者通过对部分和个别的认识达到对世界整体的把握，进而描绘出整个世界的图景。但是，这种远离人的生活世界，消解人的价值、自由的"哲学自然科学化"研究范式并没有真正起到人们所期待的作用和效果，相反它却造成了人类文明的危机。自然的数学化结构是近代科学家们坚定不移的信仰追求，意识哲学受其影响，也用自然科学所形成的无限的世界图景来构造哲学理论体系。哲学研究方法的科学化，造成了哲学自我理解的失落。卡西尔个体化原则的解释方法排除了自然科学抽象的理论研究去阐释人作为价值意义存在，关注事物个体存在和特殊性，在意识形式的多元化中探究人类理性的自由之路。

2. 文化哲学的理论定位

文化哲学不是一种部门哲学，不是"与经济哲学、政治哲学等部门哲学相并列"的一个哲学分支流派，而是一种基本的理智运思方式，是内在于现代西方哲学之中的哲学主流精神和发展趋势，是对传统思辨意识哲学理解范式的超越，它体现了人作为具体历史存在的价值和意义，实现了哲学向人的生活世界的回归。思辨意识哲学的主要倾向是试图去探求一种超越认识主体个性化制约的具有普遍性和确定性的知识，特别是到了近代受自然科学的影响，这种知识被认为是客观的、与对象的本质和规律相符合的东西，它不受认识主体所处社会历史环境的影响，力图成为一种超越历史的永恒真理。因此，思辨意识哲学的主要问题在于企图用新的客观真理来回答关于人的主体个性化历史存在问题，这种以对某个特殊领域（自然科学）的描述来回答人的价值意义问题的做法，导致了主体意识力量绝对化、神圣化，造成人与客体的隔离和对立，是传统哲学家特有的一种"自我欺瞒"表现形式之一。文化哲学则是哲学摆脱西方近代理性形而上学的困境实现自我拯救与超越的途径，它的凸显是对在西方哲学史上占据支配地位的思辨意识哲学研究范式的一种反抗。研究卡西尔文化哲学转向的一个很重要的意义在于：我们可以更好地运用马克思实践哲学思想，整合新康德主义、解释学、生活世界等各种理论资源，在理论和现实两个维度的结合点上推动文化哲学的自觉与完善。具体而言，体现在以下几个方面。

第一，文化哲学是一种新的体现人的生命价值意义的哲学理解范式。我们应自觉地实现哲学理解范式的转变，文化哲学作为一种哲学理解范式与具体的"部门哲学"不同，它不仅告诉我们怎样去研究人类的文化现象，探讨人文现象的内在运行机制，同时也为我们提供了今后哲学研究的价值切入点，即关注人类的生存与历史，回归体现人类存在意义和价值的生活世界之中。文化哲学同意识哲学相反，它不会只停留于对生活世界的一般特征的外在抽象，或者按照自然科学的普遍化原则把生活世界的特殊性和个别性抛弃掉，而是通过回归文化而真正回归了生活世界。这有助于我们重新解读当代哲学发展轨迹和态势，反思中国文化哲学范式自觉的途径，为人类社会现代化和历史进步奠定人文主义精神基础。

第二，文化哲学关注人的特殊性历史存在，它的重要意义在于使人的实践活动摆脱了意识哲学范式中的普遍规律和外在必然性的束缚。人的实践活动，根植于人的生活世界的历史文化之中。在这里，无论是主客体统一的实践活动、主体间交往的生活世界，还是现实的社会历史运动，都能使人的自由自觉的类本性在其中得以生成，人的社会历史结构在其中得以建立，它是文化意义结构。在这样的生活世界当中，主体的实践活动既受到既定的生产方式和文化传统的制约，同时又由于人的特殊性存在特点，具有超越性和反思性，从而为人的意义和价值的实现提供了可能。

第三，文化哲学的范式理解有助于我们摆脱线性历史观，不再把社会和历史的发展看成一个受普遍性和必然性约束的"自然历史过程"。真正的历史对人而言，是具有开放性的，人与世界之间的各种特殊性关系使得人类历史发展呈现出多样化、个别性、差异性的特征。历史的发展受到多种因素的影响，例如，文化、政治、习俗、科技等。文化哲学应当充分尊重各种文化、各种文明的特色和价值取向，充分承认文化、文明、社会发展道路的多样性，强调各种文化之间的学习、交融和整合，为人们呈现一个充满更多文化选择和文化创新的可能性的人文世界。

实践境遇与杜威的道德哲学理论[*]
——从现代实践哲学的视角看

高来源[**]

20世纪以来西方实践哲学转向问题是当下学界比较关注的一个课题。而在这个"转向"中，我们认为有一个人无论如何都不应该被忽视，这就是被誉为"美国实用主义哲学之父"的杜威。作为唯一的美国本土哲学，实用主义在经历了短暂的"没落"之后，又重新被很多当代哲学家所推崇，例如罗蒂、普特南、哈贝马斯等，而其中人们谈论较多的则是杜威的实践哲学。因为杜威的实践哲学在当代哲学界，尤其是美国哲学界具有极为重要的地位，许多当代著名的哲学家都从他那里寻找理论资源，以至普特南把杜威称为自己的"哲学英雄"。而国内学界对此点关注的则相对较少，而且多限定在教育理论的视域之内。故此，在很大程度上来说，国内学术界对杜威哲学理论所蕴含的深刻意义及其对现代性问题的重要影响并没有给予有效的阐释。而我们认为要想真正理解杜威哲学的重要意义，一个极为重要的方面就是在当代实践哲学的视域下来理解杜威哲学理论本身所具有的那种批判性和开创性。而这两个特点比较突出地体现在他的道德哲学中，即主要体现为他在道德哲学中所奉行的那种实践性的逻辑原则，也即把传统的形而上学性的道德理论生活世界化，把传统理性中的理性逻辑转化为原经验中的实践逻辑，把对"至善"的追求转化为对现实行为之善的探究，并以此来重新审视道德哲学问题。可

---

* 本文发表于《马克思主义与现实》2012 年第 2 期。
** 高来源，黑龙江大学哲学学院教授，主要从事西方实践哲学和美国实用主义研究。

以说杜威的道德哲学是一种与康德道德哲学传统不同的另一种道德哲学取向。所以杜威在考察道德问题时，着眼点不是传统哲学无法绕过的形而上学根基，或者是康德的绝对理性，而是现实的具有实践性意味的实践情境：一种有问题的、需要对自己的行为做出合理选择的"道德情境"。因此杜威的道德哲学理论不仅为批判二元论的传统形而上学做出了巨大的贡献，更重要的是，他以现实生活世界为基础，以探究发展为旨向，重新建立了道德哲学理论的实践性内涵。从而为传统哲学的实践性转向以及在现代社会背景下的发展，提供了一种较为有效的参照。

一 实践境遇：道德行为无法逾越的根基

谈到道德我们很自然地会想到康德的绝对道德律令，以及在他的影响下所发展起来的理性主义道德观念。然而与此相对，杜威却从另外一个角度对康德的道德传统进行了批判，并对道德判断的经验世界基础进行了新的追问和阐释。在杜威看来，实践道德的特点不在于绝对理性的指导，而在于现实世界中具体的实践情境，即由历史沉积下来的人的生存境遇所决定。

作为一个活生生的人，我们总是会感觉到周围世界中所充满的各种矛盾、冲突和危险，总是会运用自己的各种能力来抵御这些妨碍自己美好生活的障碍。"这个经验事物的世界，包括着不安定的、不可预料的、无法控制的和有危险性的东西。"[①] 所以作为一种"被抛"的存在者，一个首先是生物性存在的存在者，人类的首要的任务就是维持自己生命的持续性。因此这就要求人类必须与来自外界的各种危险进行抗争，主动地与周围世界相互作用，从而不断地充实自己的生存经验，恢复自身与外界的平衡。当然，这种相互作用不仅仅是人与自然之间的活动，还包括在社会中人与人之间的各种关系的处理，所以这种恢复也并不是简单地回到原来的起点，而是在达到平衡的过程

---

① 杜威：《经验与自然》，傅统先译，商务印书馆，1960，第 36 页。

中使自身得到充盈和发展。而这种充盈并不只是动物性的那种生存需要的满足，同时也是经验的圆满化，与周围世界的和谐化，以及生命的价值化的过程。因此，在这种前提下，就不能仅仅将人作为纯粹理性或绝对精神的载体来看待，而必须以一种整体性的眼界来看待他，即将其作为生活世界中实践性的、活生生的、有血有肉的人来看待。进而人的各种实践行为也必须在生活世界这一大背景下来重新进行审视。这样实践境遇就作为探究道德问题所无法逾越的前提基础而进入道德哲学的视域之内。在这种视域之下，道德哲学就不可能从某种固有、最终的至善概念开始，而必须从探究生命体的实际经验开始，必须关注生存进程中所遇到的各种关系。因此"实践情境"在杜威的道德哲学里就顺理成章地成为一个根本性的前提背景。

在道德哲学中，杜威坚持着自己的经验性的实践原则，把道德作为一种经验性的以人的全面成长为宗旨的行为探究方式。所以他的实践探究情境实际上也就是人在生活世界中所遇到的需要解决的包含着某种关系和问题的"境遇"，或者就是人的现实实践情境。"'情境'一词所指示的不是单一的对象或事件，亦不是一组对象或事件。因为对于孤立的对象和事件，我们绝不可能经验，亦不能形成判断，除非联系整个语境。后者就是所谓的'情境'。"① 所以实践情境首先就是道德行为进行选择的一个必须思虑的大背景。而它的存在作用首先就是防止我们脱离具体的现实问题而以一种超验的不符合人性的观点来进行行为指引或督促进行不合理的行为选择；另一个作用就是要防止当下的实践行为主体仅仅限于当下的视界和感受来进行行为选择，进而进行一种孤立的不合理的非道德行为。所以杜威的实践情境实际上就是一种在行为前的思虑背景，一个必须通过它的过滤器，通过它找到我们行为价值和意义的方向。正如杜威所言："具体情境的独一的和道德的终极性质的首要意义，是将道德的重量和负荷转移于智慧上去，这是令人惊奇的事。这并不是毁弃责任，只是勘定它的位置。道德的情境是在公然行动以前需要判

---

① 苏珊·哈克主编，陈波、尚新建副主编《意义、真理与行动——实用主义经典文选》，东方出版社，2007，第444页。

断和选择的一个情境。"① 在这种情况下，康德意义上的那个先天的绝对道德律令就不再作为一种绝对标准来赋予这种境遇以道德内涵，进而提供一种必然的行为方向；取而代之的是人的实践理智对整个生活世界背景下的多种可能性，以及蕴含于其中的属人的那种特有的价值和意义的探究，进而我们根据我们的实践智慧在这经验性的、含有多种可能性和多种选择因素的，因而也更为复杂多变的境遇中来寻求并实现这种意义和价值。当然这就让道德行为不再成为一种单一的孤立的没有责任的个体，而成为这个环境整体中的一个部分。所以"我们的生活和行为与现存的环境相关联，并非与孤立的对象相关联，即便单一事物，亦可在决定如何对整个环境做出反应时发挥重要作用"。② 所以道德主体再不能够把某种行为看作想当然的，而必须对其进行各方面的实际探究，从而选择一种最有意义的能够促进社会中的人的完满成长的行为。

二　道德情境中的变相因素

既然实践境遇是人的实践行为所无法逾越的根基，那么实践行为主体在当下所遇到的各种不确定性就成为其进行行为选择的重要影响因素。对于道德实践问题，杜威首先从人的生活世界性的角度出发，把善、恶问题具体化。他认为："实际上我们是在具体的条件下来正视善的，而这些条件是与现有的需求相关联的，而且获得的每一种具体的善都会毫无意识地融入一种新的与它的新的需求和重新建构的成就不相协调的环境中去。"③ 所以当我们谈论道德的时候，我们是不可能像那些传统的道德哲学家一样只是孤立地、简单地讨论善和恶的问题的，而必须把与道德主体相关的各种现实的独立变相考虑在内。这样人在具体的道德情境中进行判断并做出行动的时候就具有了一种

---

① 杜威：《哲学的改造》，傅统先译，商务印书馆，1958，第 88 页。

② 苏珊·哈克主编，陈波、尚新建副主编《意义、真理与行动——实用主义经典文选》，东方出版社，2007，第 445 页。

③ John Dewey, *Human Nature and Conduct: An Introduction to Social Psychology*, New York: Modern Library, 1922, p.278.

现实的具有实效性的特征。所以人们进行实践行为时，主要面对的是生活世界中的各种不确定性和动荡性，以及由此而产生的不可进行绝对预测的后果。由此杜威认为现实的实践艺术所提供的解决问题的方式及其结果并不都具有一种绝对的必然性，"甚至是冒着陷入逆境的危险"。① 这就决定了行为选择的偶然性和矛盾性，更进一步来说，就是绝对道德律令在道德行为中的失效性。"从这种观点来看，不确定性和冲突是道德所固有的；任何被正当地称为道德的情境的特征是：人们不知道终局和善果，不知道正确的和公正的做法，不知道美德行为的方向，人们必须去寻找它们。道德情境的本质是一种内部的，内在的冲突，判断和选择的必要性来自这样一个事实，即人们必须处理一些没有公分母的力量。"② 因此在具体的道德情境中，人不再是纯粹理性的附属物，而是一个活生生的"有限"存在者。这里的"有限"不仅指时间上的"终有一死"，还指生活世界中人的多重规定性。情感、冲动、愿望、爱好等都会作为建构"完整的人"的一方面因素而在场中出现。因此一个健全的人无论如何是不能把这些因素从自己的存在状态中剔除掉的，而且也正是由于它们的存在，人们才会面临道德情境中的各种问题，而道德评判也才有价值和意义。我们知道在一个完全由理性支配的世界里，或者一个完全由本能支配的世界里，道德问题都是不会出现的。在一个纯粹的理性世界中，所有的行为都在必然性的掌控之下，不会有任何僭越和逆反的可能性，这个时候的道德充其量是一种装饰品；相反在动物世界里我们是无法谈论道德的，因为它们不会给你任何的希望和安慰。而人们所生存的生活世界恰恰处于二者之间。我们有对自己的行为进行判断的智慧和思维能力，但是我们又无法把我们的冲动、偏好和欲望完全排除掉，然而也正是在这种冲突和争执中，在面对着无法预知的后果而又无法逃避必须选择时，道德才会作为一个"显性"的存在跳跃出来进而得到发展。所以杜威认为在道德问题中，冲动、爱好和愿望是我们在道德情境中必须考虑的一个独立变项。

① 杜威:《确定性的寻求》，傅统先译，上海人民出版社，2004，第 6 页。
② 《杜威文选》，涂纪亮编译，社会科学文献出版社，2006，第 348 页。

而人除了自己的非理性部分所带来的不确定性外，还有来自外在的独立变项："对别人的行为提出要求这种做法就其来源和自然表现而言，对于关于理性的、目的论的目的和善这个总的原则来说是一个独立的变项。"①作为一种群居性的或者说社会性的存在者，我们总是会相互提出一些要求，要求他人为了自己的某种要求而采取行动。但是这种要求并不一定得到认可，除非这种要求和被要求的人的某种目的或计划达成了一致。所以根据当时的社会状况，这种关系最终要形成一种互惠的要求体系，并被普遍地接受下来。但是当某个人提出某种要求时，其暗含语是在实行自己的一种未被认可的权利，用杜威的话来说就是提出要求这一事实还没有赋予要求以权威，而这种权威是需要社会在情感上和理智上表示赞同来产生的。而这就涉及个体利益和群体利益之间的辩证关系。个人认为有利的选择可能会被社会认为是有害的，而社会认为是有益的要求可能会损害到个人的利益，而二者的相互认同则是通过逐渐习惯而达到的。所以从社会的角度来看，个体所提出的要求及其由此引发的行为与普遍的善的目的并不一定是统一的，因此其起源和操作行为以及由此引起的社会后果就成为道德情境中无法预测的又一个变项。

而如果从社会的角度来审视现世的道德问题，那还要涉及"个人对别人的行为进行赞扬和谴责、认可和不认可、鼓励和责备、奖赏和惩罚"的问题。也就是杜威所说的道德中的第三个独立变项。这种因素以个人评价为基础，包含着个人对他人行为出现之后或预期别人要做出的行为的道德判断。"被普遍认可的行为和意向构成原初的美德；被普遍地谴责的行为和意向构成原初的邪恶。"②所以这种本身就带有社会性的行为评判意向影响着他人的行为标准和方向。在杜威看来它们是人性在面对别人的行为时的一种自发的表现，所以它们缺乏目的性行为的那种理性和审慎，也缺乏那种直接的社会压力，进而只是对美德和邪恶的一种折射性的反映，但是却反映了某种程度上的社会共识。所以在某种特殊情况下它们必须作为要仔细思考的因素而予以重视。

---

① 《杜威文选》，涂纪亮编译，社会科学文献出版社，2006，第353页。
② 《杜威文选》，涂纪亮编译，社会科学文献出版社，2006，第354页。

从以上的论述我们可以看到，现世的道德情境是充满各种真实的而且尖锐的矛盾冲突的，所以在实践行为选择过程中，必须找到某种方法使相互对立的要素得到和解。正是在这个意义上杜威说："道德的问题之所以存在，是由于我们必须尽最大努力使某些来自不同来源的要素相适应。"① 在这里，如果和康德在他的《道德形而上学基础》和《实践理性批判》里所提出的道德存在的形而上学基础——绝对的道德律令相对照的话，杜威的观点就更加明显。对于道德问题，康德强调的是内在的决定性，因为"理性把作为普遍立法者的意志的每一准则都与每一个别的意志联系起来，而且也与自己的每一个行为联系起来，而且这并不是为了任何其他的实践动因或者未来的利益，而是出自一个理性存在者的尊严的理念"。② 所以道德选择行为的进行在于内在的先验规定，而不依赖于情感、冲动和偏好的影响。进而康德为道德设定了一个普遍、统一的基础性前提——纯粹理性，但是当我们在日常生活中遇到道德问题时，我们的思维和行为或者我们被给予的那个指引却是偶然的，尽管有传统文化在提供参照和范例，但是生活世界的整合性和偶发性却是无法控制的。换个角度来说，当道德问题出现时，道德主体或者说行为后果和责任的承担者是活生生的人，而不是超验的理性，这个时候我们的目的是人的"美好生活"或"完满成长"，而不是那个抽象的绝对的理性原则，更不是"这是不是善本身？"的那种超验性的思考。这是有很大的区别的，而我们在哲学思维中却总是把二者混淆。当我们说到某个普遍的法则的时候，我们的真正目的是实施这一原则的人和与此相关的"他者"的生活前景及其和谐幸福美满程度，而不是这个原则本身的实施满意程度。也就是说，这个原则是为人而存在的，而不是人为这个原则而存在。某个原则可以使某种目的实现，但是这并不意味着这个目的就是这种原则，二者是绝不能完全画等号的。而如果人们不清楚这样一种关系的话，那些集权的、恐怖的法西斯行为就会以一种合理的形式出现。

---

① 《杜威文选》，涂纪亮编译，社会科学文献出版社，2006，第355页。
② 李秋零主编《康德著作全集》第4卷，中国人民大学出版社，2005，第442页。

三 语言、文化传统与实践选择

然而人的实践活动除了具有当下时代性的特征之外，还具有一种历史性的维度，也就是实践主体做出行为选择的时候实践情境所蕴含的隐性的话语背景和思维背景。

语言在生活世界中具有极为重要的作用，如果借用卡西尔的说法，语言就是连接人与自然的中介和桥梁。杜威也极为重视对语言的研究和探讨，而且他更注重语言和现实情境之间的关系以及由此对人的行为所产生的影响。杜威认为，无论我们意识到与否，现实情境、语言和意义都与我们的实践行为有一种无法摆脱的关联。用他的话说："我们之所以能把握住我们自己语言中的话语的意义，不是因为不需要对语境有所意识，而是因为语境如此不可避免地就在这里。各种话语习惯，包括句法和词汇以及解释方式在内，都是在话语的那些有关的、规定性的情景中形成的。"[①] 因此当我们在生活世界中遭遇到一个道德事件时，我们的思维必须从物的世界中跳出来，进入可思维的语言世界中去。或者说，我们在这个时候对事件和语言符号进行了一次无意识的关联和转化。因为我们知道，"我们思考到事物，而不是通过事物来思考"，"思想对事物的关注在于事物把心灵引至事物自己之外；事物是一些运载手段，而不是终点站"。[②] 但是它们之间又是不可分离的，并始终保持着密切的关联。所以在实践境遇中，我们看似简单的善恶行为的选择实际上隐含着复杂的物—语转换，即由现实的存在物或事件转化为思维意识中的抽象的语言符号，并进而把我们所要确定的价值和意义以命题的形式表现出来。在这种转化过程中主体与选择行为之间便产生了一种间距，而这种间距一方面使道德主体的行为受到理智的指引，另一方面也使将要发生的行为选择具有一种历史性，进而关涉到主体的传统文化背景、长期的思维习惯以及由此所形

---

① 《杜威文选》，涂纪亮编译，社会科学文献出版社，2006，第202页。

② 《杜威文选》，涂纪亮编译，社会科学文献出版社，2006，第203页。

成的话语模式。

因此当人们面对那些在某种程度上都被表述为善的目的，以及都有某种理由使他必须承担的责任的时候，超验的理性必然性就失去人们所给予它的那种权威。而这个由生活世界中各种力量所汇集起来的道德困境，就只能以道德主体的实践境遇以及道德命题形成的历史语境为基础，从影响具体的善的形成的各种关系和条件的探究中寻找出路。由此，"实践理智"（practical intelligence）便成为道德行为选择的一种依靠。

这里的"实践理智"是杜威实践哲学中的一个极为关键的术语。而谈到这个词的时候，我们会很自然地想到亚里士多德的"明智"概念。尽管杜威在其著作中并没有明确他的"实践理智"与"明智"之间的关系，但是我们从这两个词的含意上仍然能够看出亚里士多德的实践哲学传统对杜威哲学的影响。"明智"概念在亚里士多德伦理学中是指"一种同善恶相关的、合乎逻各斯的、求真的实践品质"。[1] 其重要的特点在于"深思熟虑，判断善恶以及生活中一切应选择或该避免的东西，很好地运用存在于我们之中的一切善的事物，正确地进行社会交往，洞察良机，机敏地使用言辞和行为，拥有一切有用的经验"。[2] 所以在亚里士多德看来，"明智的人的特点就是善于考虑对于他自身是善的和有益的事情"。这里的"善和有益""是指对于一种好的生活总体上有益"。[3] 从这种论述中，我们可以看到，亚里士多德通过充分确定"明智"对于善的形成所起到的重要作用，而确立了善的实践性特质。而也是在这一基础上，善与经验、技艺、社会环境或政治环境之间的关系便成了道德哲学所关注的课题。这就打破了传统习俗对人们的生活进程所造成的束缚。但是，对于这一观念亚里士多德并没有贯彻始终，而是在此之上又设立了"至善"，并且在更高的层次上用"提供的是作为最终的像那些不可改变的习俗一样的规则"的"理性"替代了明智来指导人们的生活。"进而道德被

---

① 亚里士多德：《尼各马可伦理学》，廖申白译注，商务印书馆，2003，第 173 页。
② 苗力田主编《亚里士多德全集》第 8 卷，中国人民大学出版社，1994，第 460 页。
③ 亚里士多德：《尼各马可伦理学》，廖申白译注，商务印书馆，2003，第 173 页。

放置在了近 2500 年都不敢离开的轨道上：寻求终极的善，以及唯一的道德力量。"① 而在这个问题上，虽然杜威深受亚里士多德实践哲学传统的影响，但是就"实践理智"概念而言，无疑要比亚里士多德更进一步。

而我们认为杜威之所以能够比亚里士多德更进一步，一个极为重要的原因就在于杜威在吸收了亚里士多德实践哲学传统的同时又发展性地融入了美国实用主义传统，即认为哲学必须为现实的生活世界服务，以及对詹姆士关于真正的伦理关系只能存在于纯粹的人类世界的观点的合理继承。在此基础上，杜威认为在道德实践中人们需要的是扎根于经验世界的"实践的理智"而不是超验的理性。因为"实践理智"是在经验积累的基础上"对当下的各种各样的善的辨别和对能够使它们实现的各式各样的直接方法的考察"。② 它具有反思、探究、批判、试验的特质，因此它也是一种以实践经验的积累为基础的沉思性的思维，"对知识的任何信念或者假定的形式以及进一步所要得出的结论从支撑它的基础上进行积极的、持续的和细致的思考"。③ 进而，杜威继续贯彻了实用主义的传统，认为"实际上，理智是通过行为而达到对未来经验的确证的工具"。④ 因而它总是"保持着怀疑和系统而具伸展性的探究"。⑤ 也正是由于这个原因，实践理智指引下的伦理学就不再是那种通达终极至善的途径，而成为"帮助人们生活得更富足、帮助人们对生活更敏感、进而在情感上使生活更加充实的艺术"。⑥

此外，也正是由于实践理智的指引，传统文化与习俗也作为善形成进程中的重要因素从过去来到当下，并影响着实践行为主体的选择。因为"每个文化群体都具有一套意义，深深地镶嵌在它的习惯、职业、传统以及解释物

---

① John Dewey, *Ethics*, New York: The Columbia University Press, 1909, p.6.
② John Dewey, *The Influence of Darwin on Philosophy and Other Essays*, New York: Henry Holt and Company, 1910, p.68.
③ John Dewey, *How We Think*, Lexington, Mass: D.C. Heath, 1910, p.6.
④ John Dewey, *Creative Intelligence*, New York: Henry Holt And Company, 1917, p.64.
⑤ John Dewey, *How We Think*, Lexington, Mass: D.C.Heath, 1910, p.13.
⑥ Steven Fesmire, *John Dewey and Moral Imagination: Pragmatism in Ethics*, Bloomington: Indiana University Press, 2003, p.92.

质环境和群体生活的方式中，以至于形成语言系统的基本范畴，凭借此解释其细节……它们是具体信念和判断的规则和'规范'。"① 所以杜威认为，思维的这种背景既是空间性的又是时间性的。它的空间性，意味着它可以被事件中的主体所注视、观察，从而看出它与当下情境的差异之处和相似之处。而它的时间性则意味着思想的文化背景或文化传统由过去到现在的超越性。"传统是一种环绕在思想周围的空气，思想必须呼吸它；任何人除非吸入其中某些空气，就不可能有任何观念。"② 所以思想的文化传统背景就像一块漫无边际的画布，覆盖了思维过程出现于其中的整个环境。我们的任何一种思维都会把自己反映到传统背景之上，而传统也始终与解释、观察、评价、明确地加以思考的事物相关。"选择并不存在于一种外在于习俗的道德权威和内在于其中的道德权威之间。而是存在于采用的或多或少的理智和具有重要意义的习俗之间。"③ 从抽象思维角度来说，当我们身处道德情境的时候，对我们的行为选择产生影响的各种因素中，我们的行为和思维的载体——语言之间的相互关系是较为重要的，而作为一种隐性因素的文化生活背景和语言习惯及语言结构又左右着我们的思维习惯。所以当我们对道德问题进行哲学性探究的时候，尤其是当这个问题涉及不同的民族之间、不同的国家之间的时候，现实的文化、语言和习俗传统又作为一项重要的选择结构而影响着我们的行为选择，进而必须予以思考。而如此一来，与此相对的传统哲学里的具有霸权性的绝对理性就显得有点单薄而独断了。

四 当代实践哲学视域下的杜威道德哲学

杜威作为当代极为重要的一位哲学家，其实践道德理论在现代哲学中占

---

① 苏珊·哈克主编，陈波、尚新建副主编《意义、真理与行动——实用主义经典文选》，东方出版社，2007，第440页。
② 《杜威文选》，涂纪亮编译，社会科学文献出版社，2006，第211页。
③ John Dewey, *Human Nature and Conduct: An Introduction to Social Psychology*, New York: Modern Library, 1922, p.81.

据着极为重要的地位，现代性视域下的很多实践问题都不会绕过他。这也是无论是希拉里·普特南，还是理查德·罗蒂，甚或是哈贝马斯，都会从中获取自己的理论资源的一个重要原因。因此从这个角度来说，我们可以把杜威的哲学看作当代西方实践哲学转向的一个典型，进而我们认为其道德哲学理论也只有在这个大的背景下才能更加凸显出其应有的合理性价值。

在康德式的实践哲学传统中，我们可以发现其一个最重要的特点就是以超验理性为核心线索来统一理念世界和世俗世界，并希望以此为人的实践行为寻找一个永恒的指引标准。然而问题在于，人的存在并不完全是超验性的，绝对的理性并不能完全代表人的存在本身。或者换个角度说，人在实践境遇中并不是完美的存在，而是一个不完满的具有各种实践"偏向"的"活的生物"。因此传统理性主义哲学为其所设定的各种完美的构架就成为一种无效的装饰品。

与此相对，杜威的实践道德理论则是以经验世界为基础，从历史的视角出发对于道德实践问题的关注，即对我们所遭遇到的、具体的、处于情境之中的道德问题进行探究性的分析。也就是说，他的着眼点不是终极之善本身，而是现实的经验世界中实践行为的可行性问题，以及在现实的境遇中人之选择的合理性问题。而这些又都是以对于实践境遇的重新理解和阐释为基础的。而从以上各部分的论述中我们也可以看到，实践境遇问题在杜威的道德实践理论中是一个基础性的问题，它直接就决定了杜威的道德哲学的发展基调。而他的这种问题视角也为当代实践哲学的发展给出了两个极为重要的启示。

第一个是为哲学思维从传统的理性逻辑向生活世界化的实践逻辑的转变提供了一种参照。传统形而上学所遵循的理论逻辑表现的是以对传统理性的信赖为基础的由事实到事实的关系，这种关系是一一对应的、僵化的推理方式，例如传统的三段论、因果论。传统形而上学大都推崇这种自足性的逻辑思维方式。而且这种逻辑思维方式一直主导着传统哲学对于各种属人问题的思考。也正是因为这样，传统哲学在思考道德实践的时候总是以这个世界的二分为前提预设，即生活世界中的混乱背后肯定蕴藏着一个与之相对的统一的能够通过理性这个绝对的中介而获得的终极原因，从而只要人们把握这个终极的因素，就可以找到厘清各种现象的钥匙。所以康德的实践哲学的目标就是要找到那个现实背后的"绝对的道德律令"。然而现实的问题是，"只要人继续是一个人，情感、欲望、意向和选择就总是有的；所以只要人继续是一个人，就总是要有关于价值的观念、判断和信仰"。①继而就总是会受到各种外在的、偶然的因素影响，这种情况下，实践行为的逻辑规则就不应该是单向度的，而应该是多元化的。因此传统的以理性自足为根本保障的单向度逻辑思维模式必然会失效，以至于最终陷入各种困境无法自拔。

而与此相对的生活世界化的实践逻辑则是一种多元的、多向度的、发散性思维模式。它更注重理论与实践活动之间的交互性关系，因而包含探究性的意义内涵，所以它表现的是一种由事实到意义的关系。在这种关系中，人是以一种自由自觉的生存方式进行实践活动的。或者换句话说，生活世界化的实践逻辑是以人的实践智慧为基础的，因而人的实践行为就不会局限于传统的理论规则，更不会受"绝对知识"的迷惑而故步自封，取而代之的是包含人文价值维度的实践探究。所以，在这种关系中，人的自由行为的多重价值及其意义就得以清晰地体现出来。②而杜威对于生活世界的重新认可和阐释无疑为现代哲学的这种转化提供了一个理论参照。那么杜威对于道德情境的实践性阐释也无疑是对这种实践逻辑的一种经典性的运用和注释。这就为我们在现代性的视域下，推动实践哲学进一步发展提供了一种极大的力量。

第二个就是杜威在道德情境中对于"整体的人"的认可。杜威的道德哲学中的道德主体不再是传统理性主义视野中的理性的载体，也不是功利主义视野下感官享乐的承受者，而就是生活世界中具有理智的"活生生的"人。他有情感、冲动和欲望，也有进行思虑的实践智慧，他既是个体性的也是社

---

① 杜威：《确定性的寻求》，傅统先译，上海人民出版社，2004，第301页。
② 对于这一问题也可参阅丁立群先生《哲学·实践与终极关怀》（黑龙江人民出版社，2000）一书中的"生活世界：一个非经典认识论领域"一节。

会性的，或者干脆就是二者冲突的调和者。在这种意义上，人不是一个天生就被构造的完整的理智之人或道德之人；相反，人是一个处于过程中的、不断趋向完满的"被抛者"。现实的偶然性、特殊性以及矛盾和冲突虽然给人的存在和发展设置了障碍，但同时也促进了人的成长和进步，而更重要的是人的自由以及生存的意义和价值也由此而产生。所以从这个角度来看，杜威对道德情境的阐释的意义就不再仅仅局限于伦理学的发展，而是关涉到人类的整体性的发展、完整的人的实现问题。而这也就和马克思关于"完整的人"的阐释产生了某种共鸣。所以从这些方面看，杜威的实践哲学以及他对道德实践问题的论述对于当代实践哲学的发展来说就具有了一种极为重要的参照价值和意义。

文化哲学基础理论问题与西方哲学思潮

新康德主义与哲学研究的两种范式*

刘振怡**

德国新康德主义在西方哲学的发展历史中占据着不可或缺的地位。新康德主义及其代表人物的思想开启了另一种思维方式，这一思维在现代哲学中至今发挥着重要作用。

新康德主义的哲学转向主要体现在两个方面。一是明确区分了自然科学和哲学各自的研究对象和研究领域。长期以来，西方传统的本体论和认识论都是从特殊的感性经验材料来把握其背后的一般，而新康德主义则在哲学研究中引入人的历史领域的特殊性和个别性的描述，进一步拓宽了主体的认识视域，把价值世界纳入人的认知范围。在哲学研究对象上，他们反对德国主流哲学否认哲学功能的倾向，反对其用哲学史代替哲学，用自然科学代替哲学的做法。文德尔班认为，在古希腊哲学那里，哲学是全部知识的综合，囊括了所有具体知识。但是，随着人类知识的发展，特别是随着自然科学的发展，各种具体科学逐步从哲学体系中分离出来，成为独立的部门学科。哲学的研究领域被瓜分一空，哲学成了四处流浪的"李尔王"，因此必须重新确定哲学的研究领域。无论是文德尔班和李凯尔特的价值论，还是卡西尔的文化符号学，都是对哲学研究对象的重新界定。哲学以其自身特有的对人类生存价值意义的终极观照，获得了独特的生命力。

* 本文发表于《中国社会科学报》2013 年 1 月 7 日。
** 刘振怡，黑龙江大学哲学学院教授，主要从事西方马克思主义和文化哲学的研究。

二是进一步明确了哲学研究的方法，并演变成为一种不同于传统思辨哲学的哲学思维方式。新康德主义认为由于自然科学与历史（文化）科学的研究对象不同，因此在研究过程中应采取不同的方法。在自然科学的研究中，思维是从个别事物的特殊关系中进行经验的概括和总结，进而掌握一般的关系；而在历史（文化）研究中，思维始终关注着特殊的个体事物。"自然科学思想中主要是倾向于抽象，相反地，在历史思想中主要是倾向于直观。"后者具有更大的价值。这是对德国古典哲学的重大突破，是对传统哲学思维方式的颠覆。为了克服传统思辨意识哲学普遍化、统一化、抽象化研究方法的缺陷，新康德主义者直接关注特殊性、个体性的存在。文德尔班提出"描述性"原则，李凯尔特提出"个别化"原则，包括卡西尔的解释学暗示在内都力图把文化哲学从自然科学方法的压制下解放出来，恢复哲学个体性价值关注和具体的历史存在境遇。应该说，这些方法的提出为一种新的哲学研究范式的形成，为哲学回归生活世界提供了重要条件。

哲学范式是指在哲学研究当中，哲学理性分析、反思和批判活动的最基本的运思方式和路数。一种新的哲学理解范式的生成是从三个层次上来实现的：明确的研究对象、独特的研究方法和突出的理论旨趣。纵观近现代哲学史的研究可知，其中渗透着两种主要的哲学理解范式：一个是寻求普遍性知识的思辨意识哲学理解范式，另一个则是探究价值意义的文化哲学理解范式。

具体说来，思辨意识哲学的研究对象是探求普遍规律的"必然性"，它试图去探求一种超越认识主体个性化制约的具有普遍性和确定性的知识。这种知识不受认识主体所处社会历史环境的影响，是一种超越历史的永恒真理。黑格尔是思辨哲学的集大成者。与思辨意识哲学相对应，还存在一种以探求价值和意义为目的的文化哲学范式。20世纪兴起的解释学、存在哲学和文化哲学都归属此列。毫无疑问，新康德主义是价值哲学和文化哲学的源头。价值哲学、存在哲学、解释学和文化哲学探讨的是人和文化价值的普遍有效性，其本质是人类自己要对生活于其中的文化环境关怀的"一种责任"，目的是要把价值评价当作人类心智最深层的认识，并赋予精神价值以特殊的重要意义。

按照这一哲学范式，哲学研究的真正目的不是探求普遍规律的"必然性"，而是一种未来的"可能性"。这一研究范式的核心是个体化的研究原则，它关注事物个体存在和特殊性，排除自然科学抽象的理论研究来阐释人作为价值意义存在。甚至是以科学为背景的科学哲学研究，也存在着这一研究方式，"范式"本身就是科学哲学家 T. 库恩为反对逻辑经验主义的普遍性而提出的概念。可以说，文化研究范式成为 20 世纪哲学研究不可或缺的哲学理解方式，其形成离不开新康德主义的贡献，这也是新康德主义在当今的重要价值及其意义所在。

"理解马克思"的方法论反思：实践解释学的理论特质[*]

李金辉[**]

当今理论界对马克思的理解呈现出多种理论格局，尤其是 20 世纪 70 年代以后，后马克思主义思潮的兴起更是加剧了理解马克思的多样化趋势。如何理解这种多样化的现象？它对保持马克思理论的统一性产生了何种影响？我们认为多样化的解释模式不是对马克思整体精神的分裂，而是马克思整体精神在不同时代条件和理论背景下的表现。这种多样化恰恰反映了马克思整体精神的生命力和理论"繁殖力"。马克思的多种解释模式可以由实践解释学方法来理解。实践解释学坚持理解马克思解释模式的多样性，但并不否认对马克思理解的统一性。相反，实践解释学正是要在理解马克思的多样化模式中寻求把握马克思整体精神的途径。实践解释学的实践性、历史性、意识形态批判性和总体性等理论特质决定了它与其他解释学理论的区别，也决定了实践解释学在"理解马克思"这一理论问题方法论上的优越性。

一

实践解释学必须同哲学解释学、解释学哲学划清界限。哲学解释学是从

---

  * 本文发表于《理论探讨》2009 年第 6 期。

  ** 李金辉，黑龙江大学哲学学院教授，主要从事马克思主义哲学研究。

哲学上研究解释学，主要是"对于理解和解释条件的先验考察"。① 哲学解释学是要把解释学哲学化、绝对化，寻求解释学的理性根据和合法性前提，要为解释学进行理论奠基。

解释学哲学认为"哲学本来就是解释学的"，哲学本来就是不同观点之间的斗争，因此，"哲学不能摆脱各种解释之间的斗争，因而本来就是解释学的"。② 前者不满意解释学的多元主义、相对主义，力图寻求其背后的"基础"；后者认为哲学就是解释、就是不同解释模式的斗争，哲学就是多元的、而不是独断的，哲学是"视角主义的"。

实践解释学不同于哲学解释学和解释学哲学。后两者都属于理论的解释学和解释学的哲学化。哲学解释学将实践仅仅等同于话语实践，等同于不同文本间的对话，这样就使话语变成了本体，使实践封闭在话语、文本、语言的王国内，消解了实践的批判性和创造性力量。如果说实践解释学是在改造世界中解释世界并理解世界，那么，哲学解释学则是在解释世界的话语中理解并改造世界的。实践解释学是行动中的解释、应用中的理解、创造中的认识；哲学解释学是语言和文本中的行动、理解中的应用、认识中的创造。前者的逻辑是"我做故我思"，在实践中认识、解释和思考；后者是"我说故我做"，用话语的交流代替了实践的解释。

实践解释学坚持解释和实践的辩证统一，在实践中解释理论和文本。它主张从人的物质实践活动出发去理解和解释人的观念和文本，而不是从文本和人的观念出发去解释人的物质实践活动。在此意义上，实践解释学是真正的、现实的解释学。对于实践解释学，"我们至少要把握它的四个方面的意义，即理解、解释、应用和实践能力，前三个方面是统一过程中不可分的组成成分，而最后一方面的意义则说明它不是一种语言科学或沉思理论，而是一种实践智

---

① 鲁道夫·马克瑞尔：《哲学解释学与解释学哲学：狄尔泰和海德格尔》，载安东尼·弗卢《西方哲学讲演录》，李超杰译，商务印书馆，2000，第 102 页。

② 鲁道夫·马克瑞尔：《哲学解释学与解释学哲学：狄尔泰和海德格尔》，载安东尼·弗卢《西方哲学讲演录》，李超杰译，商务印书馆，2000，第 92 页。

慧"。① 前三个方面属于哲学解释学和解释学哲学对解释学的理解，最后一个方面是实践解释学区别于作为"哲学形态"的解释学的关键，它指出了实践解释学作为人的生存实践智慧，已经摆脱了作为"沉思理论"的哲学形态，这种解释学"既不是一种单纯理论的一般知识，也不是一种光是应用的技术方法，而是一门综合理论与实践任务的哲学"。② 它旨在"以亚里士多德的实践智慧为其核心，它试图恢复古老的实践智慧或实践理性概念来为人文科学规定其模式"。③ 实践理性不同于理论理性、思辨理性和技术理性（科学理性）。实践理性强调历史中人的主动参与是理性有价值的标准，实践参与构成实践理性的本质特征。实践理性本质上是"交往理性"和主体间的"理解理性"，它使理性成为人们交往实践中的"反思性的理解"。思辨理性和技术理性都以主客二分为前提，建立对世界的"独断性"理解和主体对世界的控制。

同理论的、哲学的解释学相比，实践解释学使理论和文本超越了其作者的时代视域进入了当下的实践情境，而当下的实践情境则创造性地拓展了理论和文本的理解。实践解释学使理论和文本成为一个开放的视域，理论和文本的理解是作者和理论实践者及文本的解释者的"视域融合"，它使理论和文本的视域和实践者的生存论视域相结合，在这种结合过程中，既再现了理论和文本的视域，同时也改变了理论和文本的视域，使之融入一个更大的理论视域。

实践解释学就是文本自身再生产和扩大再生产的历史，它使文本（观念结构）、文化秩序（惯例性结构）、传统（历史结构）通过实践得到解释、应用和理解，使文本、文化秩序、传统通过实践（结构化）发挥自身的力量。同时使实践成为受文本结构力量制约、理论渗透的有意义、有价值的被理解了的特定"文化实践"。在此意义上，实践解释学可理解为"实践—文本解释学"。然而，实践不仅是受文化模式限制的文化实践，更是创造一定文化的情境性实践，它使文化模式发生转型、文本视域发生转变、意义得以增值并使理解得以

---

① 洪汉鼎：《何为诠释学？》，载《理解与解释》，东方出版社，2001，第7页。
② 洪汉鼎：《何为诠释学？》，载《理解与解释》，东方出版社，2001，第25页。
③ 洪汉鼎：《何为诠释学？》，载《理解与解释》，东方出版社，2001，第25页。

发生。它使文本和结构向实践和历史敞开，使文本的视域和实践的视域发生融合。简言之，实践解释学通过实践既"解释"了一定的文化结构，使实践成为被理解的文化实践；同时，又使文化结构发生转型，历史得以被创造。实践解释学又可理解为"实践—历史解释学"。因此，实践解释学既背负着旧的历史结构，又创造了新的历史空间，达到了历史和逻辑（结构）的完美统一。

实践解释学使语言、文本、结构、观念通过实践向生活、历史、人、现实开放，形成语言与生活之间的解释学循环、文本与历史之间的解释学循环、结构与人之间的解释学循环以及观念与现实之间的解释学循环。这使实践解释学表现为不同的理论形态，比如"实践—语言解释学"、"实践—文本解释学"、"实践—历史解释学"、"实践—结构解释学"以及"实践—观念解释学"等。也就是说，语言、文本、结构、观念必须在实践中去理解，只有在实践中语言才能成为一种生活形式，只有在实践中文本才成为历史的文本，文本才被"活化"为历史，只有在实践中结构才能变成人的现实结构，只有在实践中观念才会变为现实并通过现实实现自身。同时，实践又是在语言中、在一定的生活形式中的实践，实践又是在一定的文本中、在一定的社会结构中、在一定的观念支配下的实践。是语言—实践、文本—实践、结构—实践和观念—实践。总之，这样的实践是解释学的"理解实践"，它是有着生存论、存在论结构——"前有、前见和前把握"——的实践，它是传统中的、文化中的带有"解释学前见"的实践。因此，在实践解释学中，语言与生活、文本与历史、结构与人、观念与现实得到了完美的统一。

二

通过对与理论解释学的区别的探讨，我们揭示了实践解释学的"应用"特征，它使解释学摆脱了理论的、思辨的形态，建立了理论与实践之间的"解释学循环"。这一方面揭示了理论形成的实践基础，使理论摆脱了独立的、神秘化的形态，揭示了理论自身的"前理解"，使我们保持对理论的批判的、反思的态度。另一方面又使我们对实践保持反思和批判的态度，揭示了实践的"前理解"，使实践摆脱了纯粹的功利主义和工具主义的行动的理解，表现为有意义的"文化实践"。

因此，实践解释学表现为对理论和实践进行双重批判的"批判的"形态，它表现为一种批判各种"脱离实践"的理论（作为哲学的思辨的形态）和"脱离理论"的实践（功利主义和工具主义的行动）的"批判的解释学"，表现为对"纯粹理论"或"纯粹实践"意识形态的批判。意识形态作为启蒙运动所要反对的概念，主要是指人们的思想偏见、意识幻象和错误的观念，它是人类理性和自由的思想和观念束缚，因此，通过对它的批判人们可以从愚昧和蒙蔽的状态下解放出来，获得正确的认识。这种偏见、幻象和错误观念是社会存在决定的，因此，必须分析意识形态得以形成的社会物质基础，对意识形态进行解释学的分析，彰显这些错误观念的物质实践基础和社会历史成因，建立意识形态与特定时代的人的具体实践的"解释学关联"，使意识形态观念摆脱自在、独立、给定的形态，揭示意识形态的"发生学"基础，建立对意识形态的实践解释学的理解。意识形态是一个同人的社会历史实践紧密相关的"思想再生产"过程的结果。这就使意识形态摆脱了先验的、永恒的、没有历史的神秘结构形式，一句话，实践解释学恢复了观念、思维"天国"的世俗基础——人的感性活动世界。因此，批判的观念既包含着以历史唯物主义为前提的、对意识形态形成的社会存在结构的"揭示"，又包括对这种社会存在结构的"改变"，而且重要的是这种"改变"。

然而，作为"意识形态批判"的解释学，还仅限于"理解"和"解释"世界，重要的是"改变世界"。因此，必须由"意识形态批判"的解释学向对解释学理论自身的"意识形态批判"转变，这种转变的结果就是实践解释学。实践解释学包含了理解和应用双重维度，它使解释学摆脱了"纯粹理论"的特征或"哲学"解释学的特征，走向了以实践或应用为特征的、以"改变世界"为目的的"批判的"形态。可见，意识形态概念不是和科学相对立，而是和实践、解释学、批判相对立。脱离"实践"的意识形态势必会呈现为一个"无历史"的思维和理论结构；脱离"解释学"的意识形态就会成为"无根"的先验的"思想体系"；脱离"批判"的意识形态就会成为一种惰性的"保守"意识或"辩护"意识和"肯定意识"，就会变成对批判、历史和实践的无意识。总之，意识形态批判必须采取实践的解释学的方法，才能使我们理解意识形态产生的社会存在条件并改变这种存在条件，进而从根本上消灭意识形态。

在对意识形态的批判中，实践解释学表现为实践、批判和解释学相统一的总体性的理论。实践解释学将真理与方法、认识与兴趣、理论与实践融于一体，它兼具哲学解释学、方法论的解释学的含义。实践是一个总体性、历史性、生成性的概念，它与人类学、人的存在紧密相关。人是实践的存在物，实践具有一个开放的"解释学循环"结构，它是一个矛盾统一体（总体）。从卢卡奇强调马克思作为主客体相统一的"总体性"的辩证法开始，中经科尔施的理论和实践相统一的"总体性原则"到葛兰西的实践哲学，都突出了实践的总体性、历史性和人类学特征。

总体性的人类生存实践同总体性的世界（自然、历史、社会）的"呈现"是密切相关的，世界怎样"呈现"，"呈现"出哪一个方面，都取决于人类的实践。而人类的实践又总是在"一定"的社会历史文化条件下进行的、无法摆脱人的此在的"生存论"结构的受限制的"解释学实践"。在此，实践解释学达到了人与历史、文化、传统和世界相互统一，表现为一种生存论的、总体性的理论。

通过对实践解释学的理论特征的论述，我们可以看出实践解释学的理论优越性。首先，同理论解释学或哲学解释学相比，实践解释学突出了理解的"应用"特征。实践解释学不但强调对历史、传统和文化的解释和理解，更强调对历史、传统和文化的批判和改造，并在这种批判和改造中使历史、传统和文化得以"再生"并进入人的"当下"实践。实践解释学使理解、解释和应用得到了完美的统一。其次，实践解释学是历史解释学和批判解释学的统一，实践本身既受历史条件的制约，又改造和批判一定的历史并开创新的历史。实践解释学综合了浪漫主义和启蒙主义的传统，超越了伽达默尔的"历史解释学"和哈贝马斯的"批判解释学"。再次，实践解释学是意识形态批判的，超越了各种教条主义的"唯理论"和行动主义的"经验论"。最后，实践解释学理论是坚持理论和实践相统一的辩证的"总体性"的理论，超越了方法论的解释学和本体论解释学的对立。

实践解释学的内涵与实践的唯物主义基本一致，但又比它更丰富。它突出了人与世界、人与人之间的"主体—主体"间交往关系和可理解的意义结构。实践的唯物主义强调了对表现为"物"的形态（商品、货币、资本、私有制、国家、法制等）的实践的、主体的、历史的理解，使物由独立的、永恒的实体形态变成了由实践产生的、历史的形态，强调了实践对改变直观唯物主义的革命性作用。实践解释学认为实践不仅是认识世界和改造世界的过程，而且是在改造世界的过程中获得对世界的理解和人自身自我理解的过程。在实践解释学看来，"环境的改变和人的活动或自我改变的一致，只能被看作是并合理地理解为革命的实践"。①人在改变世界的过程中，不仅改变了世界因而改变了人本身，而且改变了世界对人的意义和人对世界的理解以及人对自身的理解。因此，如果说历史唯物主义改变了对世界的直观的、形而上学的理解，那么，实践解释学就改变了对人自身的直观的、形而上学的理解。实践的解释学不仅是在改变物质世界的实践中达到对物质世界理解的"物质诠释学"（俞吾金语），它在此发现的是物质世界的结构和规律；更表现为对物质世界对人的意义的理解以及对人自身意义理解的"精神释义学"。实践的解释学通过实践展示的不仅是物质世界的"客观结构"，更是人与世界共同发展的主体间性的、交往的"意义结构"和"文化结构"。

实践性原则、批判性原则、历史性原则和总体性原则，这些原则集中体现了实践解释学的方法论特色。这种方法认为，理解马克思首先必须将马克思的文本作为一个理解的整体，防止将马克思某一时期的文本作为理解整个

---

① 《马克思恩格斯选集》第 1 卷，人民出版社，1995，第 55 页。

马克思的依据。必须建立与实践紧密相连的"显性文本"与整个马克思"文本群"之间的"解释学循环"，防止"显性文本"成为理解马克思的"唯一文本"和"决定性文本"。必须看到，随着实践的发展、人的现实境遇的变化，马克思的"文本群"中的不同文本会有历史性的凸显和退隐过程，从而不同文本的地位会发生变化，不会有理解马克思的唯一文本。文本的显或隐是一个历史性的实践选择过程，必须建立文本和实践之间的"解释学循环"。同样，马克思文本中不同的主题也有一个由实践决定的"显隐"过程，这正是理解马克思解释模式多样化的钥匙。

面向文化本身：文化哲学的"现象学转身"*

李金辉**

一

有学者认为文化哲学主要有两种理论形态，作为文化学元理论的文化哲学和作为以文化为本体的哲学。① 作为文化学元理论的文化哲学的提问方式是"文化的本质是什么"，试图给出关于文化的某些规定性，这是一种典型的传统哲学本体论、认识论提问方式。文化被理解为与人对立的外在对象，可以和其他对象一样被理智从逻辑上所认识，从本质上加以规定。文化有独立的本原和认识规律，是外在于人的客观世界，它能从科学上加以认识和把握。这是一种对文化的实证主义和科学主义理解，它符合近代认识论的哲学范式。这种文化哲学当然从各个方面促进了对文化现象的理性认识，获得了关于文化现象的各种科学理论。文化科学和各种文化理论在这种探究方式下取得了丰硕成果，提供了理解文化现象的多种"理论视域"。但是这种文化哲学的缺点是不能对"文化作为文化"的文化本身做出回答，不能对文化整体做出回答。在我们看来，要想获得对文化本身的理解，获得对文化整体的认识，必须突破传统哲学认识论范式实现哲学的生存论和现象学范式转换。我们必

---

　* 李金辉，发表于《思想战线》2010 年第 2 期。
　** 李金辉，发表于《思想战线》2010 年第 2 期。
　① 李鹏程：《当代文化哲学沉思录》，人民出版社，1994，导论。

须改变文化哲学的提问方式，悬置各种文化理论，将它们加上现象学的括号，进而面向文化本身。因此文化哲学的研究需要进行“现象学转身”，从各种各样的文化理论面向“文化本身”。文化就是文化哲学的事实本身，文化哲学的现象学转身就是要面向这一事实本身。文化作为文化哲学的事实本身是指未被各种文化科学理论“污染”的“前理论”世界或者经过胡塞尔现象学还原之后的生活世界。它才是文化哲学研究的本体，这个世界就是文化哲学的自明性前提和理论起点。它是不能被定义的，它只能被理论直观。我们不能从理论上定义它，只能现象学地“描述”它。因此，这种文化哲学可以理解为文化现象学或生活世界现象学。文化现象学将文化作为一种没有内在规定性的存在，作为一种对我们的思考所呈现出来的“现象”，进行现象学描述。其最终目的是获得对文化作为存在方式或文化存在的理解。

在文化现象学看来，文化就是人所生存的世界，文化就是人的生活。人就生活在前科学的生活世界或文化世界中。文化世界或生活世界是人的本体世界，科学世界是对文化世界的认识论改造和重建。它以主客二分为前提，将作为本体的文化世界割裂为意识主体和物质客体，主张在意识主体中再造客体世界，这个世界是认识主体片面选择、建构的结果，它获得的是文化世界的某种知性规定性，文化整体和文化本身在这里被“座架”（海德格尔的术语，孙周兴先生将之译为“集置”或“摆置”，意思大致相近）和肢解成各种理论模型，文化本身反倒被“遮蔽”和“遗忘”了，这也是胡塞尔后期主张回到生活世界和文化世界的理由。

文化哲学是关于文化问题的哲学理论和哲学思考还是一种崭新的哲学范式，这一直是个悬而未决的问题。文化作为哲学所关注的领域和问题同其他学科所关注的领域和问题有何本质差别？换句话说，文化作为哲学范畴有何特殊性？如何区分文化科学和文化哲学？即使是在哲学学科内部也存在文化哲学和本体论哲学、认识论哲学、语言哲学、实践哲学的关系问题。文化哲学是同其他部门哲学相并列的一种哲学分支呢，还是一种崭新的哲学范式呢？文化哲学是否不同于西方传统哲学范式呢？文化哲学到底“新”在哪里呢？

　　解决这些问题，我们认为首先必须区分对文化概念的不同理解。各门具体文化学科中的文化概念是局部的、个别的、小文化概念。哲学的文化概念是整体的、一般的、大文化概念。文化哲学的文化概念是世界的本体，文化就是世界，世界就是文化。文化哲学改变了我们的世界观，以往我们对世界的理解是世界是外在的、不以人的意志为转移的有着必然规律的世界，人必须服从规律、运用规律在世界上生存。文化哲学眼中的世界是人的现实生活，是人的世界。外在世界即使存在，也只是我们现实生活世界的投影和逻辑假设。因此，文化哲学改变了哲学的出发点，使哲学从人的现实世界、文化世界出发来解决"思维和存在的关系问题"这一哲学基本问题。而以往的哲学都是从抽象的思维和抽象的存在出发，以思维和存在的二元对立来解决二者的关系问题，致使哲学远离了人的现实生活世界和文化世界，缺少了对人自身的现实关注和现实关怀。以往哲学致思的取向是从宇宙论到认识论到伦理学，其中"逻各斯"精神（世界的秩序和真理）是哲学的主要目标，作为理性基本内涵的"努斯"精神，人的意志、情感、心灵等感性活动受到了"逻各斯"精神的压制，处于晦暗不明的"阴影"之中。人的现实世界的要求（伦理要求）要从属于外在世界的存在规律（本体论要求），以及对外在世界的真理性认识（认识论要求），人或者服从于超验的上帝，或者服从于必然的规律，人唯独不服从的是自己。人在这种哲学中只是必然性的存在物，没有任何创造性。他被理性"逻各斯"抽空了活生生的感性内容。文化哲学导致了一场哲学研究范式的转换，它使哲学开始关注人自身的感性活动世界——文化世界。哲学开始以人的现实生活和伦理实践作为自己的首要研究对象，认识论和本体论的研究退到了第二位。本体论研究和认识论研究从属于伦理学，存在和真理的研究都从属于人的生存状况和文化模式的研究。文化哲学以伦理的存在、伦理的真取代了本体的存在和认识的真，认为本体的存在和认识论的真都从属于人的文化本体——伦理的善。文化哲学认为文化的本体——伦理的善是本体论形而上学和认识论科学的基础和前提，只有"善"的问题解决了才可能解决"存在"的问题和"真"的问题。文化哲学认为哲学应该用伦理学统一本体论和认识论，人的存在状况的善和科学世界的真和本体世界的存在是统一的，形而上学的存在和科学世界的真在文化世界中应该是与人的生存状况息息相关的"善存"和"善真"。人的文化世界不再依赖外在的自在世界（如自然界和宗教世界）来获取自己存在的合理性，文化世界是"自在自为"的世界。文化世界是人类独有的意义世界和价值世界，是人类自由创造的人类共享的主体间性的世界，这个世界由不同的文化模式组成和构造，是不断发展和变化的世界。

　　文化哲学当然也研究自然界和宗教世界，但只是把它们当作文化世界的"投影"，当作人类自身状况的反映和反观。无论是自然界还是宗教世界在文化哲学看来都是特定文化模式下的自然观和宗教观，都是一定文化模式的反映。因此，人们现实的生存方式和文化模式的多样性决定了自然观和宗教观的差异性。显然，哲学作为世界观（包括自然观、文化观和宗教观）首先应该表现为文化观，因为文化观才是世界观的基础。文化哲学认为哲学首先是一种文化观，哲学的本体应该是文化世界，哲学的根基是文化。因此，文化哲学必然以追问文化即"文化本身是什么？"作为自己的首要任务。

二

　　文化本身是什么？文化本身是各种关于文化的理论和概念吗？文化本身是一个认识对象吗？文化本身能被对象化吗？文化本身能被当作各种文化人类学所理解的文化模式吗？文化与这些理解有关系，但又不限于这些理解。这些理解都可以作为文化本身的"在场"形态和呈现方式，是对文化本身的一种"澄明"和"解蔽"，但任何一种"澄明"和"解蔽"同时也是一种"遮蔽"和对文化本身的一种歪曲。因此，文化除了自身的"在场性"之外还有"非在场性"，这种"非在场性"应该是文化哲学（作为文化现象学的）所追问的"文化本身"。文化本身作为各种文化在场形态的"现象学剩余"，必须通过现象学还原方法来达到。

海德格尔在《世界图像的时代》一文中将文化现象作为最值得追问的现代现象之一，并试图寻求它的形而上学基础。当然海德格尔在这篇论文中是以科学现象为例来论述的，他没有以文化现象为例进行讨论，但这并不妨碍我们将海德格尔作为文化现象学代表。国内学者关于海德格尔的技术哲学（技术现象学）的研究逐渐兴起，因为海德格尔有专门的论文《技术的追问》，这就有了文献支撑。而关于海德格尔的文化现象学思想研究还处于空白阶段，其实我们在《世界图像的时代》这篇论文中可以看到海德格尔虽然只以科学现象为例进行了理论阐述，但同时他还说明技术、文化、艺术和宗教现象等领域也是值得追问的现代现象并应该寻求其形而上学基础。因此，我们完全有理由说文化是海德格尔一系列现象学追问中的一个主题，他要通过现象学的追问解决对文化的形而上学理解所带来现代性的表象主义的局限性和认识论理解方式的困境，使我们转向对"文化本身"的追问和理解。

关于海德格尔的一系列现象学追问必须置于海德格尔的基本存在论追问（即存在和存在者的差异）的理论背景中去理解。文化本身的追问也是如此。海德格尔在《形而上学导论》中提出了"为什么在者在而无反倒不在？"的问题，这里的"无"不是"没有"，而是存在本身。其实这个问题表述为"为什么在者在而存在反倒不在？"更为确切。这个提问就已经揭示了"存在和存在者"之间的基本存在论差异。海德格尔一生的理论追求都是围绕这个"存在论差异"来进行的。那么存在究竟是什么？它的本质如何？它如何呈现自身？它与存在者的区别究竟何在？海德格尔认为存在不是存在者，相对于存在者的"有"和"在场"而言，存在是"无"和"不在场"。存在也不是存在者的"共性"、"理念"或"相"，存在不是存在者的"根据"、"本质"或"基础"，那样存在仍然是一个存在者，只不过是"抽象的存在者"而已。那么存在是什么？存在什么也不是，或者说存在不是"什么"，存在就是"存在"，是"存在本身"。那么"存在本身"是什么呢？"存在本身"是现象学的"实事"，它不能被定义和解释，只能被现象学地描述和进行理智直观。也就是说"存在本身"是不可说的，我们只能通过自己的参与"让存在存在"并使存在向我们显现出来。

存在不能作为我们的认识对象，我们作为认识主体并不能把握"存在"。认识论和表象主义的方式只能将世界"图像化"，将人主体化。这种世界图像化和人的主体化是同一个现代化过程的两个方面，正是它们将存在把握为存在者，将存在者把握为对象，从而遗忘了存在者作为存在者的"存在者本身"和"存在本身"。这种现代化进程的本质就在于没有坚持海德格尔所说的"存在论差异"，进而使"存在本身"的追问成为不可能。

"存在本身"是不能认识的、不可言说、不可计算的"无"，但"无"怎么样呢？无显现着并遮蔽着自身，并在这种显现和遮蔽的过程中透露着自身的消息。"无之无化着"[①]"存在本身存在着"。人如何面对这个"无"和"存在本身"呢？人必须筹划自己的生存，使自己摆脱偶然被抛的状态进入"此在状态"（真理现身的无蔽状态）并在此存在瞬间完成"跳跃"，成为存在和存在者的看护者，从而完成自己的存在使命。同样存在本身也经过"存在的急迫"进入"此在状态"并在此存在。存在者也作为存在者本身处于真理的澄明状态之中。但即使是此在状态本身也不是透明的，而是晦暗的、充满阴影的。那么什么时候此在状态能够进入永恒之境呢？海德格尔没有给出回答，或者他认为根本没有永恒之境。即使有，我们也不能认识和把握，我们只能期待。人（主体）、对象（客体）作为在场者必须经过跳跃和祛蔽才能进入此在状态成为此在与存在者和存在照面，而此在状态并不是一个绝对的时空点，而是一个由"存在的急迫"引发的"存在瞬间"。[②] 这个瞬间是历史的发生之处，也是真理的发生之所。这个处所是可遇而不可求的"林中路"，我们永远在路上，存在永远在降临的路上。对于这条路我们只能在实践中进行筹划，在理论上进行永无休止的"追问"和"思"。在这种追问和思之途上存在间

---

① 此种观点参见彭富春《无之无化——论海德格尔思想道路的核心问题》，上海三联书店，2000。

② 波尔特：《存在的急迫——论海德格尔的〈对哲学的献文〉》，张志和译，上海书店出版社，2009，第87页。

或向我们现身随即又隐身。因此，对存在的追问和思考永无终点，我们只好随着海德格尔一起上路。

三

那么，对于文化哲学而言，对文化的追问究竟路在何方呢？显然海德格尔并没有给我们指出一条现成的路（至少笔者并没有看到相关文献，如有遗漏，本人负责）。但这正给我们提供了一个像海德格尔那样思考的机会，给了我们一个追问文化的机会。为了不离海德格尔太远，我们可以参照海德格尔已有的追问——技术的追问，来进行文化的追问。

在《技术的追问》中，海德格尔开宗明义地表明了自己追问技术的方式和追问的目的。他说，追问技术首先是要构筑一条思想道路并且希望通过这种追问来获得一种我们的此在与技术的自由关系，这种此在与技术的自由关系必须摆脱对技术的本质是什么的追问，必须摆脱对技术的因素是什么的追问。在海德格尔看来，技术不同于技术之本质，技术之本质也完全不是什么技术因素。"因此，只要我们仅仅去表象和追逐技术因素，借此找出或者回避这种技术因素，那么，我们就决不能经验到我们的与技术之本质的关系。所到之处，我们都不情愿地受缚于技术，无论我们是痛苦地肯定它还是否定它。"[1] 通过对以往技术本质和技术因素的现象学悬置，海德格尔获得了探讨"我们此在与技术的自由关系"的现象学原点，进而可以自由地追问技术了。在海德格尔看来，以往的对技术的工具性和人类学的理解仅仅是"以人们在谈论技术时所看到的东西为取向的"[2]，仅仅是以技术的在场形态为前提的，这种对技术的"存在者"理解遗忘了对"技术存在本身"的追问。因此，海德

---

① 海德格尔:《技术的追问》，载《演讲与论文集》，孙周兴译，生活·读书·新知三联书店，2005，第3~37页，收录于《技术哲学经典读本》，上海交通大学出版社，2008，第301页。

② 海德格尔:《技术的追问》，载《演讲与论文集》，孙周兴译，生活·读书·新知三联书店，2005，第3~37页，收录于《技术哲学经典读本》，上海交通大学出版社，2008，第301页。

格尔主张："我们必须追问，工具性的东西本身是什么？"① 通过这种追问，海德格尔将技术理解为一种解蔽方式，指出技术的本质居于"集置"之中。"集置"归属于解蔽之命运。然而这种解蔽命运既为人指出了一条解蔽的道路，使人按照技术的方式去改造自然同时也使人本身成为这种改造者，也遮蔽了其他解蔽方式的可能性。因此，技术作为解蔽方式使人处于危险之中，即真实的东西（作为技术本身的）从正确的东西（作为在场形态的工具性的技术和人类学规定的技术）中自行隐匿了。技术本身的追问即技术的本质是如何现身的这一问题就被掩盖了。而按照海德格尔的理解，这种危险只有通过另一种历史的开端才能解决，即"人更早地、更多地并且总是更原初地参与到无蔽领域之本质及其无蔽状态那里，以便把所需要的与解蔽的归属状态当作解蔽的本质来加以经验"。② 而这种开端，这种更原初的解蔽也许能把一种救赎的希望带给人类。在海德格尔看来，这种新的开端和原初的解蔽要到古希腊艺术那里去寻找。因此，对技术的本质追问最后却导致了对艺术的追问。然而艺术是什么呢？艺术，尤其是古希腊艺术，"是一种有所带来和有所带出的解蔽，并因而归属于产出和创作"。③ 因而艺术不是和技术彼此分离的领域，二者在起源上有着密切的关联，对技术本质的追问就是对艺术本质的追问。海德格尔对艺术的追问主要体现在《艺术作品的本原》中，"我们追问艺术的本质。为什么要做这样的追问呢？我们做这样的追问，目的是能够更本真地追问：艺术在我们的历史性此在中是不是一个本源，并且在何种条件下，艺术能够是并且必须是一个本源"。④ 可见，海德格尔对技术的追问和对艺术的追问目的是一致的，即技术和艺术能否作为我们历史性此在的本源，显然海德格尔对艺术倾注了更多的期望。不过有一点二者是共同的，即无论是

① 海德格尔：《技术的追问》，载《演讲与论文集》，孙周兴译，生活·读书·新知三联书店，2005，第3~37页，收录于《技术哲学经典读本》，上海交通大学出版社，2008，第302页。
② 海德格尔：《技术的追问》，载《演讲与论文集》，孙周兴译，生活·读书·新知三联书店，2005，第3~37页，收录于《技术哲学经典读本》，上海交通大学出版社，2008，第314页。
③ 海德格尔：《技术的追问》，载《演讲与论文集》，孙周兴译，生活·读书·新知三联书店，2005，第3~37页，收录于《技术哲学经典读本》，上海交通大学出版社，2008，第320页。
④ 海德格尔：《艺术作品的本原》，载《林中路》，孙周兴译，上海译文出版社，2008，第57页。

技术还是艺术作为一种解蔽方式，都包含着真理的发生、历史的发生、此在的发生以及存在本身的发生。因而，海德格尔对技术和艺术包括对科学的追问都与人的自我理解和存在的理解息息相关，或者说，对科学、技术以及艺术的追问就是对人自身和存在自身的追问。而人也不过是一个特定的存在者，他并不具有在其他存在者中的优先地位（当然是在海德格尔的《存在与时间》之后的思想中）。他还要通过自己的筹划进入"存在瞬间"来与存在相遇，并通过存在来理解自己的"在此"的根据。因而，这些追问本质上都是对"存在本身"的追问。而"存在本身"就是海德格尔现象学的"实事"，理解海德格尔的现象学必须面向这一"实事"。

文化哲学作为现象学，对文化的追问也必须与海德格尔的"存在本身"这一现象学"实事"相一致。文化哲学的追问也必须摆脱各种在场文化理论和概念的束缚，让文化本身作为存在本身发生之域、存在真理发生之域、存在历史发生之域、存在现身之域。建立文化与存在理解之间的"解释学循环"，通过存在的急迫来理解文化的发生，通过文化的追问来理解存在的历史和存在的现身。而这种解释学循环的建立需要我们将文化作为一种特定的解蔽方式，将文化作为一种存在真理发生的无蔽状态。但是任何一种解蔽都包含着遮蔽和引退，因此，文化作为一种在场的"无蔽状态"势必显现为对存在本身的遮蔽，存在势必逃避文化的追问。因此，对文化本质的追问是无穷尽的，只要存在永远保持着对文化的既显现自身又引退自身的姿态，文化和存在之间的解释学循环就是动态的、历史的，而不是绝对的。因此。任何一种对文化的定义和关于文化的理论都是特定情势下对文化本身和存在本身的一种特定理解，都是一种关于文化本身和存在本身的"在场"形态。同时也是对文化本身和存在本身的追问的一种"遮蔽"和遗忘，是对文化和存在之间的解释学循环的割裂，使文化本身变成了无历史的文化形态、文化模式和文化结构，文化被"结晶化"了，文化被实体化了。同样，存在本身也变成了无时间性的"存在者"，存在本身完全现身了，存在也不再自行遮蔽自己，存在显现为在场的结构。因此，存在本身就成了一种特定的"存在者"，在这里存在本身不需要追问，不需要"思"。因此，关于文化本身和存在本身的追问，是文化本身"文化化"的历史性过程和存在本身"存在化"的过程，同时也是人这一历史性此在"此在化"的过程以及存在者自身"存在化"的过程。

综上所述，海德格尔无论是对科学的追问、对技术的追问、对艺术的追问以及还没有展开的对文化的追问都与对存在的追问联系在一起。而存在本身相对于各种"在场"的存在者而言表现为一个现代科学和现代技术（其形而上学基础是认识论和表象主义）无法认识（无法计算）和无法把握（不能操控）的"无"，这个"无"就是以往形而上学所遗忘的"存在"。而现代科学、现代技术、现代艺术和现代文化无疑是以这种遗忘"存在本身"的"在者"形而上学为前提的并充当了形而上学的帮凶。它们共同造成了现代性的危机，在现代性的危机中，我们认为更重要的是现代科学技术造成的人的生存文化危机，这种文化危机表现为各种"在场"文化世界对文化本身（作为生活世界）的"遮蔽"和"遗忘"，表现为对作为现代科学技术带来的现代文化世界的意义来源的生活世界的"遗忘"。这种对生活世界的遗忘是以往形而上学的必然结果，因此，我们应该转换我们的思维方式，面向生活世界本身、面向文化本身来追问文化，实现文化哲学的"现象学转身"。

解释学理论中的实践解释学转向[*]

解释学理论中的实践解释学转向[*]

李金辉^{**}

解释学在其历史发展过程中，经历了浪漫主义文本解释学（施莱尔马赫和狄尔泰），此在的、生存论的解释学（海德格尔），历史的解释学（伽达默尔），批判的解释学（哈贝马斯）和实践解释学的演变。这种演变揭示了解释学概念本身的不同内涵和不同理解。

一 方法论的解释学还是本体论的解释学？

解释学一开始作为《圣经》的阐释技术和阐释规则而存在，它是一门局部的注释学和语文学。后来变为一般的、普遍的人文科学和精神科学的方法论，它以狄尔泰为代表。后来海德格尔将解释学改造为此在的、生存论的解释学，伽达默尔则在此基础上提出了作为"哲学解释学"的历史解释学，和海德格尔一道开辟了对解释学的"哲学"理解。从此，解释学作为方法和技术规则还是作为"哲学"一直争论不休。这从贝蒂、伽达默尔、哈贝马斯和利科尔等人的争论中可见一斑。这种争论主要表现为两种倾向：一种是用方法论排斥本体论，将解释学理解为认识论的一个分支，认为解释学作为人文科学和精神科学的一般方法论从属于认识论；另一种是将解释学理解为对本

---
* 本文发表于《北方论丛》2008 年第 3 期。

** 李金辉，黑龙江大学哲学学院教授，主要从事马克思主义哲学研究。

体的诠释，对存在本身的理解，将解释学从"方法"提升为"哲学"，直接将解释学指认为"哲学解释学"（伽达默尔）。我们认为，这两种倾向都不足取，本体与方法不是对立的，而是统一的。我们应该超越二者非此即彼的形而上学的思维方式，找到统一的基础。这方面著名解释学家保罗·利科尔做了有益的尝试，提出了"综合的解释学"模式。

"综合的解释学"模式是对狭义的解释学和广义的解释学的超越。狭义的解释学（作为方法论和认识论）主要关注对文本的解释规则和方法，提出作为一般精神科学方法论的理解和解释理论。如施莱尔马赫认为，理解即重构作者的意图并与作者意图相一致。理解是解释者单方面的心理重构，它关涉的是他人的意见的起源和动机。在施莱尔马赫看来，误解是普遍的，而解释是避免误解的艺术。理解需要解释规则系统的帮助，排除误解达到正确的理解。这些规则系统是独立于解释内容，与解释内容无关的。解释学的普遍性正在于其成为一种不依赖内容的方法。这种理解与狄尔泰完全一致，"即诠释学只有当它从教条束缚中解放出来并作为一种历史工具论、一种无偏见的方法而出现，诠释学才可能独立"。[①]

广义的解释学（本体论和生存论）不再以狭义的文本作为对象，而是以人的此在生存实践为对象，解释人的存在的生存论结构并获得对世界和人自身的理解。这代表了解释学的一种不同理解范式。狭义的解释学通过对文本的解读以获得真理或作者的原意为目标，来重新经历作者的生命和精神或达到"比作者本人还要好的理解"。广义的解释学主张文本向"此在"的解释者敞开，向可能世界敞开。在利科尔看来，前者导致心理学的路向，后者导致相对主义和主观主义。在这两种解释学理论中，文本都缺乏独立的地位，或从属于作者的精神或历史生命，或从属于读者的此在生存实践。因此，利科尔提出了"文本的解释"理论，该理论突出了"文本"的独立地位，他还提出了文本的"间距化"概念。利科尔认为，在作者、文本和解释者之间，文

---

① 洪汉鼎:《理解的真理》，山东人民出版社，2001，第149页。

本应该取得独立地位，而且文本"间距化"了作者和文本、文本和解释者、作者和解释者。这就摆脱了解释学的心理主义和主观主义。文本不再是作者精神或历史生命的"客观化物"，也不再是另一个"你"的化身，文本有其自身的生命和结构。在文本解释理论看来，解释不是为了体会作者的原意或重新经历历史生命，也不是历史和此在的无穷"对话"，而是对经过文本中介的向此在的能在打开的可能世界的理解。由此，利科尔超越了施莱尔马赫、狄尔泰和海德格尔、伽达默尔，提出了集方法论、认识论的解释学和本体论、生存论的解释学于一体的"综合的解释学"理论。

在我们看来，利科尔的贡献主要在于用"文本的解释理论"取代了伽达默尔的"历史解释学"，取代了他的历史性的理解的"对话"模式，将文本的"间距化"作用突显出来。对话是在一定的现实情境下说者和听者之间的"问答"，文本和读者之间的读写活动中断了这种问答活动。因为文本已经将现实情境下的活生生的对话活动"去情境化"了，这无疑造成了作者和读者之间的"间距"。这种"间距"使文本的客观意义表现为与作者原意不同的东西。同时，通过对文本的"再情境化"，即不同的读者（此在）的阅读，文本的客观意义又表现为无限的生成过程。然而，这种文本的"再情境化"并不是文本客观意义的主观化，而是文本对读者或此在的"占有"，是文本对读者或此在的"俘获"，它表现为读者或此在的"丧失"。这种自我的"丧失"和文本的"占有"表现为文本的世界对自我进行中介的过程和自我理解放大的过程。在利科尔看来，脱离了作者的文本、读者或此在构成了一种普遍的"叙述模式"，这种模式在于为读者或此在提供一种可能性的、重构的生活世界。显然，"历史解释学"使我们从属于历史、从属于传统，"文本的解释理论"不仅使文本独立于我们，而且使我们从属于文本，强调对文本结构的语言学的说明方法。这样，"文本的解释理论"不仅批判了追寻作者心理的心理学过程，也批判了读者将文本"主观化和相对化"的过程。文本的解释理论认为，文本的内容不是单靠阅读就可揭示的东西，而是经过文本的结构所中介的东西，解释学必须经过文本的中介构成，解释学不反对结构说明。文本所开启的世界是对任何既定实在世界进行意识形态批判的"可能世界"，文本的解释理论使理解者将自己暴露给文本，并纠正理解者的"自我幻觉"，进行自我意识的意识形态批判。

文本的解释理论属于利科尔的"综合的解释学"的语义学层次，此外，利科尔的"综合的解释学"还有反思层次和存在层次。反思层次揭示了"界于符号理论和自我理解之间的桥梁"，最后，存在经过对"那些出现在文化世界里的所有含义的不断注释，才能达到表现，获得意义"。[①] 显然，利科尔的解释学的最后的落脚点仍然是存在论和此在的现象学，与海德格尔不同的是，他走了一条经由语义学层次、反思层次最后到存在层次的包含"注释学、历史研究和精神分析"等人文科学方法论在内的"长路"。这种"长路"结合了解释学的方法论和现象学的存在论，克服了狄尔泰的"说明"和"解释"的二分以及伽达默尔的"真理"和"方法"的二元对立，成功地走出了一条"中间"道路。利科尔用他的"综合的解释学"综合了这两种范式，提出了所谓的"现象学的解释学"。

二 历史的解释学还是批判的解释学？

关于解释学的争论除了"方法"还是"本体"外，另一个就是解释学究竟是揭示历史、传统的合理的"解释性的"理论还是批判历史、传统的"批判性的"理论。这种争论集中反映在伽达默尔的"历史性的"解释学和哈贝马斯的"批判性的"解释学理论差异中。

伽达默尔的"历史解释学"认为文本是历史的流传物，强调文本是历史的载体。历史表现为"文本化的存在"和"文本化的历史"。历史就在语言文本之中传承，语言文本是理解本身得以进行的普遍媒介。在此意义上，诠释学开始于语言文本，又终结于语言文本。语言文本是历史理解和历史存在的

---

① 洪汉鼎：《诠释学——它的历史和当代发展》，人民出版社，2001，第300页。

家，是二者相互作用的场所。历史是语言文本中的历史，是文字记录下来的历史传承物。具有语言性质的历史传承物有两种：口头文化传承物和文字固定的传承物。伽达默尔更看重后者，因为文字中的传承物是超越时代的，是跨越时空的关于过去的记忆，他写道："以文字形式流传下来的一切东西相对于一切时代都是同时代的，在文字传承物中具有一种独特的过去与现代并存的形式……"① 因此，一切文字文本既是过去的又是现在的。作为对逝去的历史的记忆，它充满了传统的连续性；作为保存到今天的历史传承物，它又具有当代性。文字既体现了过去和现在之间的紧张关系，又包容了过去和现在之间的视域融合。

可以看出，伽达默尔的"历史解释学"是以历史为本体的解释学，理解的历史性上升为解释学原则。历史不仅是认识而且是存在的方式，并且它是通过存在才是认识的方式。我们隶属于历史，历史性先于我们的自我意识。此在的历史存在性，使得历史成了"效果历史"。此在的历史存在性使得纯粹的"自我反思"不可能存在，我们只能通过对"我们与流传物的关联的解释学处境"的反思获得效果历史意识。我们是历史的有限的存在，我们是历史实在。一切历史都是效果历史，都是关系中的历史，经过中介的历史。一切历史都是我们自我理解的历史，不存在自在的作为对象的纯客观的历史。历史的这种存在方式决定了我们的自我意识：效果历史意识。

同伽达默尔的"历史解释学"相对照，哈贝马斯主张"批判的"解释学理论。哈贝马斯"批判的"解释学理论是对日常交往结构的批判性反思。他认为日常语言的交往结构受到了历史、传统和偏见的无意识强制和歪曲，因此，要摆脱这种结构，必须对日常语言的"前理解"进行解释学的批判，而这需要他所谓的"深层解释学"（即深层诠释学）。"深层诠释学的理解，要求有一种总的来说扩展到语言之上的系统的前理解，而诠释学的理解总是从一种前理解开始的，这种前理解是根据传统塑造的，而且本身是在语言交往

---

① 伽达默尔：《真理与方法》，洪汉鼎译，上海译文出版社，2004，第504页。

中形成和变化的。"① 深层解释学的理解要预先假定一种交往能力理论。这种理论包括语言的主体间性形式以及这种主体间性的变形。哈贝马斯认为:"在深层诠释学运用交往能力的过程中,实际上存在着一贯被曲解的交往的现象……"②,"对一贯曲解的交往的每一种深层诠释学的解释……都含蓄地依赖着那些苛刻的理论假定,这些假定只能在一种交往能力理论框架中得以发展,也只能在这里被证明是正确的"。③ 这种理论框架就要求一种不同于其他精神科学的解释的"新的维度的解释学"——深层解释学。深层解释学认为交往受到了无意识强制的歪曲和干扰,精神分析的目的就是教会精神病人理解自己的语言、行为和肉体的无意识强制,使他们学会自我反思并形成自我意识。深层解释学的目的就是让病人的意识了解病人的无意识。哈贝马斯正是用这种理论来分析被曲解的伪交往的,也是这样来建立自己的深层批判诠释学的。他说:"我们从深层诠释学体验中认识到,传统语境的武断不仅一般地受语言客体性的支配,而且也受种种抑制力量的支配。也就是这些抑制力量使同意本身的主体间性变形,并一贯地歪曲日常交往。"④ 哈贝马斯认为:"关于这种交往的种种条件的隐含的知识,就已足够使我们对伽达默尔(遵循海德格尔)提出来的哲学诠释学之本体论的自我理解,提出疑问。"⑤ 而这种被曲解的交往现象的可能条件,在伽达默尔那里是以我们不能超越我们"所是的对话"这一传统被排除在外的。

显然,哈贝马斯并不认为伽达默尔的"基于传统的意见一致"是没有问题的。相反,这种传统的意见一致很可能是权威、强制力量歪曲的结果。因此,有必要对这种一致进行分析、批判,排除人与人之间的伪交往,建立理想的交往、商谈语境,"设法在解释者不受限制的共同体框架内建立普遍的意

① 洪汉鼎:《理解与解释——诠释学经典文选》,东方出版社,2001,第292页。
② 洪汉鼎:《理解与解释——诠释学经典文选》,东方出版社,2001,第295页。
③ 洪汉鼎:《理解与解释——诠释学经典文选》,东方出版社,2001,第294页。
④ 洪汉鼎:《理解与解释——诠释学经典文选》,东方出版社,2001,第297页。
⑤ 洪汉鼎:《理解与解释——诠释学经典文选》,东方出版社,2001,第295页。

见一致"。① 最后，哈贝马斯说："因此，我们一定不要使那已经扩展为批判的诠释学范围，囿于种种传统确信界限之内。甚至在基本意见一致和公认合理事物内，仍然残存着被曲解的交往之自然－历史的痕迹，坚持合理谈话的调整原则的深层诠释学，必须找出这些残迹……"② 由此我们可以看出，哈贝马斯的深层诠释学旨在通过交往能力理论消除被传统语境强迫造成的曲解交往，而这决定了他与伽达默尔的根本区别。

在哈贝马斯看来，伽达默尔的解释学理论属于人文解释学。它强调传统、成见的作用，传统、历史是伽达默尔的解释学无法摆脱的终极视域。传统、历史作为本体意味的观念，通过语言和文本在对话中得以复活，制约着人的自我理解。人的意识不是独立主体的"我思"，而是"效果历史"意识。人首先在历史中存在、在传统中存在，其次才在自身中存在。这是对传统和成见无反思的、无批判的解释学，是一种历史主义的意识形态。哈贝马斯认为问题的关键在于，伽达默尔没有看到传统和成见对日常语言交往的曲解作用，这种曲解作用使传统与权力和权威相连，必须对其进行意识形态批判，因而他称自己的解释学为"批判的解释学"。

在我们看来，伽达默尔的以传统为根基"历史解释学"和哈贝马斯的以交往理性为根基"批判的解释学"分别强调了理性的历史制约性和理性的解放力量，有其各自的合理性。前者强调了理性的历史和文化根基，指出理性不是在"真空"中存在的"纯粹理性"，而是在传统中存在的实践理性、历史理性和文化理性；后者强调了理性的解放力量，指出了理性对传统、文化和历史的批判和改造作用。这正如保罗·利科尔所说，伽达默尔和哈贝马斯分别代表了浪漫主义的"往事回忆"传统和启蒙主义的"未来解放"传统，因此，重要的不是以一个传统取代另一个传统，而是要在二者之间保持必要的张力。所以，二者的区别必须被保留。但是这也并不意味二者的截然对立，因为"当这两种旨趣变成彻底的决裂时，诠释学和批判本身也就无非只

① 洪汉鼎：《理解与解释——诠释学经典文选》，东方出版社，2001，第297页。
② 洪汉鼎：《理解与解释——诠释学经典文选》，东方出版社，2001，第301页。

是……意识形态"。① 因此，历史的解释学必须采取批判的形态，历史传统必须合乎"实践批判理性"；批判必须以解释学的"传统"为基础，采取"历史"的理性形式。解释学应该是实践基础上的"历史的"和"批判的"统一。

三 "实践解释学"的双重超越：隶属性和疏异性的统一

我们认为解释学究竟是"方法"还是"本体"的争论，以及解释学的理论形态是回归传统"历史的解释学"还是指向未来的"批判的解释学"的争论，二者的实质都在于解释主体或认识主体与解释对象或认识对象的关系是"隶属的"还是"疏异的"差别。如果我们作为解释主体"隶属"于我们的解释对象，我们就无法摆脱自身和对象的"自我缠绕"、无法摆脱自我和解释对象之间的生存论的、本体的"解释学循环"，我们只能以正确的方式进入这个循环，这种循环就是我们理解的解释学"前见、前把握和前有"，就是我们的生存论、存在论结构。解释的目的就是彰显这一本体的生存论、存在论结构，让这一结构通过我们的生存实践（理解活动和解释活动）作为"事情本身"显现出来。反之，如果解释主体和解释对象是"疏异的"，那么解释学就表现为"批判的"解释学和认识对象的方法论。我们认为，实践这一总体性的概念包含着超越这种对立的可能。实践既包含着传统的历史性结构又包含着指向未来的批判意向，是隶属性和疏异性的统一体。

历史的解释学认为，我们的生存实践隶属于我们的生存论、存在论结构，隶属于我们的历史、我们的传统和我们的文化，因此，我们的实践只能是历史中的实践、传统中的实践和文化中的实践。这种实践一开始就包含着对我们的历史、传统和文化的理解，是理解了的、有意义的实践。这种实践只能采取"在……之中"的形式，是"共在"的实践和伦理的实践。这种实践是由亚里士多德所谓的"实践智慧"来指导的。它是一种在具体实践情境之下

---

① 洪汉鼎:《理解与解释——诠释学经典文选》，东方出版社，2001，第 474 页。

如何去做的"理解",这种理解不是独立的,而是相互的。它具有"你—我特性,我—我们特性,我们—我们特性"。因此,历史解释学的实践是在实践理性支配下的、具有实践智慧的有清醒意识的"自行动",它是一种具有"自我调整、自我检验"的反思性的行动,解释学的实践是反思性的实践行动和实践性的反思意识。它作为行动的反思性体现为在一定的具体实践情境下知道"如何去做",知道如何调整自己的行动。它是具有反思性和伦理性的"我们的实践"。正如伽达默尔所说:"我们的实践不在于我们对预先给定职能的适应,或者在于想出恰当的方法以达到预先给定的目标,——这是技术;相反,我们的实践乃在于在共同深思熟虑的抉择中确定共同的目标,在实践性反思中将我们在当前情境中应做什么具体化。"[1]

其实,无论是反思性实践还是实践的反思性都揭示了实践的本体论、生存论结构——文化传统和解释学境遇,实践总是处在一定的文化传统、一定的解释学"前见、前理解和前把握"之下,这就决定了它不可能是纯粹的、独立的"我的"行动。实践具有理解的结构,实践是理解的一个组成部分、一个环节,理解通过实践来表达自身。这一点,伽达默尔有清楚的认识:"不单是解释和理解,而且还有运用、自我理解都是解释学活动的组成部分。"[2]

正因为实践对理解结构的这种"隶属性",理解就只能是对我们熟悉的、已知的和我们一样充满"精神"的生命世界的理解。对于我们不熟悉、未知的世界,理解是不可能的,我们只能认识。这种认识只能通过实践的超越性来进行。实践的超越性克服了主体和对象之间的"解释学间距"。

如果我们和对象之间是"疏异化"的,那么对象和我们之间就存在需要克服的"解释学间距"。我们就需要找到主体和客体之间的桥梁,需要主体对象化和对象主体化的中介。这种中介同时具有主体/客体、精神/物质、内在/外

---

[1] 伽达默尔、杜特:《解释学美学实践哲学:伽达默尔与杜特对谈录》,金惠敏译,商务印书馆,2005,第76页。

[2] 伽达默尔、杜特:《解释学美学实践哲学:伽达默尔与杜特对谈录》,金惠敏译,商务印书馆,2005,第4页。

在的双重性质，它就是实践。实践一方面把主体的观念、意志反映在客体身上，给客观世界打上主观烙印，使世界变成"属人的世界"，成为人的"无机身体"；另一方面把客观世界的规律内化到人的主观世界中去，变成人自身的内部规律，使自然界成为"人的有机身体"。这样，通过实践人被对象化，对象被人化，人与对象之间的距离得到缩短，人通过实践改变了世界，也解释了世界，同时世界也通过实践向人敞开自身、显现自身，更重要的是，通过实践世界成了人的"无机身体"，成为人的世界的一部分。因此，实践是一个双向对象化、双向主体化的过程，人与世界互为对象也互为主体。通过实践，人改变了世界，世界也改变了人。人与世界一同改变。正是在改变世界的过程中，人认识了世界，也认识了人本身。可见，解释世界和对世界的理解依赖于改变世界，认识依赖于实践，当然，这是从本体论意义上说的。

从认识论意义上说，实践又是依赖于认识的，实践不可能是脱离认识的、盲目的行动，认识的程度决定着实践的深度和广度。在这种意义上，改变世界又依赖于解释世界和对世界的理解。实践依赖于理解，实践总是"已经理解"了的行动。这样，实践和认识、实践和理解就陷入了一个解释学循环，然而，这种循环不是一个封闭的"圆圈"，而是一个开放的"视域"。实践总是要越出已有认识和理解的边界，指向未知之域。总而言之，实践既具有生存论、本体论又具有认识论的意味。实践既在改变着世界又在解释着世界，既在"解释和理解中改变世界"又在"改变中解释和理解世界"。实践是连接已知世界和未知世界的桥梁，联系现象界和"自在之物"的纽带。实践解决了"未知如何变为有知"的问题，也解决了"有知如何影响未知"的问题。这样，以实践为基础的认识论就既包含对未知世界的说明（自然科学的认识模式）也包含对已知世界的理解（人文科学和精神科学的认识模式），是理解和说明的统一。

综上所述，我们认为实践的解释学是解释学理论演变的最终归宿。历史的解释学和批判的解释学必须被改造为实践的解释学，作为实践的解释学的一个分支和组成部分。实践解释学是改变世界和解释世界相统一的解释学，它既保持了解释主体和解释对象的"隶属性",又保持了二者之间的"疏异性"。在改变世界的过程中,我们克服的是我们与对象之间的"疏异性",一旦对象经过改造变成"为我之物"、变成我们所熟悉的"上手之物",那么它就从"自在世界"变为"周围世界",变为"我们的日常生活世界",它就对我们具有了意义。我们和它的关系就从"疏异性"变为"隶属性",对象成为"我们的无机身体",我们开始隶属于对象,对象也开始隶属于我们。这时,我们和对象之间就建立了"解释学循环",我们要对对象的意义进行解释和理解,同时解释和理解的过程也是我们自身意义显现的过程,因此,通过建立我们与对象之间的相互隶属性,建立解释学循环,我们建立了一个解释学的"意义世界"——我们人类独有的"文明世界"。不过,实践总是不断在打破我们与对象的"隶属性",使对象由熟悉的"上手之物"重新变成陌生的"在手之物",由"周围世界"重新变为"自在世界",对象与我们之间的关系由"隶属性"变为"疏异性",我们与对象之间的循环被打破,人们开始按照对象自身的规律去认识和说明对象,人类重新体验到了对象的"疏异性"。直到人们重新掌握了对象的规律并内化到人自身中,"疏异性"又成为"隶属性"为止。这是一个无止境的过程,只要人类存在,人类的生存谋划——实践就要重建并打破我们与对象之间的"隶属性"和"疏异性",使人类的文明世界和意义世界不断扩大,自在世界不断缩小,这正是实践解释学的宗旨。

质疑方法*

——对科学方法论的文化审视

蒋红雨 **

一 超越、反对、质疑——当代科学方法论意识的演进

质疑方法是方法论意识内在批判的当代形式，是科学方法论意识外在批判与内在反思的结果，对此脉络的梳理有助于把握当代科学方法论意识演进，有助于揭示质疑方法的内涵。①

可以说，经验自然科学方法论从成型时起，就带有霸权与扩张的意味。随着 20 世纪预设主义逻辑经验主义科学方法论的提出，又在这种意味之外增加了科学方法论的超历史特征。而科学方法论的这种超历史特征反过来又加强了科学方法论在知识领域中的独占地位。科学方法成为通向真理的唯一道路。

这种情形在许多人文学科的研究中都有所体现，也成为许多人文科学研究者与科学哲学家的共识。据文化哲学家恩斯特·卡西尔的考察："泰讷在他的《艺术哲学》与《英国文学史》中以几乎涉及艺术史和文学史所有重要的阶段为基础，旁征博引，力图证明，如果文学科学和艺术科学要成为可以用真正的科学方法加以处理的科学，那么首先要放弃它们所宣称的自主地位。无论从何种意义上说，它们都不可以自认与自然科学不同，它们必须完全融

本文发表于《自然辩证法研究》2005 年第 6 期。
** 蒋红雨，黑龙江大学哲学学院教授，主要从事哲学、高等教育和文化领域的研究。

合于自然科学之中。"① 而蒙森、梅特兰这些最优秀的历史学家，用严格的客观主义的态度去搜集、整理和考证各种历史事实，力图忠实地像历史实际发生的那样去描述历史，恢复历史的本来面目。科学哲学家赖欣巴哈则提出："用类似在自然科学方面运用并得到那样成功的哲学方法来处理社会科学的任何应用，科学哲学家是表示欢迎的。他所拒绝接受的是，在社会科学与自然科学之间画一条界限。并宣称解释、科学定律、时间等基本概念在这两个范畴里有不同意义的哲学。"②

当然，这种统一的、超越的方法论主张也遭到了一些学者的怀疑与反驳。像文德尔班、李凯尔特、卡西尔等学者都努力探求区别于经验自然科学方法论的人文科学方法论，而当代科学方法论的标准形式——逻辑经验主义的科学方法论原则也从内部遭到否证主义、历史主义的怀疑与修正。整体上表现出"反对方法"的倾向。这在伽达默尔与费耶阿本德的学说中表现得最为典型。

在《真理与方法》的导言中，伽达默尔开宗明义地指出："诠释学问题从其历史起源开始就超出了现代科学方法论所设置的界限……诠释学现象本来就不是一个方法论问题，它并不涉及那种使本书像所有其他经验对象承受科学探究的理解方法，而且一般来说，它根本就不是为了构造一种能满足科学方法论理想的确切知识。"③ 由此 "本书探讨的出发点在于这样一种对抗，即在现代科学范围内抵制对科学方法的普遍要求。因此本书所关注的是，在经验所及并且可以追问其合法性的一切地方，去探寻那种超出科学方法论控制范围的对真理的经验"。④ 可见，"真理与方法"探究的主旨在于反对科学方法论的霸权与扩张意识，研讨人文科学的独特的知识与真理意蕴。

与伽达默尔的反对方法思想相应，费耶阿本德从科学史的视角出发，在对逻辑经验主义超历史的科学方法论原则的批判中也走向了"反对方法"。费

---

① 卡西尔:《人文科学的逻辑》，关子尹译，中国人民大学出版社，1991，第 129 页。
② 赖欣巴哈:《科学哲学的兴起》，伯尼译，商务印书馆，1983，第 239 页。
③ 伽达默尔:《真理与方法》（上），洪汉鼎译，上海译文出版社，1999，第 XXVII 页。
④ 伽达默尔:《真理与方法》（上），洪汉鼎译，上海译文出版社，1999，第 XXVIII 页。

耶阿本德认为，当代逻辑经验主义的解释理论有两个基本原则：一致性原则；意义不变性原则。与这两个原则相对立，费耶阿本德认为：各种科学论证应该是不一致的；我们所使用的每一术语的意义都取决于它出现时的理论的上下文，孤立的词没有意义。观察术语与其他的术语一样，其意义也取决于它们出现于其中的理论。理论术语的意义并不像逻辑经验主义传统那样，由观察术语来解释；相反，观察术语倒需要理论术语来解释。他指出，"按照我所提倡的观点，观察句子的意义，是由与它们相联系的理论决定的，理论离开观察也是有意义的；观察陈述若非与理论相联系，就没有意义了……因此，正是观察句子而不是理论需要解释"。

费耶阿本德的理论决定观察的观点，批判了逻辑经验主义的观察术语意义不变的理论，也为他的多元的方法论提供了一个理论前提。按照逻辑经验主义者的预设主义观点，"中立经验""事实""观察"在方法论中的意义是不变的，它们决定理论的意义。费耶阿本德的理论决定观察的观点，否定了以观察作为证明和评判理论的经验判据的意义理论，这也提出了一个问题——以什么作为评价科学理论增长的手段呢？费耶阿本德的观点是："许多决定性事实的相关特性和反驳特性，只有借助于与其他与被检验观点不一致的（尽管实际上是适当的）理论，才能够得到确立……经验主义的要求是，我们拥有的任何知识都必须尽量地增加经验的内容。因此，除了人们所讨论的主要观点外，发现其他的可供选择的理论是经验方法的本质部分。"[1]也即费耶阿本德所说的"反归纳的行事"。

费耶阿本德与伽达默尔已经从不同的研究角度将当代科学方法论意识引向了"反对方法"。为从多重视角批判与透视科学方法论提供了范例。同时，他们对经验自然科学在人类文化中的优越地位的怀疑以及对人类其他文化形式的属人价值的积极探讨同后现代科学、后哲学文化一道为当代方法论意识的前提由知识论转向文化哲学开辟了道路，为质疑方法提供了理论导向。

① 费耶阿本德：《经验主义问题》，第176页，转引自达德利·夏佩尔《理由与求知——科学哲学研究文集》，褚平、周文彰译，上海译文出版社，2001，第80页。

二 后现代科学——质疑方法的理论视域

任何一种方法论原则，特别是始自近代经验自然科学传统的科学方法论原则都有其兴起的理论背景与理论前提，都有自身独特的方法论特征。实证主义方法论是在近代实验科学兴起、经验主义归纳方法不断成熟的基础上得以构建的；而逻辑经验主义的科学方法论原则则是现代自然科学理论、数学学说以及数理逻辑的产物。依此逻辑，我们可以将质疑方法形成的理论背景归结为 20 世纪后期兴起的新的自然学说如耗散结构理论、混沌理论等，以及学术研究范式上的后现代转向的综合。应该说，当代新兴的自然科学学说的兴起以及学术研究范式的转换不仅为质疑方法提供了生长的土壤，在更为基础的意义上，它们共同塑造了质疑方法的理论前提。

传统的方法论意识与方法论设计都是与确定性的知识论信念联系在一起的。从古希腊学者毕达哥拉斯提出"精确科学知识"的要求起，与此确定性知识信念相应的方法论设计就有：古代以精确科学知识为目的的概念方法论设计，近代追求知识自明性前提和论证合逻辑性的归纳主义和演绎主义方法论设计以及探求自然的因果联系的实验—假设—演绎方法论设计和为科学提供理性确定性基础的先天综合判断的方法论设计。及至现代科学哲学时期，逻辑经验主义者仍然重视知识论上的确定性问题。他们的代表人物卡尔纳普意欲将归纳法发展成为归纳逻辑来为逻辑经验主义的科学方法论提供确定性的基础。而赖欣巴哈所提倡的辩护逻辑，否证主义者波普尔提出的"研究的逻辑"，拉卡托斯的理性地重建科学史的主张，虽然探讨经验自然科学问题的理论视点不同，但都是确定性知识观念影响下的科学方法论设计。

确定性知识观念虽然从古代起就成为方法论的知识论前提，但是确定性知识观念作为科学方法论的知识论前提却是近代经验自然科学兴起的产物。牛顿的物理学揭示了事物之间的普遍的因果联系与规律性特征。拉普拉斯则将其阐发为决定论的解释原则。他说："我们应该把宇宙目前的状态看作它先前状态的结果，并且是它以后状态的原因。暂时设想有一种神灵，他能够知道施于自然界的所有作用力以及自然界所有组成物的各自位置，并且能够十分广泛地分析这些数据，那么，他就可以把宇宙中最重物体与最轻原子的运动，均纳入同一公式。对于他再没有什么事物是不确定的了，未来与过去一样，都呈现在他的面前。"[①]

可是，20世纪初期量子力学、热动力学等自然科学理论的出现，特别是20世纪晚期耗散结构理论、混沌理论、复杂性科学等自然科学学说的提出却宣布了近代经验自然科学所保证的确定性观念的终结。

从前混沌和复杂性被看作确定性知识的反面，是对标准科学的限制。经典科学的解释原则排除随机性，以便设想一个严格的和彻底的决定论宇宙，自然科学作为知识的标准形式寻求简单的和可重复的规则、定律和原因机制。而混沌理论、复杂性科学使人们明白了这个组织性的有序是动荡、湍流、漩涡的产物。普利高津的热力学证实了在远离平衡态的状态下能量的耗散者不仅可以造成无序，而且可以造成组织。如贝纳德的对流实验中生成一种涡流状的组织，这个组织又在构成元素循环的基础上产生出一种固定的形式。可以说，对非决定论的以及表面上随机、偶然和无序的考察揭示出新的秩序模式，也揭示出无秩序与秩序是如何共存的。同时对确定性的非线性系统而言，它们在混沌区的行为又表现出随机性不确定性。

现在，我们对复杂性和混沌的理解不仅创造出一种新观点，而且创造出有关概念化和解释自然过程的新方式。如埃德加·莫兰所言："就我来说，既不抬高有序也不抬高无序，而是表明它们的不可分离性，同时在这个联合中加入以前被低估的关于组织的思想。因为，如果说有序观念的持有者对宇宙中存在着无序感到惊异，而无序观念的持有者对宇宙中存在有序感到惊异，那么最令人惊异的其实是宇宙中的自组织，它看来既归因于无序的现象（偶

[①] Pierre Simen Laplace, *A Philosophical Essay on Probabilities*, New York: Dover Press, 1951, p.4.

然的相遇）又归因于有序的现象（物理—化学规律）。"① 在复杂性科学视野下，自然的基于有序与无序相统一的自组织特征对传统的确定性的知识观念提出了怀疑，也对自然科学在知识理论中的至上地位提出了怀疑，进而，对基于确定性知识论前提的科学方法论原则提出了怀疑。

这种自然科学理论自身的发展对经验自然科学的超越的方法论原则的自觉批判与其他种种科学方法论的批判思潮一道塑造了当代审视科学方法论的文化前提，构建了质疑方法的文化视野。

20 世纪中后期的科学方法论批判思潮如社会批判理论、科学诠释学、科学社会学、实用主义有一个共同的特征，那就是将科学方法论的批判引向经验自然科学之外，跨越学科的界限、步入科学与人文融通的广阔的人类文化视野。从而将对科学方法论的批判，将人们的方法论意识建基于文化审视的视角下。

社会批判理论则将对科学的批判与社会理论的建构结合起来。法兰克福学派的代表人物马尔库塞将当代科学技术的工具性等同于意识形态的工具性。他剖析了科学技术控制和奴役人的社会功能，提出后现代社会是人性真正解放和实现革命的质变的社会。哈贝马斯则从后期资本主义社会的现实出发，提出了政治科学化，进一步阐发了法兰克福学派的主张。

与社会批判理论从哲学、社会学、政治学、经济学、心理学等各种角度对西方发达资本主义社会由科学与技术的发展造成的工业化带来的异化现象的批判不同，科学社会学更为关心对科学本身的认识。默顿将科学类比为一个社会系统，侧重分析该系统的社会结构，该系统同其他系统之间的互动以及社会因素对科学思想形成与演变的影响。李克特继承了默顿的批判，他从科学社会学的角度，透视科学现象，将科学定义为一种文化过程。

而科学社会学中的强纲领主义者则将科学视为一种社会建制。其代表人物之一马尔凯认为："科学家可以获得两种主要的文化资源：一种是由'科学

---

① 埃德加·莫兰:《复杂思想：自觉的科学》，陈一壮译，北京大学出版社，2001，第 171 页。

家共同体'所提供的，一种是社会大环境所提供的。随着科学共同体的日益扩大，它自身的资源也变得更加丰富。因此，正如迪尔凯姆所指出的，看起来可能是科学已变得超越时间，在文化上日益独立。越来越多的情况是，其他科学亚文化随着化学专业和生命科学专业采用了物理学和数学的成果而提供了解释性资源。"① 巴里·巴恩斯则更为明确地指出，科学已经把自身与越来越多的它所生长的社会文化资源相结合，外部文化正通过学科的交叉渗透到科学中去。

20世纪后期出现的科学诠释学的思潮也是从人文科学与自然科学的对立出发，力图在二者的理论模型——诠释学与实证主义之间，即美国学者 D. 伊德（Don Ihde）所描述的"实证主义解释学（H/P）的二元复合体"中找到结合点。而当代实用主义的代表人物理查德·罗蒂则在反基础主义、反本质主义的理论前提下，决定性地将对经验自然科学的方法论批判的视角置于后哲学文化的视野之下。理查德·罗蒂指出："在我们的文化中'科学''合理性''客观性'和'真理'这样一些概念都搅在一起。科学被看作提供'硬的''客观的'真理即作为与实在相符合的真理，这也是唯一可以有这个称呼的一种真理。"② 相反，"实用主义并不把科学作为代替上帝的偶像，它认为科学只是一种文学，或者反过来说，认为文学、艺术也有与科学研究同样的地位。因此，它并不认为伦理学比科学理论较为相对，较为主观，也并不需要变得'科学'。物理学是试图对付宇宙的不同部分的一种方法，伦理学则试图应付其他部分的问题"。③ 可以说，以上各种科学批判思潮的研究表明：所有论述包括自然科学理论在内都处于一种文化和历史的境地。

三 反对、融通——质疑方法的理论特征

上文，我们已经梳理了当代科学方法论演进的内在逻辑，探究了质疑方

---

① 迈克尔·马尔凯：《科学与知识社会学》，林聚任等译，东方出版社，2001，第128页。
② 理查德·罗蒂：《后哲学文化》，黄勇译，上海译文出版社，1992，第75页。
③ 理查德·罗蒂：《后哲学文化》，黄勇译，上海译文出版社，1992，第21页。

法的理论背景与理论前提。大致勾勒出质疑方法的方法论特征。接下来我们通过质疑方法与反对方法的对比进一步突出质疑方法作为对科学方法论的文化反思的基本特征。

第一，知识论视野向文化论视域的转换是质疑方法区别于反对方法的方法论前提。费耶阿本德的《反对方法》的副标题是"无政府主义的知识论纲要"。这说明反对方法的理论基础仍然是传统的知识论视域。费耶阿本德称自己的多元方法论为无政府主义的方法论，宣称科学本身也是一种无政府的事业。他所说的"科学是一种无政府的事业"是指：科学与非科学之间没有界限，科学理论的发现没有统一的标准，什么方法都可以运用，包括神话的、习惯的方法论都可以渗透进科学理论的发现之中。也就是说，费耶阿本德对逻辑经验主义或者说理性主义科学观的批判，突出了非理性因素，如每一时代的社会条件、知识背景、心理因素、科学家的情感爱好倾向等在科学发现和进步中所起的作用，促进了对科学的全面理解。特别是他强调从科学史的视角透视科学现象，将科学事实的研究同科学家的见解、信念和文化背景相联系，强调科学的前见和科学的前理解因素，注重科学的人文主义特征。只是，在《反对方法》中费耶阿本德还没有突破知识论的视域，还没有突破知识论对经验自然科学的权威性的推崇。只是将其他人文科学作为非理性因素整合进科学方法论原则的构建中。

同样是从历史主义出发，同样是"反对方法"，夏皮尔的"理由与求知"的方法论纲领的知识论特征更加明显。夏皮尔更为关注科学知识演进与承继的理由。他认为，科学中一切都可变。科学方法论的原则，评价科学理论的标准都是可变的。但是科学方法论的规则与科学理论的评价标准并不是像逻辑经验主义者的超历史的方法论原则那样是置于科学之外或远离科学之外而独立存在的，它们是由"背景知识"、"科学信念"或"理由"塑造的，它们是科学活动的一部分。夏皮尔力图把科学方法论规则、评价标准等内在化于科学发展的过程中，以此来说明科学知识的发展变化与科学方法的发展变化是互相作用、互相影响、互相关联的。正是由于这种关联的存在，科学发展的不同时期，在不同的合理性标准之间，仍然可以找到一条相互关联的"推理链"。

质疑方法则将自身立足于当代文化反思的视域当中。从跨越学科边界的文化视域来反思科学方法论。正如斯蒂芬·贝斯特和道格拉斯·科尔纳在《后现代转向》中所描述的那样："在后现代转向的过程中，不同学科之中和之间的、解构中的边界是一个新重点。因此，德里达攻击哲学与文学的区分，福柯的研究则跨越了各个学科边界，如历史学和哲学……即使在自然科学方面，其学院学科之间的划分也被打破，他们的专门化和地区性变得声名狼藉。正如格里芬所阐述的，图尔明、哈丁、生态学家、批评理论家和后现代科学的拥护者寻求消除事实/价值、理论/实践这种两分法，以便把科学领入更为广阔的伦理与社会政策的地平线中。"① 斯蒂芬·贝斯特和道格拉斯·科尔纳认为，这种依据于文化审视的后现代范式的转换在保证科学仍然是一种有其独特的方法与结果的事业的同时，消除了不同学科之间的坚固的方法论的界限。

这说明质疑方法不仅反对科学方法论的超历史的特性，还反对从科学方法论出发对其他学科的理论地位与实践价值的贬低。要在寻求价值平等的前提下，借助于理论视域的融合，构建诸非经验自然科学独有的方法论原则。塑造非经验自然科学的独立的文化地位。这也呈现出质疑方法的另一个重要的方法论特征。

第二，质疑方法不否定方法是质疑方法的另一个重要的方法论特征。质疑方法也"反对方法"只是它"反对方法"的取向与费耶阿本德的历史主义及伽达默尔的哲学诠释学不同。费耶阿本德从科学发展的历史案例出发，反对超越的外在的方法论标准。在《反对方法》中费耶阿本德已经对此问题给予了充分的论证。在《自由社会中的科学》中费耶阿本德则以命题"方法论的论证没有确立科学的优越性"更为集中地表达了他的反对方法的思想。他

---

① 斯蒂芬·贝斯特、道格拉斯·科尔纳:《后现代转向》，陈刚等译，南京大学出版社，2002，第342页。

认为:"没有'科学的方法';没有任何单一的程序或单一的一组规则能够构成一切研究的基础并保证它是'科学的'、可靠的。任何方案、任何理论、任何程序都必须按照它自己的优劣、根据适应于它所应付的那些过程的标准予以判定。认为存在着一种普遍的、不变的方法,可以作为恰当性的尺度,甚至认为存在着普遍性的、不变的合理性,这种思想就象认为存在着一种普遍的、不变的测量仪器可以测量任何量值而不管环境如何的思想一样是不现实的。"[①] 在《自由社会中的科学》中费耶阿本德的反对方法的思想中除了反对对科学方法论做超历史性的使用外,还包含了反对对科学方法做简单的跨学科使用的内容。

前文我们曾谈到哲学诠释学的创建者伽达默尔也"反对方法"。不过,伽达默尔反对方法的取向与费耶阿本德不同。伽达默尔不仅反对对科学方法论的超历史与简单的跨学科的使用,他在某种意义上甚至是否定科学方法论的,他认为科学方法论遮蔽了真理之路。他的哲学诠释学并不仅仅是探讨精神科学的方法论特征,在更为根本的意义上,可以说哲学诠释学超越了方法层面走向了本体论,哲学诠释学成为精神科学自我理解的形式。

而质疑方法既像费耶阿本德与伽达默尔的反对方法那样,反对赋予科学方法以超历史的特征、反对对科学方法简单的跨学科的应用。在这种意义上,它也持一种"反对方法"的倾向。另外,质疑方法并不反对自然科学与其他非经验自然科学的方法论意识。它提倡破除方法论意识上的知识论之蔽与唯科学主义倾向,在学科融合与方法碰撞中寻求自我理解之路。

---

① 费耶阿本德:《自由社会中的科学》,兰征译,上海译文出版社,1990,第105页。

文化哲学基础理论问题与现时代

哲学：在历史与文化之间[*]

——马克思哲学革命之后的哲学定位

隽鸿飞^{**}

马克思的哲学革命彻底终结了近代西方形而上学，从而也带来了对哲学自身何以存在问题的思考。当前学术界对马克思实践哲学的阐述，确实揭示了马克思哲学革命的本质，阐明了马克思哲学的深刻意义，但是在对马克思实践哲学的诸种阐释中，历史唯物主义这一马克思思想的重要组成部分，并没有得到应有的关注。本文尝试从马克思的哲学革命出发，对马克思哲学革命之后的哲学定位进行反思，以阐明马克思历史哲学思想对于当前人类生存具有的深刻意义。

一 哲学的历史转向

马克思实现的哲学的历史转向是内在于其哲学革命之中的，在某种意义上甚至可以说正是这一转向的出现标志着马克思哲学革命的完成。马克思的哲学革命带来的哲学的历史转向既有其现实的原因，又是马克思早期思想发展的内在逻辑的结果。对此，我们可以从两个方面去理解。其一，就现实的原因来看，正如马克思所说的"在《莱茵报》期间遇到的对物质利益发表意

---

* 本文发表于《学术研究》2007年第1期。

** 隽鸿飞，黑龙江大学马克思主义学院教授，主要从事马克思社会历史理论与国外马克思主义基础理论研究。

见的难事"，促使他转向政治经济学的研究，并由此深入历史领域。但这只是一个外在的原因，并不足以说明马克思思想的转变。其二，是马克思早期思想发展的内在逻辑，即马克思在借助费尔巴哈批判宗教和思辨哲学的过程中所发现的"思辨哲学的秘密"。马克思通过对宗教的批判认识到，宗教的异化并不是世俗狭隘性的原因而是其表现，因而"神圣形象的自我异化被揭示出来之后，揭露非神圣形象中的人的自我异化就成为为历史服务的哲学的迫切任务"。① 也就是说，对宗教的批判必须转向对现实生活的批判，正是在这个意义上，马克思说，哲学必须走出阿门塞斯的阴影王国，投入尘世西林斯的怀抱。宗教的秘密就是思辨哲学，因而这一转向实质上肩负着双重使命，它既是对现实生活中的异化的揭露和批判，同时也是对思辨哲学的批判。这双重任务的共同指向是现实的社会生活。因为"法的关系正象国家的形式一样，既不能从它们本身来理解，也不能从所谓人类精神的一般发展来理解，相反，它们根源于物质的生活关系，这种物质的生活关系的总和，黑格尔按照十八世纪的英国人和法国人的先例，称之为'市民社会'，而对市民社会的解剖应该到政治经济学中去寻求"。②

正是在批判地分析资本主义政治经济学的过程中，马克思提出了"异化劳动"理论，形成了对人的本质的基本理解，并以此为基础阐明了自然与人、自然史与人类史的内在统一性，以及在人的现实的实践活动之中人与自然的相互生成过程，从而终结了近代西方形而上学建制，并将哲学研究的对象指向了现实的人及其活动。而"对现实的描述会使独立的哲学失去生存环境，能够取而代之的充其量不过是从对人类历史发展的观察中抽象出来的最一般的结果的综合。这些抽象本身离开了现实的历史就没有任何价值。它们只能对整理历史资料提供某些方便，指出历史资料的各个层次间的连贯性。但是这些抽象与哲学不同，它们绝不提供可以适用于各个历史时期的药方或公式。相反，只是在人们着手考察和整理资料（不管是有关过去的还是有关现代的）

---

① 《马克思恩格斯全集》第 1 卷，人民出版社，1956，第 453 页。
② 《马克思恩格斯全集》第 13 卷，人民出版社，1962，第 8 页。

的时候，在实际阐述资料的时候，困难才开始出现。这些困难的克服受到种种前提的制约，这些前提在这里根本是不可能提供出来的，而只是从对每个时代的个人的实际生活过程和活动的研究中得出的"。① 也就是说，哲学的抽象更多的是具有方法论的意义，并不能代替对人类历史性活动的现实分析。所以马克思在阐明自己的历史理论时指出："这种历史观就在于：从直接生活的物质生产出发来考察现实的生产过程，并把与该生产方式相联系的、它所产生的交往形式，即各个不同阶段上的市民社会，理解为整个历史的基础；然后必须在国家生活的范围内描述市民社会的活动，同时从市民社会出发来阐明各种不同的理论产物和意识形式，如宗教、哲学、道德等等，并在这个基础上追溯它们产生的过程。这样做当然就能够完整地描述全部过程（因而也就能够描述这个过程的各个不同方面之间的相互作用）了。"②

正是在这个意义上，我们说马克思的哲学革命带来了哲学的历史转向。哲学的历史转向并不意味着哲学变成了历史学，而是说哲学的研究与历史的研究之间存在内在关联。对此，我们可以从两个方面分析。

第一，哲学摆脱了纯粹思辨的性质，转向人之生存的历史性研究。哲学的研究本身就是历史性的，是一种历史的研究。因为哲学研究的对象——人及其活动——本身就是一种历史性的存在。人的本质并不是确定不变的，而是在历史的进程中生成的，只有在历史的进程中才能理解。在近代西方形而上学的建制内，无论是唯物主义还是唯心主义，都没有看到人的生存世界的总体性和全面性，都只是抓住其中的某一方面去反对另一方面，"整个意识形态不是曲解人类史，就是完全排除人类史"。在马克思看来，一旦超越了思想与存在、人与自然的二元对立，从人的实践活动出发就能阐明人与自然的统一性，阐明在人的实践活动中人的生活世界的现实的生成过程，这一过程本身就是历史的发展过程。因而，哲学的研究必然是历史性的，是对人之存在的历史性的研究。所以马克思说："我们在这里看到，彻底的自然主义或人道主义，既不同于唯心

① 《马克思恩格斯全集》第3卷，人民出版社，1960，第31页。
② 《马克思恩格斯全集》第3卷，人民出版社，1960，第42~43页。

主义，也不同于唯物主义，同时又是把这二者结合的真理。"①

第二，历史的研究既建立在哲学研究的基础之上，同时也是哲学研究的一个现实的构成部分。从历史学方面来说，什么是历史，历史与时间的关系、历史的内在本质等一系列历史学的基础性的元问题，并不是历史学自身能解决的，必须在哲学对人之存在的历史性的思考基础之上才能阐明。而从哲学方面来看，以现实的人及其活动为出发点的哲学，不能停留在对人之存在历史性的抽象理解基础之上，必须将其与对现实的人类历史进程的研究结合起来，在对人类历史进程的具体的、历史的分析的基础上阐明人之存在的历史性。

因此，马克思哲学革命之后的哲学，应该是建立在哲学与历史相统一的基础之上的。这种哲学与历史相统一的学问就是"历史科学"——历史哲学。

二 马克思历史哲学的双重维度

以人之存在的历史性为对象的哲学研究肩负着双重使命，既要阐明人在历史的进程中自主生成的内在机制，又必须能够说明具体的人类历史进程。也就是说，必须把对人之存在的历史性的形而上研究与现实的历史进程的形而下的研究结合起来，从而形成对人的存在的全面、总体的把握。这也正是马克思的历史哲学与思辨的历史哲学和分析、批判的历史哲学之不同。

马克思指出，"任何人类历史的第一个前提无疑是有生命的个人的存在"②，正是从事生产活动的人创造了历史并解答了历史之谜。因此"只要你们把人们当成他们本身历史的剧中人物和剧作者，你们就是迂回曲折地回到真正的出发点"。③ 也就是说，历史的研究必须从对人的本质及其生存方式的阐释开始。"个人怎样表现自己的生活，他们自己就怎样，因此，他们是什么样

---

① 《马克思恩格斯全集》第 42 卷，人民出版社，1979，第 167 页。
② 《马克思恩格斯全集》第 3 卷，人民出版社，1960，第 23 页。
③ 《马克思恩格斯文集》第 1 卷，人民出版社，2009，第 608 页。

的，这同他们的生产是一致的——既和他们生产什么一致，又和他们怎样生产一致。"①但是，在不同的历史时期由于生产力发展水平的不同，表现出来的人的本质亦有所不同，因此不能停留于对人的本质的抽象理解基础之上，必须将其与现实的历史进程结合起来。因而，马克思的历史研究是在相互关联的双重维度上展开的。在历史研究的形而上的维度，马克思从人的本质及其生存方式出发，阐明了人通过自身的实践活动现实地生成的过程，即人与人相互依赖、人与物相互依赖和人的自由自觉的存在这一人自身发展的三阶段理论。在历史研究的形而下的维度，马克思又根据各个不同民族具体的历史进程，对东西方社会的发展做出了不同的概括，即西方社会的发展经历了原始社会、奴隶社会、封建社会和资本主义社会四大形态，而东方社会因其独特的自然、历史条件，以亚细亚生产方式伴随了西欧社会的历史进程。

马克思历史哲学的双重维度是内在统一的，这种统一体现在如下几个方面。

第一，马克思历史哲学的双重维度都是建立在对人的具体的、历史性生产活动分析的基础之上的。就历史研究的形而上的维度而言，是马克思对近代西方历史哲学，特别是黑格尔历史哲学批判继承的结果。但是，必须注意到马克思对黑格尔思辨哲学的批判和自身历史哲学的创立正是借助于对政治经济学的批判完成的。正是借助于对早期政治经济学的批判，马克思才形成了异化劳动理论及对人之存在的基本理解，并以此为基础阐明了人类历史演进的内在机制和人自身发展的进程。就历史研究的形而下的维度而言，是马克思在政治经济学批判和晚年的人类学批判的基础上对不同民族、国家历史进程的具体的分析。因此这双重维度都是以具体的历史研究为基础的。在某种意义上可以说，政治经济学批判就是马克思所著的市民社会史，即对资本主义具体的、历史的分析，而人类学批判则是马克思所著的早期人类史和东

① 《马克思恩格斯全集》第3卷，人民出版社，1960，第24页。

方社会史。

第二，人自身发展三阶段理论与五大社会形态的划分之间是存在着对应关系的，是对现实的历史进程分析的结果。在马克思看来，奴隶社会和封建社会仍然是以共同体为基础的，是以共同体之下的劳动为基础的那种所有制的必然和当然的结果。因为在这两种所有制中，并没有出现劳动者与其生存的无机条件的分离，"在奴隶制关系和农奴制依附关系中，没有这种分离；而是社会的一部分被社会的另一部分简单地当作自身再生产的无机自然条件来对待。奴隶同自身劳动的客观条件没有任何关系；而劳动本身，无论采取的是奴隶的形态，还是农奴的形态，都是作为生产的无机条件与其他自然物同属一类的，是与牲畜并列的，或者是土地的附属物"。[1] 奴隶制和农奴制在这里既不破坏劳动的条件，也不改变本质的关系，只是以部落体为基础的财产的继续发展形式，是原始共同体的不同派生形式。但是，由于人类自身发展的内在机制，这种原始的共同体必然走向解体，为资本主义社会（人与物的依赖关系）所代替。只有在资本主义社会，个人才摆脱了原始的共同体而取得了自身的独立。也正是原始的共同体的解体，人与人之间的内在关联的丧失，才使人从属于物的统治。在《〈政治经济学批判〉导言》中马克思指出："我们越往前追溯历史，个人，从而也是进行生产的个人，就越表现为不独立，从属于一个较大的整体：最初还是十分自然地在家庭族和扩大成为氏族的家庭族中；后来是在由氏族间的冲突和融合而产生的各种形式的公社中。只有到十八世纪，在'市民社会'中，社会联系的各种形式，对个人说来，才只是表现为达到他私人目的的手段，才表现为外在的必然性。"[2] 也就是说，与人的依赖状态相对应的是从原始社会直到资本主义大工业的出现这一历史时期，与物的依赖状态下人的独立性相对应的是资本主义社会，而与人的自身的存在状态相对应的是未来的共产主义社会。

第三，共产主义作为马克思对人类历史的双重阐释的共同终点，它的含

---

[1] 《马克思恩格斯全集》第 46 卷上册，人民出版社，1979，第 488 页。
[2] 《马克思恩格斯全集》第 46 卷上册，人民出版社，1979，第 21 页。

义也是双重的：其一，作为人类自身发展进程的一个逻辑结果，共产主义预示着一种真正的、人的存在方式；其二，作为对历史（特别是西欧历史）具体发展进程分析的一个逻辑结果，共产主义是马克思在批判地分析资本主义社会生产的基础上对人类社会未来发展做出的一种历史的设计。因此，共产主义既是对私有财产的扬弃，即使外化返回到自身的、对象性的运动，又是人的本质的现实的生成的过程。作为一种现实的社会运动，"共产主义是私有财产即人的自我异化的积极的扬弃，因而是通过人并且为了人而对人的本质的真正占有；因此，它是人向自身、向社会的（即人的）人的复归，这种复归是完全的、自觉的而且保存了以往发展的全部财富的"。① 也就是说，共产主义既是建立在资本主义发展的基础之上的，又必须以资本主义的终结为前提。因此，就社会形态的发展来说，它意味着最后的社会形式，而就人的发展来说，是一个真正的"人类史"的开始。因此马克思说："共产主义对我们说来不是应当确立的状况，不是现实应当与之相适应的理想。我们所称为共产主义的是那种消灭现存状况的现实的运动。"②

第四，马克思历史哲学双重维度的统一，表现为马克思历史哲学的研究起点和叙述起点的统一。所谓研究的起点，就是对现实的具体历史进程的分析，在分析中达到越来越简单的概念，从表象中的具体达到越来越稀薄的抽象，直到达到一些最简单的规定。然后再回复到完整的表象使之在思维中再现出来，从而形成一个具有许多规定和关系的丰富的思维的总体。而叙述的起点则是指理论阐述的起点。马克思认为，理论的表述不应遵循研究对象的历史进程，而是遵循思维的内在逻辑，即按照概念在整体思维结构中的关系去阐述。也就是说，对历史的研究必须遵循从具体到抽象再从抽象到具体的方法。"具体之所以具体，因为它是许多规定的综合，因而是多样性的统一。因此它在思维中表现为综合的过程，表现为结果，而不是表现为起点，虽然它是实际的起点，因而也是直观和表象的起点。在第一条道路上，完整的表

① 《马克思恩格斯全集》第 42 卷，人民出版社，1979，第 120 页。
② 《马克思恩格斯全集》第 3 卷，人民出版社，1960，第 40 页。

象蒸发为抽象的规定；在第二条道路上，抽象的规定在思维行程中导致具体的再现。"①

三 历史哲学与文化哲学的内在统一

马克思历史哲学双重维度的揭示，为历史哲学与文化哲学研究的统一奠定了基础，从而使我们可以在更广泛的意义上去理解马克思的历史哲学，为当代历史哲学的研究建构一个全新的范式。

文化哲学致力于探讨作为人的生存的基本方式与社会运行内在机制的、历史地凝聚成的自觉或不自觉的文化模式或文化精神，是从文化的视角出发对人之生成的内在机制的阐释。在这一点上，它与马克思历史哲学研究的形而上的维度是一致的。这些文化模式或文化精神是以日常生活世界为基本寓所和根基的；反之，日常生活世界的本质规定和内在机制，也正是文化所包蕴的价值、意义、传统、习惯、给定的规则等。因此，哲学理性对日常生活世界的关注不是其外在的、具体的、琐屑的日常生计和活动，而是体现在衣食住行、饮食男女、婚丧嫁娶、日常交往等活动背后，作为人类给定的知识储备、文化先见、价值取向等的规则体系、传统习惯等。这样一来，生活世界必然与人的生存的意义和价值问题密切相关，同时与社会历史运行的内在机制紧密相连。正因如此，文化哲学的研究也是在双重的维度上展开的。一方面文化哲学以文化模式的研究为基础，在宏观尺度上揭示人类文化演进的内在机制和基本进程；另一方面则以日常生活的研究为基础，关注现实的人类社会生活。这与马克思历史哲学研究的双重维度是一致的。

从宏观领域来说，文化哲学提出的原始的文化模式、传统的农业文明的文化模式、现代工业文明的文化模式的划分方式与马克思提出的人自身发展三阶段理论是内在地一致的，其依据都是人的生存方式的变迁。从人自身发

---

① 《马克思恩格斯全集》第 46 卷上册，人民出版社，1979，第 38 页。

展的三阶段理论来看，原始的文化模式与传统的农业文明的文化模式属于同一类，是与人的依赖状态相适应的文化模式，而与物的依赖状态下人的独立性相适应的是现代工业文明的文化模式。

前现代文化模式是指人与自然处于未分化状态，人生活在自然形成的共同体之中，并不存在独立的个体主体，人是以共同体的形式与自然发生关系的。在原始的文化模式下共同体是按照血缘关系组织起来的，文化要素是自然产生的。而在传统的农业文明的模式下，共同体已经摆脱了纯粹天然的性质，具有了社会组织的形式，或称之为社会形成的自然共同体。其文化模式的构成要素为人们在生产和生活中自觉或不自觉地积淀并自发地遵循的经验、常识、习惯、习俗、天然情感等，这些文化要素已经不再是自然地产生的，而是人们自发地进行的重复性的实践活动的结果。因而可以统称为前现代的文化模式。在前现代文化模式中，人不是通过改造外在的自然界使其成为人自身活动的一部分，而是使人自身的活动外化于自然界之中。现代工业文明的文化模式借助于大工业的发展，使人从传统的社会共同体中解放出来，真正获得了自由和独立。现代工业文明的出现使社会化大生产、政治、经济、社会管理、世界性交往等社会活动领域得到了急剧的扩展，科学、艺术、哲学等精神生产领域在主体的理性精神的引导下达到了空前的自觉与繁荣，人类的精神生产对于人类社会发展越来越起到主导性的作用。因此，技术理性和人本精神构成了支撑现代工业文明的主导性文化精神。但是，由于传统的共同体的解体，公共领域和私人领域的真正分离，人们的交往活动丧失了其属人的性质，表现为物对人的绝对统治。

从微观领域来说，文化哲学的日常生活批判理论与马克思历史哲学研究的微观维度是统一的，都是建立在对具体的人类历史进程的分析基础之上。马克思历史哲学研究的微观维度的揭示，为日常生活批判的研究提供了内在的理论依据和现实基础。所谓日常生活，按阿格尼斯·赫勒的定义为个体生存和再生产的领域。处于社会化生产、经济、政治等公共活动领域和自觉的精神生产领域之下，由衣食住行、饮食男女、婚丧嫁娶等日常消费活动、日常交往活动和日常观念活动构成的日常生活世界。这一领域的研究，在史学界属于日常生活史范畴，同时也是社会生活史的一个主要构成部分。以日常生活世界为对象的日常生活批判理论的目的在于：一方面建构日常生活的理论范式，进而从分类学的角度阐明日常消费世界、日常交往世界和日常观念世界的内涵，并从总体上揭示日常生活的一般运行特征；另一方面是以现代化进程为背景，构造日常生活批判重建的模式，从文化学的视角揭示传统日常生活作为传统的、自在的、文化的寓所的地位，从历史学的角度阐释日常生活世界从传统向现代的嬗变，从价值学的角度揭示日常生活结构与图式对人的存在和社会发展的正面与负面效应，从而把日常生活的变革与重建作为现代化进程的本质内涵而加以展示与阐发。因而，无论是从理论的建构方面还是从其现实的指向来看，日常生活批判理论都必须以日常生活史的研究为基础。唯物史观研究起点和叙述起点的关系，也为日常生活史的研究和日常生活批判理论的结合提供了内在的理论依据。

因此，文化哲学研究可以作为马克思历史哲学研究的一个全新范式。

论文化进步主义与文化保守主义的内在整合[*]

赵海峰 [**]

世界范围内的现代化进程引发了保守主义思潮的反弹。可以说，从现代化开始的那一天起，文化上的保守倾向和进步倾向之间就显示出了巨大的张力。当前发生在中国的文化保守主义思潮，仅仅是数百年来保守—进步之争的一个表现。从文化哲学的观点看，进步与保守，有如鸟之两翼、车之两轮，不可偏废，但是作为文化理念体系的文化进步主义和文化保守主义，一旦走向极端化，就会导致灾难性的后果。仅仅有理论的自洽可能是不够的，作为文化哲学，必须扎根于现实，奠基于具体的人类实践，不能凌空蹈虚。笔者认为：文化进步主义和文化保守主义不仅有在理论上整合的可能性，而且也有整合的现实基础。

一 文化保守主义的兴起及其特性

西方的保守主义政治哲学起源于英国思想家柏克对法国革命的批评，此后，法国的迈斯特、美国的白璧德等人都提出了相似的思想，20 世纪末期，以列

* 本文发表于《哲学研究》2011 年第 9 期，原标题为《关于文化保守主义和文化进步主义的思考》。
* 赵海峰，黑龙江大学马克思主义学院教授，主要从事西方哲学史、西方实践哲学和文化哲学研究。

奥·施特劳斯、卡尔·施米特等人为代表的保守主义思潮的影响力有所上升，上述思想家的理论内涵虽然差别很大，但受到很多人的重视。有时候，自由主义的右翼也被称为保守主义，代表人物包括哈耶克、托克维尔等人。所以，广义的保守主义也包括右翼自由主义（国内学者中，刘军宁是这种观点的代表人物）。

关于政治保守主义的内涵，笔者先列举一些代表性的意见。当代保守主义思想家拉塞尔·柯克（Russell Kirk）提出了保守主义的十大原则。"第一，保守主义者相信存在着一个永久性的道德秩序。第二，保守主义者坚信风俗、习惯和持续性。第三，保守主义者都信仰'约定俗成原则'（the principle of prescription）。第四，保守主义者都遵循'节制审慎原则'（the principle of prudence）。第五，保守主义者都关注多样性原则。第六，保守主义者都限于不完善原则。第七，保守主义者都相信：自由和财产权是紧密相连的。第八，保守主义者都维护自愿的共同体，正如他们反对不自愿的集体主义。第九，保守主义者领悟到有必要对权力和人性激情进行审慎的限制。第十，思考着的保守主义者理解：持续性和变革必须在一个积极有力的（vigorous）社会中得到承认和调解。"[1] 另一位著名的保守主义思想家欧克肖特则宣称："保守就是宁要熟悉的东西不要未知的东西，宁要试过的东西不要未试的东西，宁要事实不要神秘，宁要实际的东西不要可能的东西，宁要有限的东西不要无限的东西，宁要切近的东西不要遥远的东西，宁要充足不要过剩，宁要方便不要完美，宁要现在的欢笑不要乌托邦的极乐。宁要熟悉的关系和忠诚，不要更有利的依附的诱惑；保持、培养和享受比得到与扩大更重要；失去的悲痛比新奇或允诺的刺激更剧烈。"[2] 约翰·凯克斯则认为，保守主义有四个要素：人性论上的悲观主义、意识形态的怀疑主义、制度的传统主义、价值的多元主义。[3]

通过这些论述可以看出，保守主义虽然内部比较松散，但基本的共识还是反对现代化以来的种种令人忧虑的倾向。保守主义具有如下几个特点。

---

[1] http://www.kirkcenter.org/index.php/thought/.

[2] 欧克肖特：《政治中的理性主义》，张汝伦译，上海译文出版社，2004，第127页。

[3] 凯克斯：《为保守主义辩护》，应奇等译，江苏人民出版社，2003，第44、69页。

第一，反对绝对和激进的理性主义，维护文化传统的价值。刘军宁说"保守主义的矛头针对的是理性主义和激进主义"①，此观点大体恰当。我们知道，现代性最大的特点之一就是理性主义，整个现代性计划的核心，无非是按照理性原则重构人的生活方式。从现代科学和技术，到国家以及政治组织、社会架构、法律体系、意识形态，都是按照理性原则而不是按照传统习俗设立的。保守主义从一开始就对法国大革命代表的"和传统决裂"的思维方式采取拒斥态度，反对走极端，主张关注古典思想所包含的中庸、平衡、节制的思想特色，他们维护经验、习俗和传统，反对用理性来全盘地批判和抛弃传统。

第二，保守主义对人性有着深刻怀疑，他们对人性的改善并不抱希望，所以，他们对启蒙运动以来理性主义对人性改善的乐观态度持反对意见。凯克斯认为，"启蒙运动的信仰"主张人性善来自理性的自主，而邪恶来自不良的制度，由此得出的结论必然是改变制度，赞扬人性的自主性。他反对这种启蒙运动的信仰，理由是：虽然邪恶的制度会导致人性恶的加剧，但是任何制度之下，恶都是无法消除的。②基督教人性论也支持人性的邪恶是无法消除的观点，成为保守主义的强有力的根源。人性的改善是启蒙的理性主义的内在价值，保守主义出于肯定现实的考虑，认为人性的改善在原则上是不可能的。

第三，保守主义重视财产权利。这一点和自由主义没有不同，但是二者的论据不一样。自由主义认为，财产权利属于消极自由，是天赋的、无法被剥夺的，失去财产权利就意味着自由的丧失。保守主义并不完全支持这种论点，因为个人自由在不同的保守主义那里并不都占据非常重要的位置。斯克拉顿就认为，社会秩序比个人自由更重要，保有财产即意味着履行义务③，借助于财产，人类就得以把意志赋予人类世界，由此开始发现作为一种社会存在的自我。④ 在他看来，财产关系不仅是经济现象，甚至不仅是政治权利，而

---

① 刘军宁：《保守主义》，天津人民出版社，2007，第20页。
② 凯克斯：《为保守主义辩护》，应奇等译，江苏人民出版社，2003，第88~90页。
③ 斯克拉顿：《保守主义的含义》，王皖强译，中央编译出版社，2005，第97页。
④ 斯克拉顿：《保守主义的含义》，王皖强译，中央编译出版社，2005，第81页。

首先是人类存在的哲学根基。

第四，保守主义重视道德秩序，他们认为人先天具有差异，一部分人必然居于另一部分人之上，这个等级秩序的根源是自然形成的个人素质的差异，这些个人素质中，道德水平处于非常重要的地位。所以，他们并不觉得平等是绝对的好事情，尤其反对人为强制地制造平等。右翼自由主义至多主张机会的平等。① 换句话说，保守主义容忍实际上的不平等，认为不平等是无法消除的，一旦提出了消灭不平等的激进方案，一定会带来更多的恶。这种道德秩序不是经验的，而是超验的，即承认不平等永远不可消除。

第五，保守主义内在地包含多元化的立场。人们通常认为多元主义是自由主义的特点，但是保守主义不止一种形态，它所保守的传统内容也不仅限于英国的文化传统。因为欧洲本身就是由不同国家、民族地区的传统所组成的一个拼图，并不存在一个同一的、均质的"欧洲传统"。在西欧各国中，我们至少可以区分出英国传统、法国传统、德国传统，还有地中海沿岸各国、东欧、北欧等各个不同国家的传统。所以，各个不同国家的思想家所要保守的传统，内涵有着很大的不同，只能是各自民族保守各自民族的传统。这就使得保守主义不排斥多元化立场，随着第三世界国家纷纷开启现代化进程，保守主义面临着更大的变化，东方国家文化保守主义思潮的兴起，就是这个变化的重要表现之一。

现代化席卷整个世界，把各个民族都带进了世界历史进程之中。第三世界的后发国家，面对西方国家在政治上的冲击，各自应对自身的现代化转型问题。文化保守主义思潮的兴起，就是东方国家应对西方文化和现代化冲击而产生的复杂反应。俄国、日本、中国都有着强劲的文化保守主义思潮。笔者试图总结若干特点如下。

首先，以本民族传统中的精神性来抗拒现代化的物质主义。俄国的斯拉夫主义者强调俄罗斯思想中的精神性，中国的新儒家也强调传统儒家的心性

---

① 刘军宁：《保守主义》，天津人民出版社，2007，第 105 页。

之学。这些观点基本采取了"东方 = 精神，西方 = 现代化 = 物质"的策略，抨击现代化造成的传统秩序的毁坏，把西方文化贬低为物质主义加以批判。这些批判部分地抓住了现代化进程中的某些消极现象，并加以夸大，其批判锋芒是犀利的，解决问题的方案则值得推敲。

其次，强调文化相对主义，用文化相对主义和文化保守主义互相论证、互相支持。欧洲的文化保守主义虽然也强调多元化，但基本还是不脱离欧洲中心论的语境。但是东方民族的文化保守主义基本反对欧洲中心论，宣称本民族的精神和思想能够拯救西方文化。他们往往借用西方保守主义的超验立场，来为本民族文化的永恒性辩护。

再次，东方民族的文化保守主义者在政治上并不一定主张传统政治，而往往是在接受西方政治文化的基础之上强调本民族的精神性内涵。也就是说，他们大多数采取了精神文化和政治架构分离的策略。中、俄、日三个国家在政治体制上基本延续西方现代的理性化的政治体制（无论是马克思主义指导下的民主集中制政体、资本主义君主立宪制，还是资本主义民主共和政体，都是来自西方的现代化、理性化的政治架构），而不是中、俄、日三国的传统政体。近年来也有突破文化保守主义格局，转向政治保守主义立场的，比如蒋庆的政治儒学。

通过上述分析可以看出，东方国家的文化保守主义和西方的保守主义既有千丝万缕的联系，也有实质上的区别。大致的共同点是"厚古薄今"、强调道德修养、主张平和节制、崇尚中庸之道、反对绝对平等、反对激进主义和彻底的理性化。二者的不同点也有很多，主要是理论来源、论据和立场不同，限于篇幅不再具体分析。值得注意的是：随着西方保守主义思潮的传播，中国学界也不断地吸收其理论营养，开始用施特劳斯、施米特、柏克、哈耶克等人的思想来构造新的保守主义言说。

二 文化进步主义的理据

进步是现代化的内在价值和尺度。现代化进程需要的文化哲学，应该是一种文化进步主义。文化进步主义应建立在现代化进程中的诸核心价值和信念的基础上，承担起为现代文化辩护的责任与义务。现代文化要证明自身对于传统文化的优越性，离开进步主义的理念是不可能的。没有进步的观念，现代化就失去了内在的价值。

进步的观念最初起源于哲学上的目的论思想。亚里士多德认为，作为宇宙最终目的的纯形式，是"不动的推动者"，是绝对的现实，也就是神。这个思想被基督教所接受，改造为神学目的论，认为上帝是宇宙的最终目的。从无机物到有机物，再到人，最后是上帝，形成一个等级序列，上帝是这个等级序列的终点，代表着终极的完善性。17世纪以来，启蒙精神使得人类的理性取代了上帝的唯一地位，设立了理性的权威，开始了"以头立地的时代"。进步随之成为启蒙精神的内在尺度，人渴望达到完善境界，消除不公正、贫穷、苦难和所有的恶。所以，进步代表着一种价值尺度，这种价值尺度是超经验的，代表着现代化的终极梦想。现代化把自由、平等、博爱当作进步的标志，虽然遭到保守主义的反驳，但是这些信念依然有其难以辩驳的力量，这使得保守主义者也不能完全拒绝这些价值。

进步观念的发展和现代化进程相伴随，英国史学家约翰·伯瑞在1920年出版了《进步的观念》一书，梳理了西方思想史上进步观念的发展历程。他认为，进步观念经历了三个发展阶段。第一个阶段到法国大革命为止，进步观念没有得到深入的考察。第二个阶段从法国大革命开始到达尔文进化论为止，思想家开始探索进步的普遍规律。进化观念是进步观念的第三个阶段，赫胥黎将进化原理运用到社会学和伦理学，构造出一种乐观主义的进步理论。[1] 随着文化哲学的理论自觉，文化进化论开始出现，它分为19世纪的古典文化进化论，代表人物是斯宾塞、摩尔根和泰勒，以及20世纪50年代的新文化进化论，代表人物是赫尔德、莱斯利·怀特和塞维斯等人。

但是，文化进化论有自身的理论弱点，如经验主义色彩、欧洲中心论倾

① 伯瑞：《进步的观念》，范祥涛译，上海三联书店，2005，第234~238页。

向等，所以不应该局限于进化概念，而应该超越这一概念。以丁立群教授为代表的一些研究者通过对哲学史上的进步观念的反思，提出文化进步主义的理论构想，并将其作为现代文化哲学的核心精神。笔者认为，文化进步主义是一种符合现代性精神的文化哲学。

丁立群区分了文化进步主义和文化进化论，指出了前者超越后者的三个特征。第一，进化是一个经验概念，进步则带有超经验的人道主义和道德判断性质，文化进步主义属于形而上学范畴，文化进化论是经验描述。第二，文化进化论的标准是狭隘功利主义的，文化进步主义则强调文化发展的全面性和文化对环境的超越性，现代化应该是从物质到精神的全面进步过程。第三，文化进化论基本持欧洲中心主义立场，而文化进步主义持文化世界主义立场，展望一种超越个别文化的"世界文化"。① 这些归纳应该说是比较中肯的。

进化的经验性质来自它的生物学立场，进化概念的泛化就是用一种自然科学的概念来类比社会科学的概念，但是它基本上是"价值无关的"或者"价值中立的"，而进步则是一种价值尺度，如果没有价值尺度，进步就不称其为进步。在大多数人看来，进步不仅仅是科学技术和物质层面的进步，也应该包含制度的进步和精神的进步。自17世纪以来，人们对科学技术进步基本没有异议，但是对制度进步和精神进步则有着不同的意见。关键问题在于：人类在以往的数百年是否在制度和精神层面上有所进步。这个问题如果不能达成一致意见，现代化就始终是遭到怀疑的。人类如果不能提出制度和精神进步的目标，技术的现代化必然导致灾难，文化进步主义也就不能成立。

制度的进步一般表现在民主、自由、平等、法治这样一些政治、法律层面。这一层面被很多人认为是现代化的核心价值之一，至少公开反对这些价值的人为数甚少。对它们的反对意见主要是各种形式的保守主义思想和文化相对主义。随着主要发达国家基本完成了制度的现代化，许多第三世界国家

———————

① 丁立群：《文化相对主义与文化进化主义的超越》，《吉林大学社会科学学报》1998年第6期。

也以上述价值为标准进行了制度变革，但是还不能说取得了全面的成功。究其原因，是这些国家的人们还在很大程度上持有前现代的价值观念、生活样态和文化模式，这就涉及精神层面和价值观念的进步问题。

文化进步主义必须提出某种超验的价值标准，才能解决这些棘手的问题。人的进步必须是马克思意义上的"人的全面发展"，既包含物质层面，也包含制度和精神层面，既包含科学认识，也包含价值实现和情感世界。而且，人的进步必须包含各个文化的融合，不能以某种单一文化模式作为绝对标准，欧洲文化不能作为单一的标准，中国文化也不能。

文化相对论是和文化进化论长期论战的另一种文化哲学理论，代表人物是博厄兹、本尼迪克特等人。他们从各个原始部落的文明出发，认为各种不同文明或者文化形态之间的关系是不可通约的，从而是平等的，无高低之分。这种思想有相当大的合理性，对于后发国家来说，是对抗文化殖民主义的锐利的思想武器，但也有不可解决的理论缺陷。首先，文化相对论拒绝对文化模式进行价值评判，从而无法理解文化的转型和演进。伴随着现代化和世界历史进程，各个主要文化都经历了一个长期的转型过程，这个转型过程不仅是自然地发生或是在经验的层面上进行，也有着主动的选择过程，比如美国独立以来的文化转型，就是一个人为的主动选择过程，其中必然有着某种独特的价值标准，不可能进入文化相对论的视野之内。按照文化相对论的逻辑，一种文化不可能发生质变，而只能按照自然界的规律生长、演进和消亡。

文化相对论的另一个缺点，就是把前现代和现代的文化模式同等对待，这一缺点会导致一种文化故步自封，阻碍文化的交流和整合。按照希罗多德的记载，卡拉提耶人的风俗是吃掉父亲的尸体，而希腊民族的风俗则是将父亲的尸体火化。按照文化相对论的逻辑，这两种习俗具有同样的合理性，这个结论无疑是荒谬的。按照同样的逻辑，一个奴隶制政体和一个民主共和政体的文化模式具有同等价值，殖民地国家和一个独立主权国家的文化模式也具有同等价值。文化模式既然在价值上相等，自然是无缺点的、完美的，这就使得一个文化向另外一些文化的开放和互相之间的交流成为不可能。只有文化进步主义提出的价值标准，才能对不同的文化模式进行评价，才能解释文化交流、文化变迁和文化整合的合理性和必然性。

文化相对论和文化保守主义的理论关联，也为文化进步主义提供了存在的理由。文化相对论本来是一种经验主义立场，但是文化保守主义则可能是超验的，这种超验性可能来自基督教，也可能来自一种古已有之的秩序观、宿命论或者决定论。前文所述，保守主义也有文化多元论的观点，这种文化多元论和文化相对论的根据不同，前者的理由是各种文化传统的合理性和延续性不能被切断。所以，当保守主义用一种超验立场为文化相对论辩护的时候，文化相对论就被改造为保守主义的文化多元论，这两种不同论据的思想融合在一起。近年来中国文化的维护者已经注意到西方保守主义的超验立场，并用来为自己辩护。文化进步主义的超验立场可以令人信服地批评一种经验立场，但是不一定能令人信服地批评一种超验立场。如果不能回应文化保守主义在这个方向上的挑战，文化进步主义就会进入一种失语状态，而仅仅停留在浅薄乐观主义立场上。

所以笔者认为，文化的进步主义和保守主义有进一步整合的必要性，以进步为主要价值，同时吸收保守主义的合理成分。因为价值关怀和人的全面发展是文化进步主义的内在理据，保守主义也并不拒斥价值关怀，只不过二者实现价值关怀的途径不同。理论必然需要一种彻底性，但是文化实践则要采取一种中庸之道、一种折中的路径，任何文化实践，都必须取得某种合理性基础，必须在日常生活中落实，我们必须在这里寻找化解进步与保守之价值紧张的途径。

三　文化整合的可能性与现实基础

现代化必然导致不同文化的交流、融合，这就是广义的文化整合，它必然带来文化的转型，由传统文化形态转型为现代文化形态。这种广义的文化整合要求化解文化进步主义和文化保守主义之间的紧张关系，促进二者的进一步整合。一种成熟的、有活力的、有生命力的文化模式，必然是开放的，对其他文化开放，也对自身内部异质性的文化成分开放。中华民族的文化模式，必然向西方文化开放，也向传统的儒释道等文化成分开放。任何民族的文化变迁和转型，都要采取一方面吸收外来文化，一方面保留自己传统文化的路径。这就构成了文化进步主义和文化保守主义之间进行整合的可能性基础。

现代化进程是一种世界历史过程，随着各个国家民族的交流日益深广，各个文化主体都不可能继续封闭发展，世界文化的融合和交流、转型将继续深化，这是一个不可逆转的过程。进步的观念会影响各个文化，从各个文化的纵向发展来看，其中必然有进步尺度在内。现代化内在地包含着一种理性化过程，理性化的思维将影响各个民族的文化精神。后发国家将按照器物—制度—精神的顺序持续改变本民族的原有文化模式。保守主义的各项主张都可能被进步主义所吸收，成为现代化进程中的有机成分。

第一，保守主义重视文化传统，反对人为地、激进地切断传统的态度值得我们深思，但一种文化完全可能在进步主义的前提下保留自身的文化传统。文化的活力在于它能够与时俱进，自我更新。中国文化曾经成功地融合了诸子百家、佛教和少数民族文化，历史学家公认唐代文明的辉煌就是来自其开放性，以至前人说"唐室大有胡气"；而中国文化的衰落恰恰始于闭关锁国，我们也曾经因为强行将传统文化和外来文化批为"封资修"而招致文化的浩劫。传统文化和进步主义并不绝对地构成矛盾，明白了这个道理，才能真正完成文化的整合和文化的转型。

第二，保守主义主张性恶论立场，对人性的改善不抱希望的态度，和文化进步主义有冲突，但是这种冲突主要是价值层面的、超验层面的冲突，在经验层面，二者是可以求同存异的。在经验层面上，人总是有善恶的，二者在人性论上的差别仅仅在于这种善恶之分是不是永恒的，人性的善是否能够作为一种理想。保守主义原则上认为恶是永恒的，善不能作为理想，而进步主义原则上肯定善可以作为理想，恶则不是永恒的。在现实层面上，进步主义诉诸人的善良本性，主张用好的制度去促进人的善，保守主义更关注如何用制度防止人的恶的膨胀，但是二者在增进人的幸福这一点上是有共同语言的。目前的进步主义可能更重视人的幸福，而保守主义可能更重视人的道德，但这并不等于进步主义就不重视人的道德、保守主义就不重视人的幸福。在这一点上，进步主义和保守主义可以对话，重视对方的合理因素。

第三，保守主义认为有固定的道德秩序，反对人和人之间的平等，这一点也具有将现实问题永恒化的倾向。进步主义也不否认在现实上人和人之间有道德上、天赋上的不平等，但同时认为这种不平等在原则上是可以克服的。双方都不能以僵化态度看待这个问题。保守主义的问题是将等级和秩序固定化，从而阻塞平等之路，例如，如何扶助弱势群体，使他们得到机会上的平等，比如平等的受教育权、选举权等，是考验保守主义是否真正关注道德和人性的试金石。纵观欧美发达国家的历史，如果没有进步主义的呼声，美国黑人的民主权利不会得到和白人平等的地位。同样，进步主义的问题是以阶级平等来掩盖现实的个体差异，以权利的平等来掩盖能力和道德水准的不平等，使得权利平等仅仅成为一个空洞的形式。这两种现象是保守主义和进步主义各自走向极端的结果，为了避免极端，必须使二者互相监督，保持一种张力，同时吸收对方的合理之处。

第四，保守主义内在的多元化立场和进步主义本身并不一定绝对矛盾。保守主义并不绝对地反对一切进步，而是着重反对激进的和单一模式的进步。所以我们必须确立这样的观念：进步不是单线的，也不一定是决定论的。进步没有一个固定的模式，也不能强求一律。由于各个国家、民族、地区的文化传统不同，所以他们的现代化进程有独特路径和特点，这导致每个文化的转型都有其特殊性。换言之，各个文化是"各自进步"的，虽然文化之间有交流，但是不能简单借用和照搬其他文化转型的特殊方式。在进步的前提下，保留各种文化的个性，保留一定程度地奠基在传统上的多元化，是可行的，也是现实的，这既符合进步的价值标准，也会防止传统的断裂。传统的断裂，意味着人的生活世界和价值系统的断裂，会引起灾难性的后果。这种有保留的多元化立场并不必然导致文化相对论。文化相对论的极端化会在实践上拒绝文化的融合。现实中的文化冲突、民族矛盾、教派仇杀，都和某种程度的拒绝文化融合的态度有关。

所以，保守主义和进步主义是不可偏废的，一旦走极端，必然导致灾难。二者必须保持一种良性互动的局面，在理论上互相辩论，在实践上可以互相结合、互相纠偏、求同存异。在此基础上二者进行整合是可能的。

除了上面所论述的二者整合的可能性基础，笔者认为，二者整合也有其现实基础。这种现实基础就是奠基在各种文化中的合理性根据，可以简称为文化合理性，以及建构在这种合理性根据之上的日常生活。

各种文化形态之所以存在，是因为它们的内在根据没有消亡。这种内在根据，也就是该文化存在的合理性基础。这种合理性基础的来源：一是传统的生活环境，如地理环境、居住条件、食品结构、生产方式等；二是通过教育而形成的文化载体，如文字、礼俗、传说、民间艺术等。二者形成了一整套思维模式和行为模式，这就构成了一种文化的日常生活形态。

一种文化的合理性基础使得这种文化显现出顽强的生命力，只要一种文化的合理性基础还存在，这种文化就不会消亡。而一旦日常生活方式发生改变，这种文化的合理性基础也就会因此而动摇。文化的变迁和转型过程，就是文化的合理性基础根据日常生活的变化而不断调整的过程，一种文化越开放、宽容，其文化合理性调整的余地越大，就越不容易消亡。各个历史悠久的伟大民族之所以还保留着丰厚的文化传统，就是因为其文化能够容纳大量的异质性成分，从而产生出极大的同化力，面对危机能够调整自己的形态，延续文化的生命力。

不同文化具有不同的合理性基础，导致文化形态千差万别，这就使得保守主义有了强大的基础，保守主义必然维护本民族的文化传统，使得文化传统体现出一种向心力和凝聚力，维护着个体在文化中的自我认同，维护着日常生活不受大的冲击，因为日常生活的冲击会使得个体无所适从，产生极大的不安全感和精神信仰的失落。

文化的合理性不仅有保守和多元的内涵，也有进步的内涵。如果将前现代的文化合理性根据和现代文化的合理性根据做一比较，就能看出：前现代的文化合理性中超验成分（如宗教信仰）多，现代文化的合理性更具有世俗性特点；前现代的文化合理性中非理性成分（经验、直觉、形象思维等）多，现代文化的合理性更具有理性化特色；前现代的文化合理性中独立化色彩和排他性浓厚，现代文化的合理性则更具有普适性色彩和开放性。由超验到经验，由宗教到世俗，由非理性到理性，由独特性到普适性，由排他性到宽容性，这就是文化合理性的进步倾向的表现。

同样，文化合理性也是可以比较的，不同文化相遇之时，可能呈现不同的情况，或者是激烈冲突互不相让，或者是求同存异、缓慢融合。当现代文化模式和前现代文化模式相遇之时，现代文化模式会取代前现代的文化模式，这种取代或者是外力强行推进的，其实例就是殖民地国家被迫的现代化进程，或者是主动演变的，其实例就是英美等发达国家的现代化进程。不管主动演变还是被动演变，实质都是一种"更加合理的"文化模式取代"不甚合理的"文化模式，即使是殖民地和后发国家的文化演变，也是由被动演变变为本民族文化的主动选择。

综上所述，一种文化总有其相对稳定的成分和自我更新、与时俱进的可能，文化保守主义维护的是前者，而文化进步主义强调的是后者，二者必须保持平衡状态，一方独大只能导致激进和极端主义。我们作为现代人，认同现代化的生活方式，必然以进步为基本的价值取向，吸收保守主义的合理成分，促进文化交流和文化转型，改善生存处境，促进精神和价值意义的进步。这也许就是文化进步主义和文化保守主义的互动给我们的启示。

关于电视成为文化问题的哲学思考[*]

姜 华^{**}

在当下的消费社会中，我们生活在一个绝大多数人都不会关掉电视的世界里。电视给予人们的娱乐是不容置疑的，但我们所要关注和思考的不是电视所展示的娱乐性的内容，而是尼尔·波兹曼所指出的，电视存在把所有的内容都以娱乐化的形式呈现出来的倾向及过度娱乐化所导致的问题。这是尼尔·波兹曼在《娱乐至死》这部书里向全世界提出来的一个文化问题。因此，关注电视成为文化的问题，并对之加以理性的反思，具有重要的理论价值和现实意义。

一

尼尔·波兹曼在《娱乐至死》一书中指出，20 世纪后半叶以后，世界文化逐渐从以文字为中心转向以视觉文化为中心。与此相应，电视逐渐占据文化的中心，电视的影响和作用在文化生活中也日益凸显。在电视成为文化的时代，电视成为当代社会的一种主要媒介，人们的信息、思想、认识越来越受电视而不是铅字的影响，它不仅影响我们对世界的认识，也成为我们认识世界的工具。对此，马歇尔·麦克卢汉认为，深入一种文化的最有效途径就是了解这种文化中用作会

* 本文发表于《社会科学战线》2012 年第 9 期。
** 姜华，黑龙江大学哲学学院教授，主要从事文化哲学与国外马克思主义研究。

话的工具。某个文化中交流的媒介对这个文化精神的形成有着决定性的影响，所以媒介能够影响人们的认知习惯、社会关系、历史和不同的社会结构。

从 17 世纪到 19 世纪末，印刷品几乎是生活中唯一的消遣，人们的社会地位、观点、知识等都在印刷文字中得到体现，铅字垄断着人们的注意力和智力，现代人对教育、知识等问题的理解和看法多来自印刷文字。但是，随着文化的传播由书籍向电视转变，数字化、网络化的迅猛发展，过去通过纸质媒介获得信息的方式正在部分地被电子媒介所取代，电子图书、电子杂志和电子报纸已经越来越成为当下人们消费的主要电子产品。因此，电视在当代已经赢得了"元媒介"的地位。当电视成为当代社会的一种主要媒介时，它对政治、教育和任何其他构成公共事务的领域产生日益重要的影响。电视影响了人们对教育、知识、真善美等问题的看法，任何一个公众感兴趣的话题，如政治、新闻、教育、科学技术和体育等都是电视中的主要内容和话题，电视的倾向不仅影响着公众对于所有内容话题的理解，也使电视中所表现的世界变成当下世界应该如何存在的模型。在波德里亚看来"电视就是世界"，电视开启了这样一个时代，任何人只需动动遥控器便能尽知天下事。另外，电视文化以一种同质化、中心化和整合的力量，瓦解了建立于印刷媒介基础上的社会群体之间差异的社会等级制，促进了个体与他自身所属社会群体的认同，将不同文化、不同习俗、不同品位、不同阶层的人的认识和思想都整合为统一的观念模式和价值认同。

因此，电视文化这种生产最集中、传播最广泛的大众艺术形式，正日益广泛地影响着人们的日常思维和生活方式。电视也由此构成了当代社会的"新的权力中心"，暗示和控制着日常生活——精神和物质的，成为当下一个日益凸显的文化符号。

二

电视作为一种媒介在进行文化传播的同时，又塑造了文化。在某种程度上可以说电视文化是人类文化发展的必然结果。电视文化是人类进入信息时代的产物，与之前的以印刷文化为主要形态的文化相比，电视文化的特征主要表现在以下三方面。

1. 图像代替语言

"看"正逐渐取代"读"成为人们判断的基础，图像的中心地位削弱了对于信息、新闻甚至在一定程度上对于现实的传统定义。在电视上，话语是通过视觉形象进行的，也就是说，电视上会话的表现形式是形象而不是语言。通过图像代替语言，电视把图像和瞬息时刻结合发挥到极致，并且进入千家万户。正如布尔迪厄所发现的，电视文化拥有一种符号暴力，电视的高收视率和图像功能凌驾于文字媒介之上。其结果是电视构成了对其他媒介的威胁和霸权，也就是视觉的直观性和诱惑力使得图像比文字更有优越性，从而构成当代社会视觉文化对文字和语言的霸权和支配，电视所呈现的图像的直观不仅是人们把握现实的一种方式，而且成为人们的一种存在的生活样态。

2. 图像取代了事实

用罗兰·巴特的话说，电视还赢得了"神话"的地位。电视使人以"神话"的态度看待世界，而电视的思维方式让人们对于这个世界不会再有任何怀疑，这就是以文字为中心和以图像为中心的两种思维方法的不同体现。正如加弗里尔·莎洛蒙所言，看图片需要能辨认，看文字却需要能理解。他这样说的意思是，图片把世界表现为一个物体，语言则把世界表现为一个概念，语言就是用来讨论、怀疑那些人们眼中的表面事物的一种工具。而图片表现的是事实，图片本身就是不容置疑的观点，代表着确定无疑的事实。对此，后现代思想家波德里亚明确提出了"仿真"（simulation）的概念，认为进入信息时代，人类也就步入了仿真时代。他指出，"在后现代社会，形象或仿真与真实之间，信息与娱乐之间，影像与政治之间的界限均已'内爆'，均已模糊或消失"①，在"仿真"时代，人们生活在一个"超真实"（hyper reality）的世

---

① 衣俊卿：《论 20 世纪的文化状况》，《求是学刊》2007 年第 6 期。

界中。在这个世界中，影像与现实越来越交织在一起，已经构成互为因果的关系，真实中的不真实与不真实中的真实，已经成为生活中的常态，越来越改变着人们对真实的理解，改变着人们传统认知的真实理念。但问题是，电视通过媒介只生产拟形，它既创造现实的强化形式又创造现实的替代品，却不能达及现实。

3. "电视时代"最根本的特征还在于，图像削弱了人的思考能力，娱乐性削弱了思想性

电视文化中的人们需要一种对于视觉和听觉都没有过高要求的平白语言，而图像的力量足以压倒文字并使人的思考"短路"。人们看的以及想要看的是具有变化的动感的画面，电视最大的长处是它让具体的形象直接作用于人的视觉、心理，消除了从符号的所指到能指之间的思维过程。所以电视图像成为人们快乐的源泉，而公众沉醉于现代科技所带来的种种娱乐消遣中。

三

电视文化所具有的这些特征，使当下的文化对于电视的适应非常彻底。电视正把文化转变为一个"娱乐业的广告舞台"，因此，"电视文化的危险在于它可能真的变成一种娱乐"。[①]电视文化日益严重的娱乐化倾向所带来的问题主要在于使人们越来越迷恋电视呈现的直观的复制形象，缺少个人的阅读或思辨的时间，从而使所有的信息都被"真实"地呈现。而文化也正从传统的膜拜价值转向展示价值，人们一味追求感觉上的愉悦快感，亦不复能超越物质世界的限制，结果人们的人生乐趣不再是追求道德意义的完满，从而稀释了对精神信仰的追求。由于受到西方电视文化娱乐化的影响，中国的电视文化不可避免地存在一定程度的过度娱乐化倾向，不仅导致中国电视文化结构的失衡，降低了电视文化的品位和格调，也弱化了电视释放先进文化、优

---

① 尼尔·波兹曼：《娱乐至死》，章艳译，广西师范大学出版社，2007，第226页。

秀文化对人的影响力量。因此，如何应对电视文化过度娱乐化倾向的问题，促进中国电视文化的健康发展成为当下必须面对和反思的问题。

首先，电视文化的发展要以社会主义核心价值观为指导，保持电视文化自身的先进性和健康有序发展。这就要求电视文化的制作及其产品，融入社会主流价值观，并以其为核心，把社会的主导意识形态融入电视文本与多样性的话语中，服务于现存的社会状况和构建和谐社会发展的需要。同时，发掘电视文化的多样性，保持文化的差异性，发展和保护民族文化，促进电视文化的多元化和提升对本民族文化的认同感。从而，有效发挥电视文化价值的引领性、导向性和教育性的功能，并努力通过提高社会整体的公共服务能力来实现价值的引领。

其次，积极优化中国的电视文化结构，寻求电视文化的个性化，摆脱同质化、媚俗化，建构思想性与娱乐性兼具的电视文化结构，发挥电视作为构建和谐文化的重要载体的作用。这就要求电视文化的发展兼具思想性、艺术性与娱乐性、趣味性，在满足大众多样化的文化需求的同时，亦使大众在审美愉悦中享受人生与世界的精神自由。

最后，要坚持以人为本，积极对大众进行人文提升和精神塑造。在坚持以人为本的电视文化建设中，以人文—哲学的理性思维来应对电视文化过度娱乐化的倾向。要从根本上一方面积极发挥电视文化对人的情感的抒发和表达的力量，对人文价值的宣扬与赞扬的积极导向作用；另一方面要努力提升人的自我超越精神，培养人的创造性和人的主体性，塑造人的高尚的精神信仰，从而促进电视文化的健康发展。

总之，面对电视文化过度娱乐化倾向及其所产生的负面影响，我们应认识到，电视文化的过度娱乐化倾向的实质是其背后的市场利润这一推手，如果任由电视文化成为一种"完全娱乐化的模式"，那么这种模式所导致的负面作用和影响，就是美国思想家尼尔·波兹曼批判的"娱乐至死"。

意识哲学还是文化哲学？*
——现代性研究的范式问题

付洪泉**

现代性研究不可避免地包含着某种历史解释范式。不论人们对其是无反思性地、下意识地加以应用，还是有意地把对历史的解读塞入其理论范式之中，历史解释范式都是决定现代性理论取向的根本原因。本文将解析把现代性理论引入线性进化论的，意识哲学历史解释范式的两个主要传统，并提出文化哲学的历史解释范式作为现代性理论的方法论选择。

在《后形而上学思想》中，哈贝马斯指出了"意识哲学"和"语言哲学"这两种范式的根本区别：意识哲学认为人的"意识"是认知活动的载体，语言符号仅仅是意识自我表达的工具；语言哲学则认为语法结构是知识的真正来源。①哈贝马斯对意识哲学的界定局限于认识领域，与之对立的是语言哲学的知识论。本文则把"意识哲学"这个概念扩展到历史观领域，理由在于从"意识"出发解决认识论问题与从"理性"出发解决历史观问题之间存在着内在的关联，后者可以看作前者在社会、历史领域的延伸。作为近代哲学的两个传统，"经验论"和"唯理论"之间虽然存在着分歧甚至对立的观念，但是在某种意义上，二者同属于意识哲学的思想谱系，它们之间存在着明显的"家族相似"。下面就分别加以讨论。

---

* 本文发表于《哲学动态》2011 年第 9 期，有改动。

** 付洪泉，黑龙江大学文化哲学研究中心教授，主要从事文化哲学研究。

① 哈贝马斯：《后形而上学思想》，曹卫东等译，译林出版社，2001，第 13 页。

一 以“反思能力”为核心概念的意识哲学范式

孔多塞系统地表达了由经验主义认识论演变出来的启蒙历史观。这种历史观认为，历史就是人类“理性力量”不断发展的历史。孔多塞将人类历史分为十个时代，启蒙运动时代，也即第九个时代就是从笛卡尔开始的。“他（笛卡尔）敏感到哲学应该完全从只要对我们精神作用进行观察便会向我们显示出来的那些明显的基本真理之中得出。”①笛卡尔的“我思故我在”提出了近代哲学总的原则：只有我的意识证明了的知识才是真正的知识。但是笛卡尔本人没有对“意识”进行进一步的深入考察，在方法论上完善笛卡尔原则的是洛克。洛克先于康德提出了认识如何可能的问题，并发明了一套确保认识不犯错误的方法。他的经验主义认识论把认知还原到简单印象（或者说“简单观念”）上。既然我们的感觉经验是最可靠的，也是我们感知世界必经的桥梁，那么作为建构知识大厦之砖瓦的概念，必须植根于简单印象之中才能确保无误。概念与简单印象之间的关联是这样建立的：概念（也即“一般观念”）总是能够在我们的意识中唤起某种印象，因此即便我们用语言进行抽象的推论而不时时刻刻唤起与它们对应的印象，我们也可以确保论证的正确无误。

对于孔多塞以及他那个时代的理性主义者们而言，洛克的经验主义不但是知识论的圭臬，也是社会理论的基石。“对感觉的分析就使得我们在体验欢乐与痛苦的能力的发展过程中，发现了我们道德观念的根源、普遍真理的基础，它们是由这些观念产生的并决定着有关正义与不正义的那些必然的、不变的法则。”②这样，一个具有反思能力的哲学家就成了一个知行上自足的个体，他无须借助任何信条，无须植根于文化传统就可以解决思想和生活中的所有问题。通过哲学家们的宣传，社会革命在思想上的准备工作很快就完成了，虽然近代认识论的理论体系不可能被广大群众真正理解，但是它所信奉

① 孔多塞：《人类精神进步史表纲要》，何兆武、何冰译，江苏教育出版社，2006，第117页。
② 孔多塞：《人类精神进步史表纲要》，何兆武、何冰译，江苏教育出版社，2006，第118页。

的基本观念却迅速传播开来——"哲学已经教会了他们要珍惜的那些理性的与自然的原则"。[1] 近代社会革命与觉醒的主体意识之间的关联显而易见，正是"在自我意识、自我决定以及自我实现的旗帜下，现代性的规范内涵释放了出来"。[2]

经验主义在认识论问题上的"自圆其说"是意识哲学范式得以向社会、历史领域延伸的前提，而一旦推翻了前者，后者也就失去了意义。胡塞尔以其精湛的现象学分析揭示了经验主义的体系建立于流沙之上。洛克之所以能够提出貌似正确的经验主义认识论，在胡塞尔看来，是基于其对"观念"这个词的极为混乱的使用。尤其是"在洛克那里，在直观表象（显现、浮现、'图像'）意义上的表象和在含义表象意义上的表象之间根本不存在区别"。[3] 也就是说，洛克把感觉经验的对象，以及表达所意指的内容都称为"观念"，但两者是完全不同的，前者是心理存在，后者是观念存在，混淆这两者就等于取消了认识论。认识论的根本任务就是要回答具有绝对确然性的（而非仅仅是感官经验性的）知识是如何可能的。个人的经验只能提供意见，而知识却是先天的，对于任何人，或者说对于任何"意识"来说都是有效的，观念领域的问题不能在经验之中解答。对于康德和胡塞尔这样的先验主义者来说，科学的事实已经表明在观念领域存在着一切科学的最终基础，这个基础必须是牢固的，否则科学的大厦不论建筑得多么雄伟，也不能避免倒塌的命运，因此，知识必须有"先验"的来源，认识的主体必须是"先验的主体"，在其自身之中包含了认识的所有可能性。

问题是，洛克式的经验主义被证伪后，作为其对头的先验主义并没有扬帆远航，当现象学的重心转向海德格尔的生存论时，现象学也就成了自己的掘墓人。先验哲学和经验主义都把认识植根于主体性之中，二者的区别在于对"意识"的不同理解。胡塞尔虽然批判地检验了近代认识论哲学

---

① 孔多塞：《人类精神进步史表纲要》，何兆武、何冰译，江苏教育出版社，2006，第128页。
② 哈贝马斯：《后形而上学思想》，曹卫东等译，译林出版社，2001，第12页。
③ 胡塞尔：《逻辑研究》第2卷，倪梁康译，上海译文出版社，1998，第135页。

的全部遗产，却试图在"先验意识"中一劳永逸地为科学奠基，从而解决欧洲文化危机：在他看来，欧洲文化的核心在于欧洲的科学。意识哲学的思维方式是如此根深蒂固，以至任何从内部克服其理论困境的努力都不可能取得成功。

二 思辨哲学的历史解释范式

孔多塞从经验主义出发把历史理解为理性的发展史，黑格尔则从思辨哲学的角度为启蒙历史观加进了辩证法的逻辑，同时置换了启蒙历史观中人和历史的相互关系，但是其历史理解模式并没有超出意识哲学的模式。

黑格尔认为那些没有建立国家的民族是真正的史前社会，即便他们在年复一年的日常生活中发展出了自己的文化，但是"精神"的成果既然没有以国家的形式存在就不能说具有了确定的形式。因此，作为人类起源的南部非洲不在黑格尔的"世界历史"的版图之内，"世界历史"的起点是东方，经过印度、希腊、罗马，完成于日耳曼。"东方从古至今知道只有'一个'是自由的；希腊和罗马世界知道'有些'是自由的；日耳曼世界知道全体是自由的。所以我们从历史上看到的第一种形式是专制政体，第二种是民主政体和贵族政体，第三种是君主政体。"①

东方是世界历史的少年时期，"精神"表现为直接的道德意识，个人和它的关系是"信仰、信心和服从"，就像儿童的轻信和盲从一样，这个时代并没有意识到人是自由的，因此真正意义上的个体并不存在，存在的只是作为精神实体的道德。"世界历史"从东亚走到中亚，儿童时期的安宁变成了少年时期的喧嚣和躁动，随后"世界历史"在古希腊进入青年时代。这时，个性出现了，"'观念'和一种易变的形态相结合了"，因此，思想和艺术发达起来。但是，青年时代的精神仍然是自然的道德，而不是主观的道德，个体还是直

---

① 黑格尔：《历史哲学》，王造时译，上海世纪出版集团，2006，第46页。

接地，而不是反思地统一于普遍的原则。罗马帝国是"世界历史"的壮年时代，"'壮年时代'乃是为着一种普遍的目的而经营，在那里边个人已经消失，个人只能够在普遍的目的下实现自己"。① 罗马帝国具有抽象性，并且因此而损害了个人的自由，希腊人的个性生活变成了为普遍目的的艰苦劳动。在罗马帝国的专制主义之下，精神被赶回到内在世界，在宗教之中达到了"和解"。于是，与世俗的帝国相对，主观性的帝国建立起来。以基督教的和解为基础，日耳曼帝国完成了"世界历史"的老年时代，也即完全成熟的时代。起初，宗教作为主观性的世界与世俗的世界相对峙，但是随着宗教落入世俗权力之中，教会腐败没落了。"于是，'精神'再度被驱回去自寻出路，产生一种在思想的形态中的工作，并且能够仅从世俗的事物里去实现'理性的东西'。"② 由此，"精神"在宗教改革后的世俗的权力中，也即在日耳曼帝国中实现自我。"精神"从自然的道德实体出发，经过少年时代的喧嚣躁动、青年时代的个性张扬、壮年时代的艰苦奋斗，终于达到老年的睿智和豁达，达到了完全自觉的形态。在日耳曼帝国中，"'自由'已经有了方法来实现它的'概念'和真理，这便是世界历史的目标"。③ 日耳曼帝国是"理性"最好的工具，它为"精神"的自由服务，因此为所有人的"自由"服务。

波普尔一针见血地指出，黑格尔的历史哲学其实是为日耳曼第三帝国的合法性所作的哲学论证。黑格尔绕了一个大圈子，无非是想说明在日耳曼第三帝国人是最自由的，因为人们拥有的是"积极的自由""真正的自由"。那么黑格尔所说的"积极的自由"是什么呢？

启蒙学说认为人生而自由，却处在社会的种种限制之中，而社会制度对自由的限制是必要的，否则任何自由都没有保障。黑格尔全然拒斥这种

---

① 黑格尔：《历史哲学》，王造时译，上海世纪出版集团，2006，第 94 页。
② 黑格尔：《历史哲学》，王造时译，上海世纪出版集团，2006，第 101 页。
③ 黑格尔：《历史哲学》，王造时译，上海世纪出版集团，2006，第 101 页。

自由观:"有限制的自由只是放纵,它只同特殊的需要相关联。"① 需要由社会加以限制的自由根本不能算是自由,真正的自由根本就不是指按照一己之意愿行事,恰恰相反,积极的自由就是"积极地"服从限制,所谓自由与限制相对立的观点毫无意义。在这一点上,黑格尔和康德走得最近。康德写道:"纯粹的并且本身实践的理性的自己立法,则是积极意义上的自由。道德法则无非表达了纯粹实践理性的自律,亦即自由的自律。"② 在康德哲学中,纯粹实践理性为其自身立法,纯粹实践理性的自律就是真正的自由。"积极的自由"不包含任何经验的、质料的存在物,只属于先验的实践主体,这个先验主体"道德实践式的"自我约束就是自由。不论黑格尔如何反对康德哲学的方法,其自由观都与康德一脉相承,而"精神"的自由属性是其整个体系的拱顶石。黑格尔宣称:"精神"的唯一属性就是"自由",而且只有"精神"才是"自由"的,如果不依靠"自由"的属性"精神"无法自我认同,黑格尔的国家理论、法哲学、精神现象学都不可能确立自身。

因为"精神"是"人之所以为人的本质",所以人也是自由的,但是人不是直接就意识到了自身是自由的,只有在"精神"发展的特定阶段上,人才能意识到他是自由的。事实上,黑格尔的"精神"只有深深地植根于笛卡尔以来的意识哲学的传统之中,只有借助于人类意识的反思性才能构造自身,而不是像他所说的那样由于"精神"的发展,人才意识到了自身的自由(所谓自由,对于黑格尔和康德来说就是自我意识)。现代哲学强调人是具有反思意识的主体,隐含着人是"意识"进化的最高阶段的观点,而黑格尔拟人化的"精神"正是在其全部历史之中达到"自我意识"的,"精神"的"自我意识"就是最高形态的自由,也即"积极的自由"。

黑格尔和康德一样,都把自由看作投入大写的理性之中,绝对的自由是绝对地服从于理性的原则。在康德那里,纯粹形式化的原则包含在实践理

---

① 黑格尔:《历史哲学》,王造时译,上海世纪出版集团,2006,第101页。
② 康德:《实践理性批判》,邓晓芒译,商务印书馆,1999,第35页。

性之中；在黑格尔这儿，特定时代的社会制度就是"精神"此时此地的"现实"。他特别强调国家所施加的限制不是使个人享受社会自由的手段，而是这种限制本身就是自由。"法律、道德、政府是，并且只有它们是'自由'积极的现实的满足。"①黑格尔和康德的自由观在这一点上完全一致：自由只属于精神的领域，而与人的需要在社会条件下的满足全然无关，自由的属性不能在任何事物性的、质料性的存在中找到，因此也不能在日常生活中找到。这难道不是最彻底的思辨哲学吗？

三　中国现代性理论中的意识哲学范式

上述意识哲学的，以及与意识哲学有关联的历史解释范式的共同点在于：尽管它们把某种形式的主体放在历史解释的中心位置，但是都失掉了作为人之存在方式的文化维度，不论这个主体是感觉的主体、绝对的主体，还是实践的主体，都是形式化的存在，在由此出发得出的历史解释中只能看到抽象的"逻辑"，而不是现实的文化。

中国的现代性研究具有这样一种潜在的逻辑，前现代—现代—后现代是一个不可超越的、连续的历史过程，它描述了人类社会进步必经的三个阶段。虽然西方社会已经进入现代社会的晚期阶段或者已经迈进后现代的门槛，但是在中国语境下现代性更多的是建设的目标，而不是被超越的对象，理性主义和主体性作为现代性在社会组织和个体生存两方面的标识，对于中国学者来说仍然具有强大的吸引力，甚至仍是可望而不可即的奢求，简单地说，尚未经过启蒙的中国文化何谈启蒙的否定？

不论以上观点在多大程度上符合现实的文化处境，它的问题在于事先假定了历史发展的线索和逻辑，因此它对中国文化何去何从的回答不是基于经验观察，而是先验的历史逻辑的推论。显而易见，这种推论具有为现代性辩

---

① 黑格尔：《历史哲学》，王造时译，上海世纪出版集团，2006，第35页。

护的意味，在这种辩护中，我们感受到了求助于观念世界的心理动机，而这恰恰是现实层面现代性的缺失所造成的心理落差的结果。同样的心理落差导致中国学者对情境主义具有天然的排斥：如果现代性只是西方的文化传统，关于它的过去与未来都要到西方的历史语境中寻找答案，那么，对于中国这样一个没有现代性文化资源的国家来说，现代性文化如何能成为一个问题呢？如果现代性不是由一个铁的规律所保证了的，我们有什么理由把它作为中国文化的前景加以展望呢？

正如福柯所说："将历史分析变成连续的话语，把人类的意识变成每一个变化和每一种实践的原主体，这是同一思想系统的两个方面。"[1]对历史的任何形式的宏大叙事都与意识哲学的历史解释模式有关：历史绝不是无目的的单纯的时间过程，历史是有意义的，这个"意义"需要"意识"加以揭示，它向"意识"泄露了历史运作的机制，理解了这个"意义"就等于抓住了历史的"牛耳"。但是，进步并不需要有某种本质的、先验的存在来加以保证，进步虽然是一种可欲求的价值，甚至处于价值序列的最高类别之中，但是这并不等于说，进步超越了人们的现实处境。"进步"就像"正义""平等"等价值一样，都在实实在在的日常生活中，只要现实生活体现了这些价值，这些价值就实现了，而不需要徒劳无益地诉求理念王国降临尘世。历史主义由于把现实中的存在变成彼岸的观念，不是促进而是拖延了被作为"本质"的东西在现实生活中的出现。

对历史的解释不应该到任何形式的先验图式中去寻找，而只能在现实的文化生活中寻找。把历史当成一个可以先验地、逻辑地加以把握的过程，是意识哲学范式无法摆脱的困境。而我们已经习惯于意识哲学的思维方式，我们使用这种哲学范式就像使用我们的母语一样方便，一样不假思索，因此，文化哲学要确立一种新的历史解释模式就必须不断地对意识哲学范式加以反思。现代性是在西方特定的文化语境中产生的，其最根本的转变在于现代人

---

[1] 福柯:《知识考古学》，谢强、马月译，生活·读书·新知三联书店，2004，第13页。

特有的生存方式，只有一种微观的考察才能深入日常生活的细节之中，发现现代文化的真实面目。文化既然是人们"历史地凝结成的生存方式"，就只能植根于人们的日常生活之中，而不是历史的先验图式之中。文化哲学的历史解释模式就是回到人的现实生存的丰富的、具体的文化中揭示日常生活的微观史。

当代研究范式转换中的现代性问题*

李宝文**

当前，人们对于现代性问题所做的哲学研究，主要体现在两个方面：一是本体论的追问，即现代性本身"是什么"；二是方法论的探究，即现代性问题"如何可能"。这两个方面固然十分重要，但是，就现代性的全部意义而言，这些研究仍然过于狭窄，尚不能完全反映当今时代人类关于现代性问题的总体性认识。要想进一步廓清现代性的本质，我们还必须把现代性问题纳入更为宽广的研究领域和话语背景之中。其中，当代研究范式转换就是理解和把握现代性问题的总体性观照。所谓当代研究范式转换，是我们借助于库恩的范式理论对当代理论研究的普遍特征所做的一般性概括和指称。在库恩看来，范式是指科学家集团所共同接受和遵循的一组假说、理论、准则和方法的总和，这些要素构成科学家从事科学研究的共同信念，是一种本体论承诺。库恩认为，科学的进步就在于范式的不断转换与更新，新范式的出现往往标志着人类认识的一个重大进步。譬如天文学中的哥白尼革命、化学中的拉瓦锡革命、物理学中的牛顿革命和爱因斯坦革命，以及哲学中的康德革命等。库恩的范式理论一经提出就受到人们的普遍接受和推崇，产生了持久的说服力。将范式理论引入现代性问题中来，将有助于我们从当代研究范式转换的总体性视域中加深对现代性问题的认识与理解。需要说明的是，库恩的范式理论

---

* 本文发表于《马克思主义与现实》（双月刊）2010 年第 3 期。
** 李宝文，黑龙江大学马克思主义学院教授，主要从事国外马克思主义与文化哲学研究。

通常是与具体的学科门类相关联的，呈现出不同领域之间的范式差异。如果我们要概括当代思想文化的总体性进程及其一般性特征，则必须打破这一界限，并将其扩展到整个思想文化领域，从中归纳出最一般最广泛的范式形态。因此，我们所说的当代研究范式是指当今时代人类思想文化的前沿领域，无论自然科学还是人文科学，都自觉或不自觉地共同关注和普遍倾向的一种理论、准则和方法的态势，且这种态势已经深远地影响甚至构成了当代思想文化研究的共同信念。据此，我们可以概括出，在当代人类思想文化中，存在着三个具有广泛影响的研究范式，即语言研究范式、后现代研究范式和文化研究范式。这三大研究范式与传统的研究范式存在着明显的差异，并且还在不断地向前推进与扩展，从而对现代性研究产生了深刻、持久的影响。从某种程度上说，这些范式转换甚至客观地决定着现代性的路向、前途乃至命运。

一 语言研究范式转换中的现代性

德国哲学家阿佩尔（Karl-Otto Apel）曾概括西方哲学的发展，认为古代哲学关注的是本体论问题，近代哲学关注的是认识论问题，到了 20 世纪，当代哲学开始关注语言问题。具体说来，本体论所要解决的核心问题是"世界是如何存在的？"，但它在没有反思人类的认识问题之前就试图直接对"世界"做出"断言"。近代哲学怀疑这种断言，转而关注人的认识能力本身，通过考察"人的认识是何以可能的"来揭示世界的存在问题。当代哲学在研究人的认识能力的过程中，进一步发现人们对于"存在"的表达不单是认识能力的问题，更重要的是人们如何恰当地运用语言的问题。人们之所以不能对事物做出"真值判断"，主要是由于语言运用不当，由此认为，只要解决了语言问题，一切哲学问题也就迎刃而解了。于是，人们的目光开始转向语言的研究。譬如，弗雷格、罗素、卡尔纳普等在研究数理逻辑的过程中，为了给数学提供严格而又可靠的基础，展开了对逻辑语言的研究；弗洛伊德、拉康等则创造性地把精神分析和语言运用联结起来，系统研究语言同潜意识的相互关系；斯蒂文森和黑尔等当代主流伦理学家把道德伦理问题最终归结为语言问题；剑桥大学的神学家卡皮特（Don Cupitt）甚至把上帝存在的问题也归结为一个语言问题。整个 20 世纪，语言几乎成了各门学科每前进一步都须臾不可离的奠基性工作。这种重要意义，在海德格尔的响亮口号"语言是存在的家"中得到最为彻底的表达。

现代性，作为一种存在，它的意义也在语言研究范式转换的浪潮中获得了空前的拓展和深入的探讨。主要表现在三个方面。

一是运用"语言交往行为"的合理性建构现代社会。传统社会理论仅仅把语言看成人与人、人与社会之间传递信息的媒介和手段，当代社会理论则把语言作为社会存在本身。在这方面，哈贝马斯提出了著名的交往行为理论。在哈贝马斯看来，"所谓交往行为，是一些以语言为中介的互动，在这些互动过程中，所有的参与者通过他们的言语行为所追求的都是以言行事的目的，而且只有这一个目的"。[①] 也就是说，在交往行为中，行为主体之间通过语言的运用达成相互理解，达成规范性协议，达成基本原则与相互信任。由此，哈贝马斯把语言交往行为同整个社会的合理性建构，同人与人之间关系的协调，同道德伦理意识的确立联系起来，认为实现语言沟通的合理性是克服现代社会危机，建构未来新型社会的正确发展方向。

二是运用"语言游戏"构拟现代社会。"语言游戏"是维特根斯坦对语言的"游戏"特性的揭示。布尔迪厄、吉登斯等社会学家特别重视这个理论，并把它扩展到整个社会领域。在他们看来，不仅语言具有游戏性质，整个社会生活都应当具有游戏的性质。因为，游戏在本质上是无意识的主体间互动结构，在游戏中，游戏者处于"被动的主动"状态，他不受预期目的的约束，所处的地位也是可变的，这就使游戏者获得了超越主观预期目的的真正自由。而这一切恰是生活于现代社会中的人所期待的。所以，只有当现代社会作为游戏社会而存在的时候，才称得上理想的现代社会。

---

① 尤尔根·哈贝马斯：《交往行为理论》，曹卫东译，上海人民出版社，2004，第281页。

三是运用"话语理论"分析当代社会的权力运作。福柯在剖析西方社会文化时，特别注重对"话语"问题的研究。在福柯看来，"话语"虽然是语言应用的结果，但它已经远远超出了语言的范围，任何"话语"在社会实际应用中总是同社会的政治、经济、意识形态等因素相关联，从而成为具有社会意义的"事件"。他通过研究知识话语体系、道德规范话语体系和各种规训化的社会制度话语体系，令人信服地证明，当代西方社会的权力运作正是通过话语的"论述"、"扩散"和"增值"来完成的。现代社会之所以较之传统社会能够完成更高级更复杂的统治，就在于它形成了更强的"打造"和"传播"话语的能力。"话语"不仅仅是语言，也不仅仅是一般的交流"工具"，它已经成为统治人和控制人的"工具"。话语助长了权力，权力借助话语得以运作和加强。所以，"解构"现代社会"权力"对人的压抑，首要的就是"解构"权力话语。当代社会应当是"话语平等"的社会，而不应当是"话语霸权"的社会。除此之外，还有人运用语言的生产与再生产功能研究社会的演进问题；运用语言的符号功能揭示消费社会的基本特征；等等。如此看来，语言研究范式转换正在把我们从现代性研究的困境中解救出来，为我们破解现代性之谜指明了方向。

然而，正当现代性问题在语言研究范式转换中高奏凯旋的时候，语言本身，特别是语言在现代性问题的一些重大方面的运用中，却日渐暴露出诸多难以克服的问题和矛盾。

第一，关于语言的意义问题。语言的意义问题几乎是每一种语言研究都力图解决的问题。早在维也纳学派时期，卡尔纳普所提出的"可证实性"原则就一直是众多理论中较有说服力的一种见解。在卡尔纳普看来，任何语言都与事实相关联才有意义，无论什么问题，要么是有意义的，要么是无意义的，凡是有意义的问题都是可以证实的。既然意义是由可证实性保障的，那么，有意义的问题就可以通过证实或者证伪来回答。人类思想中存在着很多诸如上帝、自由、形而上学等既不能证实又不能证伪的问题，那么，这些问题统统是无意义的，无意义的问题也就是不存在的问题，是个伪问题。与此相关，现代性问题我们同样既不能证实，也不能证伪，因此，也是个伪问题。对于伪问题我们必须放弃研究，以便从事更有意义的工作。这无疑给现代性问题带来了致命的创伤。

第二，关于语言的有限性问题。人类是运用语言揭示存在、表达意义的动物。然而，人类到底能够在多大程度上以及是否仅凭语言就可以揭示存在、表达意义却是时至今日仍争论不休的问题。维特根斯坦就曾严厉警告人们："凡是可以说的东西都可以说的清楚；对于不能谈论的东西必须保持沉默。"①后来，维特根斯坦转向日常语言的研究，既表明了对上述立场的转变，也表明了对语言限度问题认识的转变。乔治·巴岱进一步推进了这种认识。在乔治·巴岱看来，语言具有超越和限制双重属性，人不应该在语言的限制中窒息，而应当通过突破语言的限制逾越生命的界限。这种突破既包括语言之内的突破，也包括语言之外的突破，且语言之外的突破更为重要。这一点，只要我们愿意回顾一下当代发生在艺术领域的"形体艺术"与"行为艺术"就足够了。显然，正当现代性研究在语言的鼓噪声中大举前进的时候，语言自身再次面临新的危机。既然现代性的意义不完全存在于语言之内，那么，我们还能通过语言获得对现代性意义的可靠理解吗？

第三，关于"能指"与"所指"的关系问题。语言研究范式的核心问题是语言与实在的关系问题，这一问题集中表现在"能指"与"所指"的相互关系中。语言研究，自索绪尔以来，一直面临着如何解开"能指"与"所指"真实关系的难题。直到德里达，利用"在场／不在场"理论，才真正揭开并阐明了能指与所指的虚假联系问题。在德里达看来，当我们用能指去指示或表现所指的时候，实际上是用"在场"的能指去指示和表现"不在场"的所指；而当所指呈现为"在场"状态时，原来在场的能指却变得"不在场"了。传统西方文化，也包括当代西方文化，始终利用"能指"与"所指"未被察觉的相互背离的游戏性编织、传播、建构着我们的文化观念、知识体系、道

① 路德维希·维特根斯坦：《逻辑哲学论》，韩林合译，商务印书馆，1996，第23页。

德伦理和社会制度。我们的现代社会之所以常常表现出许多荒谬性和虚伪性，我们的现代语言之所以总是见证太多的"狂欢的能指"和"飘浮的所指"，原因就在于"能指"与"所指"的这种"在场／不在场"的背离性。"能指"与"所指"的固定关系被粉碎了，那么，就现代性的语言范式而言，失去了"能指"与"所指"的对应关系，现代性还"能指"什么？它的"所指"又是什么？现代性该如何在失去"能指"与"所指"对应关系的情况下应对新的问题、获得新的理解？这迫使我们不得不再次回到问题的原点：到底什么是现代性？

由此可见，在经历了语言研究范式转换的洗礼后，现代性问题依然悬而未决。语言研究范式转换固然给现代性问题带来了一抹亮丽的曙光，却没能给我们带来破解现代性奥秘的永恒钥匙。

二 后现代研究范式转换中的现代性

在范式理论中，库恩把"反常和危机"时期看作引起"科学革命"，并形成新范式的重要阶段。如果我们乐于总结当代思想文化领域的总体状况，并把这种状况判定为后现代对现代的"反常"时期，恐怕不会引起太多的异议。所谓"后现代"，是 20 世纪 60 年代发轫于西方发达国家的泛文化思潮，广泛存在于美学、文学、历史学、社会学、哲学以及自然科学等诸多学科和领域。它以否定、超越西方近现代主流文化的理论基础、思维方式、价值取向为基本特征，具有去中心、反本质、拒斥形而上学、解构权力话语的特点，是在反思现代性过程中形成的最具强势的批判力量。"后现代"是一个极具包容性、复杂性和矛盾性的概念，其起始时间含混，边界模糊，性质众说纷纭，既常指某些特定的风格、观念和态度，又经常成为与"现代"相对立的一个包容广泛的代名词或历史时期的代名词。如果说后现代已经持续不断地渗透并影响了当今各个思想文化领域和日常生活世界或许没有问题，但是，人们对于后现代观念却是褒贬不一，对于后现代的意义更是莫衷一是。其中，主要争议集中于对"后"字的理解和"后现代"作为社会范畴是否存在的问题上。有学者认为"后"表明了一种新社会形态的出现，20 世纪 60 年代以后西方社会就已进入了"晚期资本主义社会"（或称"后工业社会""消费社会"），标志着后现代社会的到来；也有学者认为"后"不是一种历史的"断裂"概念，而是一种新的延续，虽然当代社会不同于传统现代性社会，但仍然是一种现代性，是现代性事业之未完成状态；还有学者认为，"后"仅仅意味着一种假设、一种态度，它只是指向未来的一种批判方式，无须确定的存在事实。除此之外，对于后现代到底是作为历史范畴，还是作为文化范畴，或者作为表达策略等，亦存在着颇多争议。无论如何，这些争议都为我们理解现代性提供了更为广阔的空间和资源。

但是，令人遗憾的是，后现代所希望和主张的基本意图，迄今为止不仅没有得到彻底实现，反而身处欲进不能、欲罢不得的尴尬境地。仅从以下两个悖论中就可窥见一斑。

其一，"无前提"之悖论。后现代论者认为现代社会的任何一门学科或者思想都是建立在一定的前提（诸如本质、基础、中心等）之上的，现代思想中总是隐含着"本质""中心""前提"一类的东西，人们在表达思想、寻求意义的过程中又总是默许、因循这些"本体论承诺"，这些东西构成了坚固的硬核和僵化的体系，已经严重束缚了当代文化的发展和人类自由的展现，所以，提出了"反基础、反本质、反中心"的口号。后现代主义者声称要以后现代的观念解构和颠覆传统观念，倡导没有任何前提的后现代观念。这种主张已经产生了强大的声势和效应。如果不经反思，后现代的这种说法很容易被盲目地接受与认同。然而，表面上看，后现代观念固然没有任何前提，但是，它潜在地预设了一个不容反驳的隐性前提，即认为一切文化和思想都应当是无基础、无本质、无中心的这个前提。正是这样的预设前提使得现代性的各种思想在面对后现代观念时"集体失语"，而后现代观念却获得了绝对"话语霸权"。后现代俨然是一个"理论黑洞"，任何理论到这里都失去了既有的效力。这种惊人的现象背后实则潜藏着一个隐秘的悖论：后现代声称解构一切前提，却无法解构自身预设的"解构"前提，也就是说，后现代的解构本身反倒演变成了一种新的不易察觉的"前提"或者"本体"。后现代悖论犹如黑格尔所说的"黑夜里黑色的牛"，后现代的"黑幕"吞噬了现代性的所有前提和话语，自身却演变成了绝对的前提和话语。

其二，"无总体"之悖论。无总体是后现代最具冲击力的观念之一，然而，也是最未被反思的悖论之一。后现代把现代看作一种宏大叙事的观念，认为这种观念总是企图构造某种总体图景，并通过对某种总体图景的不断阐释和实践来达到某种未来的理想。在后现代主义者看来这不过是虚假的总体，根本没有实现的可能。所以，后现代首先就要从世界观、真理观和历史观上去除虚假的总体性，以其杂糅性及其个体性解构现代的抽象性和统一性。后现代主义者指责现代是时间模式，寻求的是总体化的同一；后现代推崇的是空间模式，寻求的是历史的偶然。后现代认为现实的这种转化表明时至今日现代历史已经"终结"了，人类已经到了一个自由、个性的个体化时代。然而，所谓的"去总体化"的现实却并非如此。去除总体化之后，个体的确可能变成自由的个体，却是"伪自由"的个体。因为脱离总体的原子般孤立的个体变成了"无根"的个体，这样的个体若想获得存在就必须以微观的自我个体之总体作为唯一总体。如果说现代观念追求的是"他者总体"的话，那么后现代观念追求的则是"自我总体"，后现代仍然没有越出"总体"这个藩篱，只是换了副面孔而已。因此，后现代不仅未能一厢情愿地实现"去总体化"的愿望，反而造成了新的潜在的总体化趋势与可能。

毫无疑问，后现代因其作茧自缚、悖论难解陷入了重重困境。尽管它为我们追问、理解现代性提供了丰厚的养料，但是，现代性的出路显然并不在于后现代，而在于如何植根于人类思想文化的历史与传统并最终超越这一历史与传统。

三　文化研究范式转换中的现代性

当语言研究范式和后现代研究范式在现代性研究中出现困境的时候，与之并存的文化研究范式为我们摆脱现代性困境点燃了新的希望。人们开始越来越多地将目光转向文化的研究，试图通过文化研究范式的转换重新破解现代性的难题。文化成为人们研究和关注的重要领域，现代性问题也越来越聚焦于人类生活的文化维度，以至人们"在描述日常生活中最基本的细节时不使用'文化'这个词已经是件不可能的事"。① 但是，如同当代的其他研究范式一样，文化本身的含义也不尽一致。而这并不否定或者排除文化作为研究范式的既存性与有效性，相反，却最大限度地彰显了文化作为研究范式内涵的丰富性和类型的独特性。人们正是通过对文化的不同理解来表达对当代世界的不同理解。人们对于文化理解的多样性，牵引着我们对于现代性问题理解的多样性。下面，仅从文化研究范式转换中几个比较有影响的理论视角来透视文化对现代性研究的影响。

1. 作为符号系统的文化对于现代性研究的影响

在关于文化的诸多理解中，文化符号论具有广泛的影响。文化符号论者认为，文化是人类在特定的生存环境中，基于其本身的生活需要，在同周围世界、社会和人的各种活动相遭遇而产生交互影响的情况下，所表现出来的生命存在形态。这种生命存在形态是以一系列的符号方式呈现的。在符号观念下，人不再被看成理性的动物，而被看成符号的动物。人就是通过构造各种各样的符号及其系统来表现自身存在的意义的。因此，透视人类符号也就透视了人本身；透视当代符号的本质也就透视了现代性的本质。符号论者声称，当代符号文化较之于传统的符号文化正发生着巨大转变。传统符号文化，主要是通过构造符号者与使用符号者基于共同的理解及其对某个符号参照体系的主动想象，并通过使用符号的共同体所达成的"协议"或"共识"而创造和运作起来的。这种传统的符号文化是按照文化的"自然"本性与"习俗"本性发展起来的，具有一定的客观性和必然性。其优势在于强化文化发展的稳定性与连续性；其劣势则在于其中的稳定性所造成的僵化性易于被占统治

---

① 弗雷德·英格利斯：《文化》，韩启群等译，南京大学出版社，2008，第1页。

地位的掌控符号的社会集团所利用，从而为维护其自身利益或者巩固其自身地位服务。相比之下，当代符号文化，由于人类文化创造力达到了前所未有的高度，已经不仅可以人为地将文化符号的更新和再生产引向特定的方向，创造出多种多样的文化形态，而且也可以完全不考虑固定的参照体系，仅凭符号体系本身的变化，仅凭纯粹符号的形式变化，就可以构造和指涉某些意义关系。符号已经演变成以欲望和意志为中心，随欲望和意志的变化而变化的存在。

受文化符号论的影响，在现代性的研究中，人们发现，现代性也是一个符号系统，现代性的很多观念正是通过一系列的符号概念构造出来的。现代性的研究就是要最大限度地把握现代性符号的本质。由此，有研究者认为，现代性符号的本质具有双重特性。其一，由于它产生于"自然"和"习俗"的土壤，所以，具有不可抗拒的传统性力量，它总是力图表征现代社会以及现代人对周围世界的真实感受和呼求。其二，由于现代性符号具有"可构造性"特征，它又极易从客观事物中"脱落"开来，成为符号生产者控制和指挥听看符号者，任意践踏与诱导听看符号者的理解和运用的钳制性工具。现代性的符号论者更倾向于后一特征，认为现代人可以通过打造新的符号体系而建构出一个"新社会"，"新社会"是否合理就在于新的符号体系是否合理。

2. 作为人类存在方式的文化对于现代性研究的影响

与文化符号论者不同，文化存在论者认为，"文化不是一个中介物，置身于主体性和对象性之间的第三者"。① 文化不是"对象化的心灵"，不是某种内在心灵生活的派生性的外在化，也不是某种精神的或观念的外显。毋宁说，作为人的存在方式，文化就是人本身。文化是历史地凝结成的生存样法。这种文化观所强调的是人类存在方式的历史性与当下性。把文化理解为人类的存在方式，凸显了文化之于人类存在的重要意义。

但是，由于对"存在方式"的不同理解，有人强调个体的存在方式，有

---

① 劳伦斯·E. 卡洪：《现代性的困境》，王志宏译，商务印书馆，2008，第 386 页。

人突出共同体的存在方式。这进一步导致了人们对于公共领域和私人领域的严密划分。主张个体存在方式的人认为，公共领域与个人无关，人只有在私人生活中才存在自由。私人生活的世界是一个原初的世界，是一个不受外在力量浸染的世界。人们应当竭尽全力抵制各种来自公共领域的"殖民"与"入侵"，以保全个体本真的生活世界。主张共同体存在方式的人则认为，如果一个人仅仅看到了私人领域的自由，那么他就是不自由的。公共领域的自由与私人领域的自由是不可分隔开来的。因为只有在文化当中——文化是公共的——个体性才能得到发展。如果仅仅把公众文化和政治生活看成斗争的场所，而没有其他的内在价值，那么，我们就不仅使公众生活枯竭了，而且剥夺了个体有意义的生活源泉。此外，介于上述区分之外，还有一种对"存在方式"的不同理解。这种见解认为，文化本身是一种属人的创造性活动。这种活动不断地将人自身和人周围的世界"文而化之"。人是不断地生成着的文化，文化是不断地生成着的人。作为人类存在方式的文化，就是人类不断地超越自身和世界以寻求当下存在意义的创造性活动。

受这些观念的影响，现代性也被看成一种作为人类存在方式的文化。对于这样的一种文化，人们已经注意到了它既具有公共性，又具有个体性，更具有创造性。因此，现代性是一个基于生活世界的不断生成着的文化，这种文化是一个与具体历史境遇密切相关的"延异"过程。

3. 作为价值与阐释的文化对于现代性研究的影响

无论把文化理解为符号观念，还是理解为人的存在方式，我们都可以发现，文化绝不是一个中立性的概念，任何文化都携带着价值的要素。正如弗雷德·英格利斯所言，"文化可以被定义为一个'主导价值加解释'的体系"。① 这个体系实则是一个价值的结构，是一个穿越了所有社会现象的重力场。文化之中的存在者，无论是人类学家、社会学家、文学评论家，还是普通的社会个体或者民众，都在寻找生活价值和可铭记的观念，并做出具体

---

① 弗雷德·英格利斯：《文化》，韩启群等译，南京大学出版社，2008，第159页。

的自我判断。对此，劳伦斯·E.卡洪指出："文化是一个社会群体的阐释性产品——无论是继承而来的还是创造出来的——的总体性，该群体通过这些产品来理解它自身和它的世界。"① 在卡洪看来，文化不只是精神性活动，它既是心灵的，同时，又是物理的，它总是用意义和价值来阐释或创造物理存在者。文化不仅把人与物联系在一起，而且把人们相互之间以及把人和过去的世世代代联系在一起，活着的人对世世代代的产品重新阐释，重新往里边填充意义。文化就是在价值判断和意义阐释的双重维度中不断展开的存在。

现代性，作为近现代文化发展的重要组成部分，其意义和价值只有在不断的阐释中才能得以显现。也就是说，现代性的意义不在于抽象的本质，而在于历史境遇的现实阐释。现代性的意义正是通过它与人的关系而得到显现的，如果某一现代性文化或者实践不与形成它们的创造者和阐释者发生关联，就不会有任何意义。同时，随着那些关系发生变化，意义也会"与时俱变"。"人类是这样一种存在者，他们总是被迫在意义和无意义之间，在认为世界和它们的存在是有价值的、有意义的和感觉到它们毫无意义和价值之间做出抉择。"② 由是，现代性的命运注定是一个永远未完的抉择。

---

① 劳伦斯·E.卡洪:《现代性的困境》，王志宏译，商务印书馆，2008，第388页。
② 劳伦斯·E.卡洪:《现代性的困境》，王志宏译，商务印书馆，2008，第441页。

文化哲学基础理论问题与俄罗斯东欧哲学

弗兰克对 20 世纪初俄国文化危机的回应[*]

陈树林 [**]

从社会文化变迁视角看，20 世纪初在俄国爆发的一系列革命及后果是俄罗斯斯拉夫派与西化派代表的本土文化与西方文化冲突引发的深层文化危机的现实表现。面对这种深层的文化危机，敏感的白银时代的宗教哲学家和思想家不再满足于或局限于对革命及其后果本身做出感性的判断和因果关系的解释，而是站在宗教神学的立场上对这场文化危机做出诊断并给出医治的药方。包括别尔嘉耶夫、布尔加科夫、舍斯托夫、弗兰克在内的宗教哲学家们，把俄国置于西方文化与东方文化的经纬线上，从东西方文化对俄国文化的影响、俄罗斯民族历史命运与世界历史命运、各种内外社会思潮对比审视、人的精神信仰与现实活动、历史传统与现实选择、各种政治体制优劣评价等层面或维度剖析。在这些哲学家中，弗兰克（С.Л.Франк, 1877-1950）是其中一位更为自觉的宗教哲学家，他不但对这期间的革命及其后果从文化深层给以发掘，而且还通过建构解决问题方法论的社会哲学试图给以医治，他的以重建社会的精神基础为旨趣的社会哲学思想理论本身包含的合理因素即使在今天同样具有一定的理论价值。

---

[*]　本文发表于《世界哲学》2009 年第 6 期。

[**]　陈树林，黑龙江大学文化哲学研究中心教授，主要从事以东正教为基础的俄罗斯宗教哲学、俄罗斯文化模式和苏俄马克思主义思想理论发展史的研究。

一 20世纪初俄国文化危机的宗教哲学自觉

19世纪末的俄国正处于社会转型阶段，伴随资本主义工业化的迅速发展，社会内部发生了深刻的变化。一方面是俄国的资产阶级、无产阶级两个集团的不断壮大和中产阶级——"第三等级"的形成；另一方面是包括来自西方和本土的自由主义、社会主义、功利主义、唯物主义等社会思潮在俄国滋生泛滥。俄国社会从阶级结构到意识形态都发生了深刻的变化，原有的沙皇专制、宗教神权政治、村社制度三位一体的传统社会文化根基开始动摇，这直接导致了无数次俄国革命风暴的到来，而1905年以"血色星期天"事件为标志的请愿革命就是一系列革命的总爆发。这个时期革命成为人们新的信仰和希望所在，"20世纪前夕的俄国，没有一个词能像'革命'一样更为俄国人着迷……对那些渴望新生活的俄国人来说，'革命'一词充满了魔力"。[1]在思想、意识领域，俄国这一时期的思想斗争和观念革命亦如火如荼。"最初由左翼西方化人士宣扬的激进主义、功利主义和物质主义的心跳在虚无主义中得到了成功表达并有别于民粹主义和马克思主义的形式支配着学界和其他活跃的知识界。"[2]弗兰克是这一历史时期的见证人和参与者，他深刻感受到了第一次世界大战结束后的情景：现实生活中，人类似乎进入了充满动荡、政变、风起云涌的历史运动的时代，无论是国际政治还是国内政治都不似以往那么稳定。"我们生活在一个没有宗教信仰、充满怀疑与失望、处事冷漠的时代，我们不知道应该为什么而工作，应该追求些什么，为什么而竭尽自己的绵薄之力。精神上没有宗教信仰、自发的历史运动汹涌蓬勃——正是这两者构成了我们这一时代的悲剧特征。"[3]弗兰克积极参与那场思想斗争之中，试图发挥一

---

[1] 尼古拉·梁赞诺夫斯基、马克·斯坦伯格：《俄国史》第7版，杨烨译，上海人民出版社，2007，第374页。

[2] 尼古拉·梁赞诺夫斯基、马克·斯坦伯格：《俄国史》第7版，杨烨译，上海人民出版社，2007，第411页。

[3] 弗兰克：《社会的精神基础——社会哲学导论》，王永译，生活·读书·新知三联书店，2003，第6页。

个知识分子——哲学家的作用。他参与著名的《路标》文集的写作，发表了著名的《虚无主义的伦理学》（1909），批判无神论文化的极端性，呼唤精神价值的复兴，倡导宗教文化。这期间他还发表了《马克思的价值理论及其意义》（1900）、《俄国革命中的道德分水岭》（1917）、《俄国革命的宗教历史意义》（1923）、《关于俄国革命的思考》（1923）、《偶像的毁灭》（1924）、《社会生活的宗教基础》（1925）、《生命的意义》（1926）、《马克思主义的基础》（1926）、《唯物主义是世界观》（1928）等文章，透过他的著作可以发现弗兰克由一个民粹主义者、马克思主义者向宗教唯心主义者、虔诚的东正教徒嬗变的轨迹，也可以看出俄国在那个时期文化危机的基本征兆。

弗兰克认为，面对 20 世纪初俄国纷繁复杂的社会现实，只有看清"由知识分子所领导的曾大有希望的社会运动之破产，和随之而来的那些曾是最坚固的道德传统观念在俄国知识分子氛围中的轰然崩塌"① 这两个最为重要的事实，才可能找到俄国社会的复兴之路。可见弗兰克已经把视角深入俄国革命运动背后的人和社会精神基础和价值世界寻找原因了。在他看来，"由于一切运动无论其目标还是其策略，归根结底都遵从和取决于知识分子的精神力量——他们的信仰、生活经验、他们的评价与兴趣、理性与道德的气质，因此，政治问题本身就成为文化——哲学和道德问题。"② 他站在宗教神学立场上，用宗教哲学去审视俄国文化危机并做出独特的诊断。在他看来，各种偶像的毁灭就是当时社会深层文化危机的基本症状。

首先是革命偶像的毁灭。弗兰克在反思俄国革命的起因、过程和后果后得出一个结论，即近 20 年来的推翻沙皇反动专制政府，建立一个让人民彻底摆脱一切不平等不正义的苦难的理想社会和体制的希望以失败告终，因此，以往的革命偶像和革命乌托邦就应该彻底毁灭。革命偶像的破灭并非坏事，它可以唤醒千百万俄国的知识分子、各个阶层的革命分子，不要对革命抱有希望和幻想。因为，革命不可能从根本上解决社会恶的问题。革命只能

① 弗兰克：《俄国知识人与精神偶像》，徐凤林译，学林出版社，1999，第 45 页。
② 弗兰克：《俄国知识人与精神偶像》，徐凤林译，学林出版社，1999，第 46 页。

通过政权的转移实现一小部分人的愿望，新政权为了维护自己的统治地位不得不做出改良的样子，一旦政权巩固，就会走向反面，露出真正的凶恶面孔，国家政权是利维坦和魔鬼，是吸血鬼。同时，革命要付出沉重的代价。革命使一切正常、安宁的生活秩序被打破，而这种代价只能由善良、无知的百姓去埋单。另外，革命是以暴力手段对付邪恶，以恶对恶不可能从根本上消除罪恶。弗兰克所指的革命偶像绝不仅仅是政治革命，还包括宗教战争、民族战争、国家内部的战争、世界大战。总之，俄国、法国革命和其他世界上的所有革命的命运都是一样："为了理性的胜利而创造出了野性的疯狂，为了自由、平等、博爱而建立了可怕的专制制度、普遍纠纷和恐怖，无意义地杀人和破坏经济生活，纵容憎恨和凶残的复仇本能……革命的历史以千变万化的形式重复着一个如经典一样确切有规律的发展主题：圣者和英雄们，他们献身与造福人类和在世间确立善良与公正的伟大理想，结果却成为野蛮的恶魔，破坏生活，残害人类，建立了巨大的不公和恐怖的无政府状态或野蛮的专制制度。"[①] 在弗兰克看来，问题不在于要实现什么样的政治理想或社会理想，而在于这些理想的实现方式本身，在于对待生活与现实之态度的政治—道德结构，这一结构不依赖于局部的政治内容。

其次是政治偶像的毁灭。与革命偶像相连的是政治偶像，即认为只要建立了合理、公正的政治制度，一切邪恶就可以被驱除。但是，革命胜利后，新的制度确立之后的结果却令人失望。他的结论是：人们不能为任何政治和社会制度而生活。无论是资产阶级民主政治，还是无产阶级的社会主义，或者是君主制、共和制、君主立宪制，公有制或私有制，一切政治制度都是外在于人的本性的，不会给人带来安宁和幸福。

再次是文化偶像的毁灭。如果说革命偶像和政治偶像是经验层面上的，那么，相对的还有深层的，作为社会历史发展观念的一些信条和观念，可以把这些统称为"文化偶像"。其中对整个欧洲社会而言，"进步"信念的偶像

---

① 弗兰克：《俄国知识人与精神偶像》，徐凤林译，学林出版社，1999，第92页。

在第一次世界大战中毁灭了。俄国与欧洲在文化上属于近亲，都有基督教文化传统，但是相比之下，俄国与欧洲，特别是与西欧相比总是处于颓势和落后地位。俄国始终把西欧当作自己的榜样和目标去追赶，也相信人类历史的"进步"观念，但是，第一次世界大战的爆发，充分暴露了欧洲社会的内在矛盾和社会的阴暗面。人们开始怀疑，人类社会的进程是否如科学进步一样是一个直线的或略带有曲折但总体是进步的，那种历史乐观主义不是像地球万有引力定律一样放之四海而皆准。相反，第一次世界大战的爆发和新的世界格局的确定，把世界公平、正义的所谓公理全部推翻了，世界上根本就不存在民族之间的友爱、公平、正义，相反，弱肉强食、民族歧视、利益交换则是现实国际关系的基本准则。

最后是理想主义和道德理想主义偶像的毁灭。理想主义和道德理想主义认为，人的一生总得为实现某种客观目的服务，他应当献身于国家，献身于一定的政治理想，把这种理想、原则当作一种具有绝对意义的信仰原则。俄国革命使这种信仰的偶像也随其他偶像的破灭而破灭，因为人们已经不再相信这一"绝对道德律令"。原因在于以下几点。第一，"这种抽象的道德理想和规范具有冷酷无情的强制性，它们强行统治着我们的灵魂。我必须履行它们，我无权拒绝它们，无论我愿不愿意，无论这值不值得"。[1] 第二，"生活道德规范的通常结构中具有内在的虚伪性和错误性。一切道德原则或道德理想，无论它如何表现，如果它只是抽象的理性形式，那么就是把生活某种局部的内容抬高到全部生活的生命的最高统治者的地位"。[2] 第三，在献身"理想"和"原则"的"道德理想主义"思潮中，有一种坏的辩证法在起作用，由于这种作用，"一切在道德愿望和追求上明显的善的东西，在变为现实之后则成为恶"。[3]

---

[1] 弗兰克:《俄国知识人与精神偶像》，徐凤林译，学林出版社，1999，第112页。
[2] 弗兰克:《俄国知识人与精神偶像》，徐凤林译，学林出版社，1999，第122页。
[3] 弗兰克:《俄国知识人与精神偶像》，徐凤林译，学林出版社，1999，第124页。

二 摆脱文化危机的社会哲学救治方案

面对文化危机下的人的精神危机，最重要的、第一位的、必需的是以思想与意志的力量去解除使人颓废的怀疑主义的魔力，把注意力集中到社会与人的永恒本质上去。弗兰克不但对文化危机的病症做出了诊断，还给出了医治的药方，即重建社会精神基础的社会哲学方案。弗兰克在批判各种学说把握社会性质及其内在结构关系等问题的不足的同时，建立了一种体系完整、功能齐备、对解决实际问题有指导意义的哲学方法论。他的社会哲学分析了社会本体论性质、基本运行的道德原则、内在结构关系等，力图建立一种完美的理想社会和这种理想社会的运行规则。

第一，社会的本体论性质（онтологическая природа）定位和社会的道德原则。弗兰克批判了把社会存在归结为"物质的"和"心理的"两种倾向后提出了"社会存在本质上是一种精神生活"的观点，并以此为基点确立了社会哲学提出的一些基本原则，即使人的自由意志得到保障的一些原则。这些原则来源于社会与人的普遍基础，从本质上看是永恒的、包罗万象的一般性原则，而不是一些具体的政治理想或原则。人类社会的本质在于其精神存在性，从根本上说是一种精神存在和受精神活动支配的有目的的活动，那个支配人活动的最根本原则和基础就是人的道德，人类生活遵循的最根本的原则就是"应当"（дожен）原则。弗兰克认为，"'应当'这个范畴是一种第一性的范畴，它确定道德生活并通过它来说明人类生活普遍的本质属性"。[1] 应当是一个第一性的范畴，表现了人的意志须服从最高的、理念的、应绝对遵从的因素因而不能说成任何人的本性的经验因素。应当所具有的那个在人类社会生活世界中必须而且总是以法与权的面目出现的方面是社会生活的道德的、理念的即神人性质的表现。与"应当"原则相对应，社会最普遍、最根

---

[1] 弗兰克:《社会的精神基础——社会哲学导论》，王永译，生活·读书·新知三联书店，2003，第 91 页。

本的原则是服务原则、团结原则、自由原则以及三者统一。服务原则是人的
本体论本质最普遍的体现，因而也是社会生活最标准的原则。"服务原则是社
会生活的最高原则，是一切社会制度的基础，同时又如使其得以巩固的黏合
剂——这是从上述关于社会本体论性质的论述中得出的结论。"① 由服务原则衍
生出两个相关的原则，即团结原则和自由原则，它们与服务原则有关，是服
务原则在人类生活中的具体体现。没有团结，社会就是一盘散沙。人与人之
间密切的私人关系、社会各级机关的"人"的意识、其在具体个人身上的体
现就像永不停歇的血液循环维持着整个社会的生命统一体。同样，没有自由
或忘却自由、轻视自由，无异于关闭、封锁人的灵魂，无异于精神窒息，丧
失那种人所呼吸的、流动的精神空气；没有自由，人便无法作为人而存在。

第二，对社会的本体论内在结构破解。对社会的认识是西方自古希腊以来
哲学家们关注的主题，包括柏拉图、亚里士多德、斯多葛派等哲学家们观点，
特别是把社会当作专门对象加以研究的社会学或社会科学学科建立之后，对社
会的认识不断加深。弗兰克注意到西方哲学和社会学各流派取得的成果和形成
的"总和说""个人本位说""集体本位说""有机体说""社会原子论""生命
共同体说"等各种观点。在他看来，上述观点几乎都把社会现象归结为单个人
的总和，即"社会不过是数个独立群体总和及其相互作用的总称"。他认为上
述观点存在许多缺陷，不足以达到对社会的真正把握，而他所诉求的是对社会
的本体论结构的揭示，而不是经验论的外在描述，理性主义的逻辑分析。

弗兰克为了阐明自己与众不同的观点，甚至弃用原有描述和分析社
会本质的约定俗成的概念——个人主义（индивидуализм）、集体主义
（коллективизм），而是自己造了两个专门的概念——奇异主义（сингуляризм）
或社会原子主义（социальново атомлизм）、总体主义（универсализм）② 去论
证自己的观点。弗兰克反对用"个别"与"一般"概念去分析个人与社会的

---

① С.Л.Франк: Духовные основы общества М: Республика, 1992, сс.109-110.

② С.Л.Франк: Духовные основы общества М: Республика, 1992, с.38. 王永译为：个原主义
和普济主义。

关系方法，认为这种观点最终只会承认"个别"的个体的人的真实存在，而社会作为"一般"只能是一种思维中的存在、抽象的存在。尽管这种抽象的"一般"在一定程度上反映了人的共同优点和不足，但尚不能说明或解释社会还是一个不同点相统一的具体的整体。弗兰克还反对把社会理解为生物有机体的观点。在他看来，不管社会统一体与生物有机统一体如何相似，都不能忽略它们之间的本质差别。社会统一体与社会本身一样，带有一种精种性质，统一体所由之形成或于其中表现出来的那种社会成员之间的关系是一种精神关系。而生物机体中身体细胞间的关系即使我们全然不懂，也仍然是一种自然的物质关系。因此，这种自然主义方法从根本上就偏离了探索社会本质的基本方向。弗兰克通过分析"我"与"我们"、"聚和性"与"社会性"的二元关系，揭示社会的内在的与外在的、现实的与精神的内在统一的深层本体结构。总之，社会是真正完整的实在，而不是无数个体的派生联合，此外，社会还是统一实在，我们于其中皆为具体的人而存在。被孤立看待的个体只是一种抽象概念；只有在会同存在中，在社会统一体中我们所说的人才真正真实地存在。

弗兰克还用"聚和性"（соборность）和"社会性"（общественность）概念分析社会的内在性和外在性的辩证统一关系。他用"聚和性"和"社会性"两个概念区分社会的"内部社会性"与"外部社会性"，认为社会内部层面与外部层面这两重性直接源于人类普遍本质的两重性。社会的外在结构是在内在的意志支配下建构的，在任何人与人的联合体之间的那种机械的外部关系中隐含着"聚和性"、内部的人之统一体的力量并通过这种关系起作用。

第三，揭示了等级制原则与平等原则二元对立统一关系。弗兰克在谈到社会的等级制原则（начало иерархизма）与平等诉求时指出，社会生活由于其本质是基于最高的服务原则的统一体，须以相反的不平等基础、等级制基础为前提，而不是以平等为前提。在谈到等级制的内在根源时指出，首先，"绝对意义上的平等是一种在社会生活中根本实现不了也从未在历史上实现过的东西。人们的身体及心灵特征总是各不相同，他们的社会地位、权利及义务也不平等。无时无处，在任何社会制度下，无论它建立在什么基础之上，必然存在统治者与被统治者之间、站在社会阶梯不同梯级上的人之间的不平等关系"。① 其次，不可避免的而且在社会中普遍存在的不平等的根源在于它起因于必然客观存在于社会中的等级制度。等级制度基本上是一种自然的社会属性，在社会中它与机体、与任何生活相适应。优化等级制度无异于使社会衰落，取消等级制度无异于瓦解社会，把它变为无机物。再次，尽管民主主义的抽象理论要求由所有人或大多数人来统治，但在任何社会中，无论正式宣扬什么原则，都注定由少数人统治多数人。

弗兰克在谈到如何看待等级制和判断其合理性标准时指出，首先，等级制的普遍原则不是一种不可避免的恶，而是善。其次，衡量社会等级制度是否合理的尺度不是看它能多大程度地满足人的欲望、满足人的贪欲和不能比别人差的攀比心，而是看社会制度能在多大程度上保障合理的等级制度，即真正把每个社会成员放在该放的位置上，与他的品格及能力相匹配的位置上。再次，任何一种长期存在并已成为传统的等级制形式都会堕落，都会改变其真正本质。弗兰克反对建立在18世纪民主主义理想基础之上的人本主义及自然主义世界观，坚持人权及欲望的平等观，认为要求社会给予每个人的财富、权力、荣誉不比别人的少的确具有诱惑性，但是，这种平等原则是错误的、无法实现的。

弗兰克还揭示了社会生活的理念力量与经验力量的二元对立统一、传统与创造的二位一体（двуединство）对立统一关系、世袭性（наследственность）原则与个人功绩（личных заслуг）原则的二元对立统一关系、社会生活的计划性（планомерность）与自发性（спонтанность）的二元对立统一关系，其观点同样具有启发性。限于本文篇幅，在此不详细论述。

三 弗兰克对文化危机诊治的理论价值

20世纪末苏联解体，其社会的思想、精神、道德、价值、信仰等再次陷

---

① 弗兰克:《社会的精神基础——社会哲学导论》，王永译，生活·读书·新知三联书店，2003，第149~150页。

入真空和混乱状态，世纪之初的文化危机重演。坚持了70年之久的无神论一夜之间转向有神论、寻神论和造神论，曾经作为主流意识形态的马克思主义被逐出阵地而丧失话语权，社会主义、共产主义理想和价值原则也随之被人们遗弃。相反，当年被列宁称为"僧侣主义的有学位的奴仆"[①]的宗教哲学家们如今受到追捧，被作为批判对象的东正教神学及其新宗教意识复活，包括弗兰克在内的新宗教意识哲学家的理论成为重要的思想资源，东正教蕴含的基本价值理念再次成为人们欣然接受的价值原则。怎样看待包括弗兰克在内的白银时期新宗教意识哲学家的理论成就和当代价值无疑成为一个极为重要的理论问题和现实问题。我们不妨从历史和现实两个视域评价弗兰克对文化危机诊治的理论价值，从问题本身和解决问题的理论去分析弗兰克社会哲学的学术价值，这样或许有助于把握俄国的历史戏剧性变化和现实文化困境。

从历史和现实的对比来看，发生在20世纪初和20世纪末的俄国文化危机的历史惊人相似我们可以不去理会，然而，间隔70年的两段历史的共同之处却毋庸置疑，即一种作为主导社会行为的旧的价值体系轰然崩塌，而新的价值体系尚未确立，人和社会处于信仰缺失的文化焦虑状态之中，寻求和确立一种新的价值体系成为当务之急。但是，两个历史时期同一主角——弗兰克代表的白银时代宗教哲学家们及其思想理论的历史命运却截然不同。20世纪之初，弗兰克等人殚精竭虑、苦心孤诣建构的社会哲学理论和提出的应对文化危机的药方不但被当时的苏维埃政权无情抛弃，而且还将之作为战斗的唯物主义的对立面——宗教唯心主义加以批判。这些宗教哲学家不仅"灵魂"和"思想"受到清洗，就连其"肉体"也受到了摧残，他们不得不背井离乡流亡国外，只能在异国他乡去关心自己的祖国。20世纪末，当白银时期的宗教哲学巨星纷纷陨落客死他乡之后，他们的思想和著作却被今天的社会所接受并如获至宝。但是，哲学家这种看似荒谬的命运却折射出一个无可置疑的事实，那就是弗兰克等人的思想的光芒和理论价值的超时空性。

---

① 《列宁选集》第4卷，人民出版社，1972，第111页。

从宏观上看，后苏联时期的俄国，迫切需要一种新的价值体系来凝聚因社会政治、经济动荡而涣散的人心，作为俄罗斯本民族的"传统文化"成就，新宗教意识无疑可以充当一种可供选择的理论资源，更何况新宗教意识本身包含的一些价值原则对于民族凝聚力、感召力的形成有奇特的功效。在包括弗兰克在内的新宗教意识思想中，"莫斯科是第三罗马帝国"，"俄罗斯民族是上帝的选民"，"东正教，它就是我们俄罗斯的社会主义"（陀思妥耶夫斯基），"三位一体是我们的社会纲领"（费多罗夫），"沙皇的王权尊严、教皇的神权尊严和新教改革的先知尊严，三位一体的全体一致的形象就是在尘世实现社会正义、和平和善"（索洛维约夫）等价值理念从不缺乏，这一切从各个方面和层次上带有东正教神学内涵的"传统文化"既是文化模式转型和生成的母体，又是本土文化与外来文化冲突的避难所，因此，在20世纪末俄罗斯再次复兴白银时代新宗教意识是符合文化传承规律的。弗兰克作为一位自觉的新宗教意识哲学家，他强调社会的精神本性和重建社会的精神世界的努力在后苏联时代受到追捧也是理所当然的。

从微观上看，以弗兰克的理论为代表的社会哲学、宗教哲学相对于其他哲学理论无疑由其内在的学术内涵作为坚实的支撑。

首先，弗兰克的社会哲学是在分析了社会学、法哲学、历史主义、历史哲学等社会科学理论的不同特点和其在解决社会精神问题上的各种不足的基础上建构的。面对19世纪末和20世纪初西方文化危机背景下的俄罗斯社会现实情境，弗兰克站在东正教神学立场上，从宗教哲学高度对当时风靡俄国的各种理论思潮和流派的社会观、伦理观、革命观、人生观、民族观、政治观等进行检讨和分析，对包括十月革命在内的俄国一系列革命的得失进行检讨，对苏维埃政治、经济、文化制度进行批判，建构出了独特的试图在理论上超越其他哲学流派并对现实困境给予解答的社会哲学理论体系。弗兰克的社会哲学对社会生活的本体论本质、社会理想类型、社会遵循的基本原则、社会生活中的一些二元结构关系等问题作了全面深刻的探讨，也对与此相关的其他理论和学说作了深入的批判和剖析。他的社会哲学对苏联的社会主义从理论到实践的批判不乏深刻的启示；对单纯的社会经济决定论、暴力革命理论的批判也不乏深刻性；其理论对于进一步全面反思和认识社会主义的思想来源和理论内涵也不无启发。这些正是弗兰克思想的学术价值所在。

其次，弗兰克的社会哲学所依赖的宗教哲学，特别是俄罗斯的宗教哲学对于批判以西方近现代启蒙运动之后形成的理性主义和人本主义哲学有很强的针对性，特别是对实证主义基础上的人文社会科学对人和社会的认识的不足和偏颇的批判有对症下药之功效。事实上，20 世纪西方文化危机已经证明了弗兰克、别尔嘉耶夫等俄罗斯哲学家们的先见之明。别尔嘉耶夫把俄国 20 世纪初发生的文化危机看作西方文艺复兴的终结和人文主义危机的直接后果，认为"机械的引进"、"人的形象的分解"、人的客体化是这种文化危机的直接后果和表现。在他看来，虽然"在俄罗斯，没有经历过文艺复兴本身，而我们却感受着比西方任何地方都更加深刻的文艺复兴的终结和人文主义的危机"。[①] 面对以技术理性幻灭、主体缺失、价值坍塌为内涵的 20 世纪西方文化危机，我们不得不为弗兰克、别尔嘉耶夫等宗教哲学家的思想穿透力所折服，他们早在 20 世纪之初就开始对实证主义、科学主义、极端人本主义等主流文化精神进行批判，强调人的"神人性"本质和社会的"精神性"本质，他们的理论价值已经远远超出俄罗斯民族范围，成为全世界的共同精神财富。

再次，客观地审视弗兰克对 20 世纪俄国文化危机的立场和理论观点不难发现，他的基本观点是神学历史观，他过分强调人的精神世界和社会的精神基础的地位和作用，而忽视人的现实政治、经济活动的重要性，难免失之偏颇和理想化，也不可能变成改造现实社会的灵丹妙药。但是，社会哲学是弗兰克多年社会学研究的结晶，又是其对全部宗教哲学研究的成果，同时也是对俄罗斯人以血泪教训得来的生活经验的总结，具有重要的学术价值。剖析弗兰克的社会哲学思想，有助于了解白银时期宗教哲学的理论特征和理论诉求，有助于了解俄国哲学的一般特征，有助于理解俄罗斯宗教哲学复兴的深

---

① 别尔嘉耶夫:《历史的意义》，张雅平译，学林出版社，2002，第 147 页。

层历史文化缘由。

俄罗斯著名哲学家叶夫多基莫夫曾说:"哲学在俄罗斯首先是社会的,它力求把神性真理应用于人类生活,因为社会是建立在圣三奥秘形象上的团体。俄罗斯哲学从一开始就是智慧,是历史及其意义的哲学,以人和人的历史命运为中心。批判和怀疑从来没有强烈吸引过俄罗斯思想,从传统上看,俄罗斯思想的出发点是理论理性和实践理性的统一,理性的认识功能和心灵价值哲学功能的统一,对事实的认识和对事实意义的直觉的统一。"[1] 弗兰克建构社会哲学的实践和理论诉求是叶夫多基莫夫对俄罗斯哲学品性断言的最好注释。正如一个世纪前弗兰克为了克服当时因偶像毁灭、虚无主义幻灭导致的精神危机而耗费十年时间写作了《社会哲学》一样,相信弗兰克的思想对陷入精神危机的俄罗斯同样具有启发。

---

① 叶夫多基莫夫:《俄罗斯思想中的基督》,杨德友译,学林出版社,1999,第33页。

白银时代宗教哲学视域中的文化批判*

周来顺**

从某种意义上说，19世纪末20世纪初是人类面临的危机最为深层、挑战最为激烈、命运最为沉痛的时代。面对世纪之交社会的动荡、时代的转换、精神的危机与价值的虚无，以别尔嘉耶夫、布尔加科夫、弗兰克等为代表的白银时代宗教哲学家进行了深层的反思，认为这种时代性危机的实质是一种文化危机。白银时代宗教哲学家在对这场文化危机的反思过程中，涉及了文化批判理论的诸多主题，其文化批判理论构成了20世纪众多文化批判思潮中的一维。可以说，他们同20世纪以胡塞尔、韦伯、海德格尔、霍克海默、阿多诺、马尔库塞、哈贝马斯、赫勒、鲍曼等为代表的西方思想家一道，立足于自身文化传统对以理性主义为核心价值观念的西方文化精神进行了反思。他们认为现代西方文明所面临的最为深层的危机便是文化危机，而构成这一危机的深层原因及其理论实质则源于理性主义文化精神的过分膨胀，认为正是理性主义文化精神的过分膨胀导致了信仰主义的衰微与虚无主义的盛行。由此，他们从俄国哲学所特有的理论视域出发，对以理性主义为核心支撑的西方文化精神展开了多维批判，并力图通过这种批判进而达到文化精神的重建，以此来克服理性主义的危机与虚无主义的侵袭。

---

* 本文发表于《哲学动态》2012年第6期。

** 周来顺，黑龙江大学哲学学院教授，主要从事文化哲学、俄罗斯哲学、国外马克思主义领域的研究。

一

　　从某种程度上说，对现代西方文明的反思与批判构成了 20 世纪诸多思想家的重要理论主题。特别是在人类经历了两次灾难深重的世界大战之后，众多现代、后现代思想家从不同角度对现代西方文明进行了深度的反思与批判，如齐美尔指出现代西方文明危机的实质源于核心价值观念的丧失，韦伯则指出现代西方文明将可能导致一个"专家没有灵魂，纵欲者没有心肝"的牢笼时代的来临，而鲍曼和赫勒等则指出现代西方文明在其理性原则的支配下，将作为一种不可遏制的力量而"向前行进——这倒不是因为它希望索取更多，而是因为它获得的还不够；不是因为它变得日益雄心勃勃、更富冒险性，而是因为它的冒险过程已日益令人难堪，它的宏大抱负也不断受挫"①，现代性的动力是一种自我毁灭的辩证法，现代文明在"摧毁周围的一切之后，在把世界变成了一个精神的沙漠之后，它会毁灭它自己"。② 与此同时，以别尔嘉耶夫、布尔加科夫、弗兰克等为代表的白银时代宗教哲学家在其所开辟的诸多文化批判主题中，同样对现代西方文明进行了深度的反思与批判。

　　白银时代宗教哲学家在对现代西方文明的批判过程中，直指现代西方文明建构的社会根基。在白银时代宗教哲学家看来，社会产生的基础是神话与象征，并由此将社会划分为三种类型：一是以类与血缘为特征的"有机共同体"，二是以机械和原子为特征的"机械共同体"，三是以自由与精神为特征的"精神共同体"。他们认为现代西方文明建立的社会基础是以机械与原子为特征的"机械共同体"，这一社会共同体强调的是机械的、整体的、普遍的原则，缺乏神圣的、精神性的维度。在这一社会建构形式的支配下，人们像蚂蚁一样生活在千篇一律的建筑之中，但问题在于"人不是蚂蚁，人的社会性也不是蚂蚁

---

① 鲍曼：《现代性与矛盾性》，邵迎生译，商务印书馆，2003，第 17 页。
② 赫勒：《现代性理论》，李瑞华译，商务印书馆，2005，第 70 页。

窝"。① 而且在白银时代宗教哲学家看来，社会生活不仅仅是一种物质生活，其在本质上是"一种精神生活，具有某种'界'的外部客观存在的性质，这种'界'类似物质世界存在于我们周围"。② 由此，白银时代宗教哲学家从其特有的东正教视域出发，认为真正的社会根基应建立在精神的共同体之上，否则人类社会的命运将是悲剧性的。社会作为一种精神共同体，是物质与精神、尘世与神圣的完整统一。

白银时代宗教哲学家不但对现代西方文明建构的社会根基进行了批判，而且还对现代西方文明的社会运行机制进行了批判。白银时代宗教哲学家认为在现代西方文明强劲崛起的背后包含着大量的毒素与谎言，而最大的毒素与谎言就是对社会进步观念的片面信仰。现代西方文明给人类一个乌托邦承诺，认为通过当下的"合理"异化与牺牲就能通达理想的王国。在白银时代宗教哲学家看来，西方文明所持的这种进步观念可追溯到犹太教的弥赛亚学说与基督教的千禧年观念，只不过自近代以来随着理性的发展日益排除了其中的宗教维度。这种进步观念"把人类的每一代、每一个人，把历史的每一时代，转变为实现最终目的的一种手段和工具，这就是未来人类的完善、强大和幸福——对此，我们当中谁都不会有份"。③ 与此同时，这种虚假的承诺，"在尘世的暂时的历史生活的相对条件下，人类生活的绝对状态会要来到"。④ 由此，白银时代宗教哲学家指出，这种宏大叙事式的进步观念与虚假乌托邦承诺是用鲜血浇灌而成的，是建立在祖先坟墓之上的。在这种观念与承诺的背后，人只是被作为手段而非最终目的而存在的。白银时代宗教哲学家对于康德的实践学说是高度认同的，认为永远不能把人当成手段，人是目的而不是手段。如果仅仅把人作为手段，那么人将永远不可能获得终极的解放，有的只是奴役与压迫。

---

① 别尔嘉耶夫：《俄罗斯的命运》，汪剑钊译，云南人民出版社，1999，第124页。
② 弗兰克：《社会的精神基础——社会哲学导论》，王永译，生活·读书·新知三联书店，2003，第108页。
③ 别尔嘉耶夫：《历史的意义》，张雅平译，学林出版社，2002，第152页。
④ 别尔嘉耶夫：《历史的意义》，张雅平译，学林出版社，2002，第155页。

与此同时，白银时代宗教哲学家还对现代西方文明的社会载体进行了批判。他们认为，现代西方文明就其属性而言是资本主义的，其载体是资产阶级。可以说，在对资本主义社会制度及其载体的批判上，白银时代宗教哲学家深受马克思的影响，并与马克思保持着高度的一致，并且坚定地认为"社会主义的真理在于对资本主义的批判"。[1] 在白银时代宗教哲学家看来，支配资本主义社会的逻辑是资本的逻辑，而体现资本主义社会精神的资产阶级则是奴隶的象征，他们是财产和金钱的奴隶，是社会舆论、社会地位、社会生活的奴隶，连同他们所建立的王国一并是受虚假的物所支配的奴隶的王国。资产阶级所建立的王国是奴役人的、虚假的金钱王国，这个王国"瓦解真正现实的世界。资产者建立的是金钱王国，这个王国是最虚假的，最不现实的，在自己的非现实性方面是最令人厌恶的。在这个金钱王国里一切现实的实质都消失了，但是这个金钱王国拥有可怕的强力，对人的生活的可怕的统治力量；它能扶持和推翻政府，发动战争，奴役工人群众，导致失业和贫困，使在这个王国里走运的人的生活成为越来越虚幻的"。[2] 在这个虚假的金钱王国中，没有独立的个体，有的只是数字、账本、纸币、黄金，在这里人们"已经搞不清楚，谁是所有者，是对什么的所有者。人越来越从现实的王国转向虚幻的王国"。[3] 白银时代宗教哲学家看到了资本主义社会带给人的剥削、压迫、异化与耻辱，他们同马克思一样，认为应埋葬资本主义制度。但在白银时代宗教哲学家看来，这种埋葬并不仅仅是一场简单的社会斗争，更是一种深层次的精神斗争。在他们看来，资本主义社会及其制度可以简单地被消灭和克服，但作为资本主义形象代言者的资产阶级则是具有永恒性的，资产阶级作为"这个世界上的永恒形象，它不一定非与某种制度相关，尽管在资本主义制度里它能获得自己最清楚的表现和最出色的胜利。无产者和资产者是

---

① Булгаков С.Н., Христианский Социализм, Издательство НовосибирскНаукаСибирское Отделение, 1991, с .225.

② 别尔嘉耶夫:《论人的奴役与自由》，张百春译，中国城市出版社，2002，第 218 页。

③ 别尔嘉耶夫:《论人的奴役与自由》，张百春译，中国城市出版社，2002，第 220 页。

相关的，一个可以变成另一个"。① 这也就是说，资本主义制度连同资产阶级的存在不仅仅是社会结构问题，而且是心理结构与精神结构问题。因而，他们的消灭不能仅仅通过对制度本身的消灭而一劳永逸，更为根本的则在于心理结构与精神领域的革命。只有实现心理结构与精神领域的革命和新人的塑造，才能最终彻底地消灭资本主义制度及其资产阶级。

总之，白银时代宗教哲学家从社会根基、进步观念、社会载体等角度对现代西方文明进行了深入的批判。他们指出在现代西方文明表面繁荣的背后，包括毒素与谎言，包含着对人的压迫、诱惑与奴役。在现代西方文明的操控下，人最终将成为海德格尔所批判的非本真性存在的，具有服从、平凡、迁就、不负责任、适应感等特征的"常人"。常人到处在场，却常常是非存在、无此人，"凡在此在挺身出来决断之处，常人却也总已经溜走了"。② 不但如此，他们还认为依托现代西方文明所建构的资本主义文化具有虚假性、欺骗性与操纵性等特征，其已丧失了文化本应具有的超越性、批判性与否定性功能。由此，他们坚定地指出，现代西方文明所幻想的"巴比伦文明之塔将不会建成。我们在世界大战中看到，欧洲文明衰落，工业体系崩溃，'资产阶级'世界赖以生存的幻影分崩离析。历史命运悲剧性的辩证法就是如此。文化摆脱不了这种辩证法，文明也同样摆脱不了这种辩证法"。③

二

技术理性批判构成了 20 世纪文化批判理论的重要主题，西方诸多思想家都从不同角度涉及了这一理论主题，如韦伯对工具理性与价值理性的分析、海德格尔对技术理性异化本质的分析、赫勒对技术理性作为一种新的世界支

---

① 别尔嘉耶夫:《论人的奴役与自由》，张百春译，中国城市出版社，2002，第215页。
② 海德格尔:《存在与时间》，陈嘉映、王庆节译，生活·读书·新知三联书店，1999，第148页。
③ 别尔嘉耶夫:《历史的意义》，张雅平译，学林出版社，2002，第179页。

配逻辑的分析、福柯对技术理性微观化控制的分析等。整体而言，技术理性主义者持一种乐观主义的历史观，他们相信理性是人的本质力量的确证，相信理性万能、理性至上，相信理性可以解决一切问题，甚至可以建构人间天国。但人们发现随着以理性主义为核心价值观念的科学技术的发展，技术并没有解决所有的问题和实现人类的解放，反而成为控制人、奴役人的一种新方式。技术理性的全面统治使人丧失了原有的否定性与超越性精神，人甚至成了马尔库塞所论及的单向度的人，成了发达资本主义社会的认同性力量。而以别尔嘉耶夫等为代表的白银时代宗教哲学家在 20 世纪初同样看到了这一点，并对技术理性展开了深入的反思与批判。

在对技术理性的批判过程中，白银时代宗教哲学家与 20 世纪诸多的思想家一样，看到了科学技术的进步对人类的生活造成的重大改变，指出"技术的不可思议的力量使人类的整个生活革命化了"。[1] 科学技术的进步是与资本主义工业化进程密切相关的，这种进步意味着"大地时代的结束"，意味着人依托理性逐步摆脱了自然对人的束缚，并不断获得对自然的先在性权力。但与此同时，科学技术的进步也使人类面临新的现实和新的难题，"人所涉及的已经不是上帝创造的自然界，而是由人和文明建立的新现实，是自然界所没有的机器和技术的现实"。[2] 以往人们对科学技术持一种乐观主义的态度，人们相信科学技术的力量，相信依托科学技术的进步能够解决人类所面临的一切问题，并且使人类获得最终的解放，但两次世界大战的发生预示着这种乐观主义的终结，人们看到了科学技术所具有的巨大毁灭性力量。因而，科学技术在成为这个时代重大特征的同时，也成为关涉到"人的命运和文化的命运问题"。[3]

在白银时代宗教哲学家看来，正是由于理性的片面发展，"理性已不是抽

---

① 别尔嘉耶夫：《精神王国与恺撒王国》，安启念等译，浙江人民出版社，2000，第 26 页。
② 别尔嘉耶夫：《精神王国与恺撒王国》，安启念等译，浙江人民出版社，2000，第 28 页。
③ 别尔嘉耶夫：《人和机器》，张百春译，《世界哲学》2002 年第 6 期，第 45 页。

象的理性，而是实用的理性"。① 这里所说的"实用的理性"，即是指理性片面地发展成了技术理性，技术理性变成了一种宰治性力量。理性的片面发展，使作为技术理性的理性在改变人类生活的同时，也使人类的生活变得越来越机械化、技术化、平面化、无个性化，技术最终战胜了精神。以机器大工业为代表的技术理性的片面发展，不仅改变了人的生活方式与生活节奏，而且也改变了人与自然的关系，"机器摆在了人和自然界之间。机器不仅在外表上使自然屈服于人，而且也征服人本身。机器不仅在某些方面解放人，而且按新方式奴役人。如果说人从前依附于自然界，人的生活因之贫乏，那么，机器的发明以及随之而来的生活机械化，一面使人发财致富，一面造成新的依附和奴役，这种奴役较之人从对自然界的直接依附所感觉到的那种奴役要厉害得多"。② 不但如此，技术理性的片面发展与操纵模式最终导致了人自身的荒谬化，这种荒谬化在萨特与卡夫卡的小说中得到了真切的反映。在获得了魔法般胜利的同时，技术理性并没实现人类的预期目标，它反而遮盖了生命的本质，进而使真正的文化精神衰退与丧失。技术理性的进步所带来的并不是解放与天堂，而是荒谬性的增长，以及对人道主义与乐观主义精神的否定。

不但如此，白银时代宗教哲学家还如卢卡奇等思想家一样指出了技术理性片面化发展的深层危害。我们知道，以卢卡奇、霍克海默、阿多诺等为代表的西方马克思主义思想家不但指出了在技术理性的操纵下，人成为一种可计算化、抽象化、符号化的存在，而且还进一步指出，这种操纵已渗透到人的"灵魂"之中，"甚至他的心理特征也同他的整个人格相分离，同这种人格相对立地被客体化"。③ 在资本主义社会，技术理性已丧失了原有的解放性与进步性功能，而成为一种有效的、隐藏的统治性意识形态。技术理性实现了从社会到个体，从肉体到心灵的全面统治。而白银时代宗教哲学

---

① 别尔嘉耶夫：《历史的意义》，张雅平译，学林出版社，2002，第 175 页。
② 别尔嘉耶夫：《历史的意义》，张雅平译，学林出版社，2002，第 121 页。
③ 卢卡奇：《历史与阶级意识》，杜章智等译，商务印书馆，1992，第 149 页。

家也同样指出了技术理性对人统治的深层化，"技术在人类社会生活中不断增长的统治是对人的生存的越来越严重的客体化，它伤害人的灵魂，压迫人的生命。人越来越被向外抛，越来越外化，越来越丧失自己的精神中心和完整性。人的生命不再是有机的，而是成为组织的、被理性化和机械化了……在文明的顶峰，技术的作用将成为主导的，技术将支配人类的全部生活"。[①] 技术理性的片面发展将把机器的形象加诸人身上，将弱化人、奴役人，将使人的生活机械化。不但如此，技术理性的片面发展，将会使人的机体无法适应与追赶上机器的速度，从而导致"任何一个瞬间都没有自身的价值，它只是下一个瞬间的工具……人的精神的能动性被削弱了。人被从功利主义的角度加以评价，按他的生产能力加以评价。这是人的本质的异化和人的毁灭"。[②] 而这一切最终将导致人自身的分裂与崩溃，导致人的完整形象的瓦解。

总之，白银时代宗教哲学家指出，理性主义的片面发展，导致作为理性主义精神集中体现的技术理性丧失了"中性"意义，"技术在自己发展的顶峰，可能会导致对大部分人类的毁灭，甚至导致宇宙灾难"。[③] 在白银时代宗教哲学家看来，面对理性的片面发展及其对人的全面奴役，祈盼通过对技术的"浪漫主义反抗"从而回归到原初的自然状态，是一种意识的错觉，也是不可能实现的。这源于技术理性的复杂性，其中既包含着积极的因素，也包含着消极的因素，既包含着解放的力量，也包含着奴役的力量。正是基于这种复杂性，任何对技术的浪漫主义否定都将是软弱无力的。在对技术理性问题的克服路径上，白银时代宗教哲学家从俄罗斯哲学所特有的理论智慧出发，提出了不同于大多数欧美思想家的探索路向。他们既不是通过海德格尔式的唤起沉思之思，也不是通过阿多诺等对技术理性的彻底批判，而是力图通过将现代科学技术与宗教的融合来克服这一危机。在他们看来，一方面如大多

① 别尔嘉耶夫：《末世论形而上学》，张百春译，中国城市出版社，2003，第231~232页。
② 别尔嘉耶夫：《精神王国与恺撒王国》，安启念等译，浙江人民出版社，2000，第28页。
③ 别尔嘉耶夫：《论人的使命》，张百春译，上海人民出版社，2007，第297页。

数欧美思想家所意识到的那样，要使技术理性与价值理性进行有机融合，另一方面也是最为根本的则在于使理性回归到宗教传统之中，认为理性应以宗教为生命的基础，应回归宗教的营养、参与宗教的奥秘，从而最终克服自身存在的危机。

三

白银时代宗教哲学家所涉及的众多文化批判主题，不仅包含对现代西方文明建构的社会根基、社会载体以及技术理性的批判，而且还包含着对作为现代西方文明基础的宗教文化的深入批判，并由此开拓了文化批判理论的重要主题——宗教文化批判。白银时代宗教哲学家力图通过对作为西方文化根基的宗教文化的批判进一步指出西方文化所面临的深层危机，进而达到地基清理与理论重建的目的。也就是说，他们通过对传统基督教的批判，并不仅仅是欲将西方文明连根拔起，而是力图通过这种批判达到某种意义上的重建。白银时代宗教哲学家在对传统基督教的批判过程中不仅关涉到天主教、新教文化，而且还涉及作为自身文化传统的东正教文化。

首先，对东正教的批判。以往思想家大都对东正教充满赞扬，如卡尔萨文等思想家早就指出：天主教就像一面砖墙，只强调统一而没有个人自由；新教仿佛是一盘散沙，只有孤立的个人自由而失去了统一性；而东正教则是交响乐队，是保持了个人自由的统一体。但在白银时代宗教哲学家看来，作为一种现代形态与文化支撑的东正教是存在局限性的。白银时代宗教哲学家认为这种局限性主要表现在三方面。第一，"东正教没有有机地吸收希腊—罗马的人道主义，占优势的是禁欲主义的孤僻性"。[1] 这使得东正教相对于天主教与新教而言，缺乏人道主义关怀，缺乏对人的关注。第二，东正教过于注重烦琐的宗教仪式，弱化了对信仰本身的重视。第三，东正教过于保守，这

---

[1] Бердяев Н.А., Русская идея. Москва: ООО Издательство АСТ, 2004, с.212.

种保守性决定了它对时代的非适应性。东正教虽停留于传统与仿古之间，从而避免了经院哲学的不幸，但这种保守性却导致它很难适应时代的发展，很难对时代的困境与迷惘做出适应时代的恰当调试。而且，教会传统应该是鲜活的、动态的、敞开的、创造性的，而不应是封闭的、静止的、凝固的。教会传统不应只是对传统的简单继承，也不应如法利塞主义那样，将传统变成僵死的考古学，变成外部律法和规章，变成要求自己遵守的枯燥词句。与此同时，白银时代宗教哲学家还对东正教与国家的关系进行了批判，指出作为政治化、官方化、意识形态化了的东正教腐蚀了其原所具有的教会精神，进而导致教会的"心灵衰退了；理想被替换了，也就是说，在教会的理想的位置上不知不觉地出现了国家的理想，内在的真理被形式的、外在的真理所取代"。[1]

其次，对天主教的批判。在白银时代宗教哲学家看来，天主教过于注重世俗权力而忘记了基督教的目的，它是用手段代替了目的，而基督教的目的不在于尘世，而在于如何走向天国。天主教过于注重和迷恋宗教权力，从而陷入了宗教权力的诱惑。正如一位诗人所指出的那样："她没有忘记天堂，但地上的东西也被她尝个遍，于是，大地的灰尘玷污了她。"[2] 天主教的普遍原则在于，它认为"人间的一切权力和原则，社会和个人的一切力量都应该服从宗教的原则，在人间由精神社会即教会所代表的神的王国应该统治此世的王国"。[3] 在这种宗教权力的诱惑下，人所信仰和服从的已不是基督，而是教会的权力，这是对信仰的误读。而且在白银时代宗教哲学家看来，也正是天主教对于世俗权力的过分重视，才导致了暴力与纷争。天主教是教皇权威，其在一切方面所寻求的不是基督教真理，而是教皇真理、教皇决定，"这里没有给个人对真理的寻求和领悟以及为此进行的交流留有余地"。[4] 在这种权威下

---

① 索洛维约夫：《神人类讲座》，张百春译，华夏出版社，1999，第191页。
② 索洛维约夫：《神人类讲座》，张百春译，华夏出版社，1999，第15页。
③ 索洛维约夫：《神人类讲座》，张百春译，华夏出版社，1999，第15页。
④ 布尔加科夫：《东正教——教会学说概要》，徐凤林译，商务印书馆，2001，第107页。

所形成的统一只能是外在强力与权威的统一，而真正的基督教所应实现的是精神的统一，在这种精神的统一体中个人才能"上升到最高现实……在爱中的自由统一体才是教会性的本质"。① 在白银时代宗教哲学家看来，正是基于天主教对精神性的忽视与世俗权力的过分重视，因而新教对天主教的批判与反抗是具有一定的合理性的。

再次，对新教的批判。与天主教和东正教相比，新教重视个人对真理的探索，主张"因信称义"，并把《圣经》作为最高的权威。新教强调个体与《圣经》、与上帝的直接会面，认为真正的信仰应是个体生命的内在信仰。但白银时代宗教哲学家认为新教同样存在自身的限度，这种限度源于如果说天主教是陷入权力的诱惑，那么新教则是陷入理性的诱惑。之所以说其陷入了理性的诱惑，源于新教在对《圣经》的解读与思索中，付诸个性的理性活动，于是"个性的理性最终就成了宗教真理的实在根源，所以，新教自然地过渡到理性主义，这个过渡逻辑上是必然的，历史地无疑在实现着……它的实质在于，承认人的理性不仅自身就是合法的，而且它还为实践和社会领域里的一切存在着的事物立法"。② 在白银时代宗教哲学家看来，甚至法国大革命与德国古典哲学在某种程度上都是新教的产物，它们是新教的必然结果。新教强调个体的内在信仰，而作为个体的内在信仰，当丧失了宗教权力之后，只能付诸理性的权威，只能是以理性代替信仰，最终则表达为信仰即是理性。反之，如果新教不彻底化，而将真理的裁决归之于个体主观性，同样将导致"主观性高于教会的客观性，以前者检验后者"③，也同样会丧失真理的标准性，从而陷入信仰的迷雾。总之，在白银时代宗教哲学家看来，新教对于宗教的理解仅仅在于把基督教理解为拯救个体的宗教，这种理解同样不能解决人与社会、人与上帝之间的关系问题，这种理解最终将导致基督教信仰与社会存在的双重危机。

---

① 布尔加科夫：《东正教——教会学说概要》，徐凤林译，商务印书馆，2001，第85页。

② 索洛维约夫：《神人类讲座》，张百春译，华夏出版社，1999，第172页。

③ 布尔加科夫：《东正教——教会学说概要》，徐凤林译，商务印书馆，2001，第105页。

由此可见，白银时代宗教哲学家在自身的理论探索过程中涉及了文化批判理论的诸多主题，其理论探索构成了 20 世纪众多文化批判思潮中的重要一维。白银时代宗教哲学家对现代西方文明的多维批判，力图指出现代西方社会所面临的深层危机。白银时代宗教哲学家对现代西方文明与文化的反思，并不是要彻底否定现代文明，而是主张通过将传统基督教精神与现代因素的有机结合来建构一种新的文化观，从而克服现代社会所面临的危机，以避免一个虚无主义时代的来临。就总体而言，这种新的文化观建构强调人的独特内涵与精神价值，强调神人性、末世论，强调基督教精神与现代文明的有机结合等因素。我们看到，这种新文化观建构呈现出了极强的神学乌托邦色彩。实则这种神学乌托邦色彩不仅仅是白银时代宗教哲学，而且也是整个白银时代景观的总体性特征，正如西方学者所指出的那样："白银时代文化中的启示录式想象，从小说中的启示录形式到救世计划，其中艺术与宗教和政治联手形成了拯救个人的可行性方案并描绘了未来世界的乌托邦蓝图。"① 总之，白银时代宗教哲学家在自身的理论探索过程中所涉及的诸多文化批判主题是具有理论深意的，尽管其在对现代西方文明的认知与克服路径上存在着某种误读与虚幻性，但确实在一定程度上指出了现代西方文明存在的问题，这一理论探索对于当今文化批判理论的研究仍具有一定的启示意义。

---

① 林精华编译《西方视野中的白银时代》下卷，东方出版社，2001，第 11 页。

阐释与修正：对意识形态批判之批判*

——论马尔库什的意识形态批判理论

孙建茵**

意识形态问题在马克思主义传统中一直占据重要地位。对于马克思引入这一概念所带来的理论贡献，20 世纪的新马克思主义者给予了高度认可和一致评价。正如杰姆逊所言："意识形态理论是马克思对异化的认识中一个不可缺少的组成部分，同时也是马克思主义对意识分析和文化分析最有独创性的贡献之一。"① 意识形态理论在整个马克思主义的传统中得到了蓬勃发展，早期西方马克思主义、法兰克福学派、结构主义的马克思主义以及后马克思主义和文学审美的意识形态理论等都有所建树，表明了新马克思主义对这一问题的高度重视。东欧新马克思主义也不例外，其中，尤以乔治·马尔库什（György Márkus）的意识形态批判理论具有完整的结构框架和明确的个人见解，体现出了东欧新马克思主义思潮的鲜明特点，因此具有不可忽视的理论价值。马尔库什的意识形态理论代表了东欧马克思主义思潮对西方马克思主义的一种重要的回应与对话，他立足于对马克思的意识形态理论的重新解读和具体应用，对西方马克思主义背离马克思语境的几种倾向给予批判和修正，从而发展并补充了马克思主义的意识形态理论。

---

* 本文发表于《求是学刊》2010 年第 1 期。

** 孙建茵，黑龙江大学马克思主义学院教授，主要从事国外马克思主义研究。

① 杰姆逊：《后现代主义与文化理论》，唐小兵译，北京大学出版社，2005，第 223 页。

一 马克思意识形态批判理论的异质性特征

马尔库什的意识形态理论是其批判理论的一个组成部分，集中体现在他所发表的《马克思的意识形态概念》（Concepts of Ideology in Marx）、《关于意识形态批判的批判》（On Ideology-Critique - Critically）、《马克思主义与文化理论》（Marxism and Theories of Culture）等文章中。其理论肇始的基础是对马克思意识形态的再阐释。在马尔库什看来，人们之所以对马克思意识形态概念的基本理解迥然不同，其根本原因在于马克思的意识形态理论具有丰富的内涵和异质性的特征。马尔库什在全面地考察了马克思实际处理各种意识形态文化结构的具体方式之后，明确地阐述了自己对马克思理论的根本理解，区分了马克思在不同的背景中，出于不同目的所使用的不同意义的意识形态批判。马尔库什认为，一般而言，马克思的意识形态批判可以归纳为两种类型。

第一种马尔库什称之为"暴露的"（unmasking）意识形态批判。毋庸置疑，翻阅马克思的《德意志意识形态》等关于意识形态问题的文本不难发现，马克思是在一种批判的、直接论战的背景下使用这个词语的。马克思的这个概念指的是那些认为观念是历史进步的主要动机的唯心主义哲学、经济学或社会政治学理论。马尔库什认为，在这样背景下所使用的意识形态批判，除了一贯否定的批判力量外，更重要的是体现出一种暴露的意义。这种意义促使意识形态理论成为一种论战工具，直接针对的便是历史唯心主义。马尔库什指出，通常在直接论战的背景下，马克思认为资产阶级唯心主义的意识形态理论履行的是对一系列明确界定的特殊利益的"辩护"功能。它们的作用是使特殊的利益，通常是统治阶级的利益变得好像是普遍的利益一样。为了解蔽统治阶级的意识形态话语背后真实的社会利益根基，马克思"暴露的"意识形态批判主要运用社会学还原的方法揭示观念背后真正的历史动因，暴露意识所掩饰的私人利益的支配力量。因此，"根本上，意识形态批判理论在这个意义上意味着要对任何历史上试图证明精神具有至高无上性的理论尝试予以'暴露'"。①

第二种是"解放的"（emancipatory）意识形态批判。马尔库什指出，在马克思对黑格尔、亚当·斯密、李嘉图等人反复的批判中，理论重心已经不再是对资产阶级利益的特殊形态进行"暴露"。因为，在这些批判中，马克思所针对的这些意识形态理论在它们所处的时代是具有"划时代"的重要意义的。它们之所以能取得那样的成就，被民众所接受和认同，绝不仅仅是对私人利益的一种伪饰，这些理论已经把现实社会的冲突和矛盾转化为一种思想观念中的束缚。换句话说，这些意识形态把私人利益对社会的统治，把社会阶级中的不平等和剥削等现实通过一定概念阐述的方法论固定为思想体系中的一种逻辑前提，让人们认为它们是理应如此的真理，从而非反思性地接受它们。这样意识形态便达到禁锢思想的目的，从而有效地排除掉了可能对现有社会模式构成威胁的自由思想。因此，针对这些具有"时代"意义和影响的意识形态理论，"暴露"的批判功能只起到了一种辅助性的作用。马克思在这个意义上的意识形态批判旨在揭露这些理论是如何将这些社会外部因素固定为永恒合法性的。通过剖析这些理论中存在的破碎、断裂和扭曲之处，说明通过观念的形式来解决现实的矛盾必然陷入悖论的困境并最终归于失败。而这种批判的宗旨就是要突破意识形态对思想的禁锢，使人们可以"解放"地、自由地设想其他社会形式和生存方式的可能。用马尔库什的方式来表述便是："马克思主义的'意识形态'是一个批判的概念。它是干预传统传递和传统维持的统治性过程的一种有效媒介，是打开思想新的视野，刺激新的社会易感性和想象力的途径，从而从文化束缚中解放出来——最终达到社会的解放。"②

---

① G. Markus,"Concepts of Ideology in Marx," *Canadian Journal of Politics and Social Theory*, 1983,pp.1-2.

② G. Markus, "Marxism and Theories of Culture," *Thesis Eleven 25*,1990.

二 对几种意识形态理论倾向的批判

在澄清了自己对马克思两种意识形态批判内涵的界定之后，马尔库什将马克思"解放的"意识形态批判方法运用于具体实践。在他看来，将理论与具体实践相结合才能更好地验证意识形态理论的有效性并充分阐释自己对意识形态理论的理解。因此，马尔库什首先表明了自己对意识形态理论本身存在的潜在悖论和困境的担忧，对一种总体化发展的意识形态理论进行了批判。

马尔库什指出，马克思引入意识形态理论是要服务于一种社会文化批判的任务，它必然预先假定自己与批判对象之间具有一种距离，并且主张自身具有高于批判对象的位置。通过对意识形态"暴露"和"解放"式的批判，意识形态理论似乎可以超越一切偏见和束缚，逐渐成为普遍有效的总体化理论。然而，马尔库什表明，这种总体化倾向是意识形态理论必须面对的内在困境和悖论。因为，它明显地与马克思"解放的"意识形态批判相矛盾。如前所述，意识形态批判不仅要揭露那些既定文化形式所隐藏的真相，还要动员起一种乌托邦的解放力量。也就是说，它不仅是对某些传统的、过去的限定的一种打破，不仅是针对资产阶级社会所具有的意识形态束缚的解放，而且是一种持续不断的、自觉的历史延续的任务，是针对任何类型的社会和文化的一种批判任务。但是，本身属于文化领域的一种总体化的意识形态却掩饰了自己对文化实践的依赖和参与程度。正如马尔库什指出的，这样一种全面和总体的意识形态概念通过把自己实践论战的内容及其历史处境一同转变为一种客观主义的态度，从而避免了批判的自我反思。

在马尔库什看来，大多数西方马克思主义的杰出代表同样不能接受这种总体化的意识形态发展趋向，他们一直力图用自己的理论实践寻找阻止意识形态理论成为总体化的路径。用马尔库什的表述方式就是采取"一种有益的自我防卫"策略。因此，马尔库塞后来向弗洛伊德"爱欲"理论的转向，哈贝马斯向行为交往理论的转向等，在马尔库什看来毋宁说是一种自觉的自我限定。然而，马尔库什却在这些审慎的理论选择中发现了背离马克思传统立场的非历史的倾向。他批判了这些倾向之中存在的悖论和困境，说明这样的方式仍然与历史和社会的研究角度不能相容，依然无法为一种社会批判理论提供持久的基础。

1. 批判非历史的美学化倾向

根据马尔库什对马克思带有"解放"意向的意识形态理论的理解，这样的理论不可避免的批判任务之一就是分析关于基本的文化形式（cultural forms）的起源和特殊功能的问题，分析属于意识形态领域的文化形式是如何在特定的历史和社会环境中产生并固定下来的。马克思曾经在《资本论》的脚注中提到过："事实上，通过分析找出宗教幻象的世俗核心，比反过来从当时的现实生活关系中引出它的天国形式要容易得多。后面这种方法是唯一的唯物主义的方法，因而也是唯一科学的方法。"① 通过这一段论述可知，马克思已经明确提出了意识形态批判理论应该从历史发展的角度解释文化形式产生和变化的原因。然而，马克思的一些零散论述虽然涉及了相关内容，但并未进行主题化研究，因此可以说，马克思未解决的关于对文化形式的意识形态分析的任务，被后来西方马克思主义的理论家具体展开和实践，并取得了丰硕的成果。卢卡奇和戈德曼（Goldmann）关于小说理论的研究，卢卡奇和威廉斯（Raymond Williams）关于戏剧发展的研究以及阿多诺对古典音乐形式的研究等都具体地证明了，特殊的艺术形式和体裁的出现、蜕变和消失与社会条件和要求的改变具有某种相关的可能性。从总体上说，马克思提出的对意识形态唯物主义的研究任务在很大程度上已经实现了。

然而，实际情况说明，这些对马克思所提出的分析任务的完成几乎都是在艺术与美学领域里。除了这些理论在"高级文化"② 分型等基本问题上的研究不足以外，马尔库什认为，最为重要的是这些理论表现出了一种非历史和超历史（ahistoric-transhistoric）的倾向。他指出，出现这种倾向的首要问题在

---

① 《马克思恩格斯全集》第 44 卷，人民出版社，2001，第 428~429 页。
② 这里的高级文化（high culture）指的是艺术、科学、哲学等文化形式。

于批评家对于艺术形式的概念阐述借助了普遍本体论的范畴，这毋庸置疑会致使他们将美学作为一种先在标准，从而选择某些特定的体裁和作品作为意识形态分析的主要对象。也就是说，本体论范畴使美学和艺术成为一种超越历史的客观存在，它们的真理成为哲学家进行批判和分析的标准。例如，在阿多诺对模仿与客体化问题的论述中，艺术真理的普遍化和永恒性，最终便是依靠基本的本体论范畴来证明的。他认为，艺术的客体化可以超越主客体的分离而存在，它为我们提供了一块超越异化的飞地，是消除主客体对立的希望所在。同样的观点也出现在卢卡奇的美学研究中。正如马尔库什所言，在卢卡奇那里"所有真正的艺术作品不变的特征为艺术赋予了其超历史的功能和使命：要祛魅并人性化生活的社会现实性"。[1] 这样一来，艺术作品永恒的有效便确保美学的审美客观性不依赖于社会诱导的多样和变化而转移。不仅如此，在布洛赫、马尔库塞甚至阿尔都塞的文本中也可以找到类似的观点和处理方法。

针对这些从社会历史向非历史的"内在美学的"[2]特征的转变，马尔库什尖锐地指出，从某种意义上说这种意识形态理论陷入了一种困境：将美学永恒真理作为非历史的本体论存在，这种处理方式本身就直接服务于意识形态功能。因为它为特定的文化政治主张和立场提供说明和表现，被预先固定的标准内化为美学的审美特性，因此意识形态理论所指涉的批判对象也越来越"匿名化"，内化为一种不言自明的美学特征。随着这种趋势的发展，它必将使批评家从怀疑自己的观点受到意识形态的扭曲中隔离出来，并破坏了从一种社会—历史的方法切近艺术的可能性。

2. 批判非历史的人类学化倾向

马尔库什指出，西方马克思主义意识形态非历史的研究方式，除了表现为美学化的倾向外，还有一种趋势是将最基本的文化范畴或体裁与某种人类

---

① G.Markus, "On Ideology-Critique-Critically," *Thesis Eleven 43*, 1995, p.82.

② 这里的"内在美学的"（immanently aesthetical）特征指的是把艺术和美学的审美标准作为一种本体论范畴的自律的特征。

学尺度相连接，也就是非历史的人类学化倾向。在对这种倾向的批判中，马尔库什重点围绕威廉斯展开。在马尔库什看来，强烈的历史主义传统和立场致使威廉斯曾在很多场合激烈地批判了卢卡奇和戈德曼等人在美学研究中所表现出来的非历史的观点。然而遗憾的是，威廉斯在分析的过程中，似乎逐渐脱离了他所坚持的立场，最终也诉诸他所拒斥的方法和假设。在《文化》①中这种现象尤为明显，威廉斯往往并不是从一种关于某种特定社会现实的社会学角度来解释文学形式的基本构成和主要体裁，而是从人类物种的、人类学意义上的社会学角度来解释，也就是说，这些文化形式的问题往往参照的是人类学的维度而不是通常理解的社会学维度。

毋庸置疑，马克思提出的意识形态理论在相关的文化对象与外在社会的条件和现实之间建立了一种联系。这种联系是现实变化的，也必然调解文化领域分支细微的构成关系。然而，人类学研究采用的是一种系统性、一般性的方法，威廉斯用这样的方法研究文化现象便回避了这些结构中特殊的已经制度化了的历史社会关系。对于这些关系，他只是用人类学的范畴加以描述，甚至借助这些范畴对文化类型的历史发展变化进行了演绎和推导。因此，马尔库什指出，当要澄清这些社会因素是如何转化为文化形式和体裁时，便陷入了一种理论极限，他写道："既然这些领域中制度上特别的历史性被忽视和错过，那么对其进行历史的分析和处理就变得不可能，最终不可避免地表现为完全抵抗所有历史处理方法的硬核，只能被理解为一个人类学残留。"②

三 马尔库什意识形态批判的理论特质

马尔库什的意识形态理论对几种非历史倾向的批判，形成了东欧新马克思主义与西方马克思主义的一种理论对话，他也借此阐述了自己的观点。其

① R. Williams, *Culture*, Fontana, London, 1981.
② G. Markus, "On Ideology-Critique-Critically," *Thesis Eleven 43*, 1995, p.85.

理论的独特性主要体现在三个方面。

首先，马尔库什的意识形态批判理论体现出了西方马克思主义传统的影响与东欧新马克思主义立场的深刻融合。从根本上说，马尔库什对马克思意识形态概念的根本定位与西方马克思主义是相同的。他们都是从人本主义的立场出发，肯定了马克思的意识形态是具有功能价值的概念。例如，青年卢卡奇认为，正是资本主义物化的意识形态的广泛蔓延，使人失去总体性，甚至使工人阶级丧失了批判和革命的力量。因此，卢卡奇高度重视意识的作用，提出要克服物化，唤醒和建立无产阶级的阶级意识，进行意识形态革命，并最终保证无产阶级革命的胜利。此外，葛兰西的文化领导权理论，阿尔都塞的社会多元决定论，以及法兰克福学派的马尔库塞、弗洛姆等人在深刻体悟了法西斯主义的精神创伤后对自主的高级文化解放的可能性的研究等，都从不同层面论证了意识形态的功能价值。对此马尔库什高度认同，他指出："一般而言，意识形态概念通常在马克思主义的传统中被理解为丰富化和具体化的上层建筑概念：它通过阐述什么是其作为意识形态的文化客体化的无以类比的成就，以及以何种方式它们可以反作用于经济基础，赋予文化上层建筑相对独立性观点一种积极的内容。"[1] 这也正是马尔库什重视意识形态理论，并将其视为社会批判的重要组成部分的根源所在。

虽然移居西方资本主义社会，马尔库什仍然是"生活在西方的东方人"，他的思想深处还是具有东欧本土性的意识根源，曾经的社会主义政治信仰和理念促使他无法接受西方马克思主义者对马克思意识形态语境的自由发展和根本背离。他们"不允许自己的感情把自己置于右翼力量的控制之下，也不允许自己落入简单化的、非此即彼的思想意识形态模式中；另外，他们又完全不同于其他的富有创造性，因而必须是异端的马克思主义者"。[2] 这种焦灼和纠结的情绪恰恰体现了马尔库什理论背景的复杂性和多元性，使他的批判具有一种内在的张力。

---

① G. Markus, "On Ideology -Critique-Critically," *Thesis Eleven 43*, 1995,pp.72-73.

② 张一兵、胡大平：《西方马克思主义哲学的历史逻辑》，南京大学出版社，2003，第 181 页。

其次，除了理论背景的复杂性，马尔库什意识形态理论的独特之处主要体现在研究方法的变化性连续性上。在马尔库什的理解中，马克思出于不同的批判目的，使用了"暴露的"和"解放的"两种意识形态批判概念，这使得马克思的意识形态理论具有异质性。对马克思意识形态概念的异质性的理解体现了马尔库什变化性的研究思路。同时，马尔库什的连续性的方法论原则也使他不能同意阿尔都塞对马克思"断裂式"的理解，他更倾向于在变化之中找到理论内在的一致性和连续性。在我看来，虽然马尔库什明确区分了意识形态，但需要强调的是，他所进行的这种意义划分并没有严格和彻底的界限。尤其"解放的"意识形态概念和批判从某些角度上看也肩负着"暴露的"意义。"解放的"意识形态绝不排除揭露那些意识形态作品中受到的利益的直接影响和它们所引发的幻想。从"暴露的"功能到"解放的"功能的过渡与连接也是存在着理论和实践的必然性的。

最后，马尔库什意识形态批判理论的实践品格。在西方马克思主义的意识形态理论中，许多理论家借用马克思"意识形态"概念的外壳，发展自己的意识形态理论，提出了更加具体甚至相异于马克思的意识形态理论。与此相反，马尔库什的意识形态理论始终表现为对马克思意识形态批判的一种理论再阐释和具体的应用实践。与其说马尔库什是在构建自己的意识形态理论，不如说他如实地把马克思的意识形态批判用于具体的实践。马尔库什立足于马克思的文本，对马克思的两种意识形态批判意义进行了详尽的解读，并且高度评价了"解放的"意识形态批判的理论及实践价值。不仅如此，基于对这种批判方式的基本认识，他把这种方法具体地运用到了对整个马克思主义意识形态理论的批判中。他的批判严格地实践了马克思意识形态理论的"解放"意义。他揭示了在意识形态批判中出现的非历史倾向，指出根本原因恰恰在于批评家本身将一些美学和人类学范畴当作不证自明的前提。不仅如此，通过对意识形态可能的总体化倾向的批判，马尔库什唤醒了一种反思的、挣脱束缚的批判精神，将意识形态批判指向了注重历史延续性的"解放"的乌托邦维度。

四 结语

应该说，马尔库什的意识形态批判理论是对马克思思想的一种重新阐释，是对西方马克思主义理论的一种修正和补充，对马克思主义意识形态理论的发展做出了贡献。通过对意识形态批判的批判，马尔库什用具体实践证明了马克思意识形态理论的有效性。

面对马克思主义传统中对意识形态概念的差异性的理解，马尔库什以马克思的全部理论著作作为研究范本，合理梳理并归纳了两种彼此区分又紧密联系的意识形态概念。不仅如此，更重要的是马尔库什充分发掘了马克思意识形态概念超越经济基础与上层建筑二元对立的意义。一般认为，马克思始终将意识形态理解为对经济基础的一种单向反映，这种观点在一定时期甚至被极端地固定化和制度化。西方马克思主义者也大多在反对马克思的这种理解的基础上主张意识形态的积极作用。马尔库什则指出，马克思的意识形态批判已经超越了二元对立的理解模式，因为"解放的"意识形态批判所针对的那些理论和表述绝不仅仅是对经济基础的一种简单反映，它们具有把现实的矛盾转化为思想中的现实的力量，换句话说，它们具有重建意义甚至创造意义的力量。马克思正是意识到了意识形态的这种力量才展开了"解放的"意识形态批判。因此，如果说马克思"暴露的"意识形态概念还是在经济基础与上层建筑的理论框架内的一种理解，那么"解放"的意识形态概念无疑已超越了这种二元对立的关系。马尔库什的这种理解表明，马克思认识到了意识形态突破从属性地位和功能的超越意义，从这个层面看，对解放马克思意识形态概念的固有限制具有重要意义。

规范的文化概念和历史性的文化概念：
赫勒对马尔库什文化现代性理论的分析*

约翰·格鲁姆雷 著　杜红艳 译**

在赫勒和马尔库什的著作中，文化现代性已经成为他们持续关注的一个问题。赫勒在《文艺复兴的人》中，分析了文化现代性的早期革命。作为反思性个体和反抗政治压迫、反抗社会一致性力量的基础，文化问题对于她的日常生活分析和现代理性分析也至关重要。甚至，由于赫勒接受了后现代的偶然性挑战以及尝试着打击现代化（她以"无所不包的文化"的名义定义了现代化）进程，文化问题的重要性在赫勒近期的作品中有所增加。理论上对文化的关注在马尔库什的作品中出现得稍晚些，但是更为集中、更为持久。在过去 20 年间，他一直致力于建立一种现代性文化的客体化理论，试图凸现和规定在哲学、科学和艺术的文化关系中的语用学。在此期间，他的《文化与现代性》和许多精湛的文章已经阐明了这个巨大领域中的许多未经探索的方面和阶段。

布达佩斯学派这两位幸存者的兴趣将要继续围绕现代性文化问题展开不足为奇，令人惊讶的是，他们在分析路径上的差异以及由此得出的不同诊断方案。那些认为哲学是对偶然历史经验的一种批判性反思的人，被迫居住在社会事实与规范之间无人居住的陆地上，或多或少依赖于社会事实与规范中的一方或另一方却总是保持着对二者的控制。这在某种程度上相当于一场有

---

　*　本文发表于《学习与探索》2015 年第 2 期。
　**　杜红艳，黑龙江大学马克思主义学院副教授，主要从事国外马克思主义研究。

关哲学界限的争论，哲学能够做什么，它能够或者应该偏离它所想要表达和影响的社会事实多远。为了调和这种两难困境，哲学家必须在事实和规范的相互抵触的动态需求间找到他 / 她自己的个人平衡。赫勒和马尔库什都对社会相关性作了一种哲学承诺，但是赫勒选择了合理性的乌托邦的规范，而马尔库什长期以来倾向于彻底的历史主义原则。在下文中我们将看到，在他们对现代性文化的分析的具体事例中这些存在于事实和规范间的承诺是如何哲学地实现自身的。我将从赫勒在她的《现代性理论》中所表达的现代性文化悖论开始。赫勒对现代性文化分析和诊断的基本框架是从最初由马尔库什所建立的文化理论中得出的，主要文本是马尔库什 1997 年以《文化悖论》为题的文章。赫勒公开承认自己极其依赖这位老朋友的这部作品，但是同样直截了当地表明了她对马尔库什的范畴的应用"相当自由"并且具有"高度选择性"。下面的重建为自身设置了几个任务。

介绍马尔库什最初的文化悖论理论。

重现赫勒对马尔库什框架的创造性运用，使焦点集中在对她自己思想的乌托邦维度的需求上和驱动她进行理论创造的合理性上。

解释马尔库什可供选择的模式的主要特征。

阐释赫勒对"无所不包的"文化的分析，并且最终提出她的规范的文化概念中的缺点，展示它们是如何与她的哲学个性的乌托邦维度紧密相关的。

一 人类学的文化概念和规范的文化概念

马尔库什总结了两种文化概念：人类通用的经验的人类学的文化概念，以及规范的高级文化概念。他认为这两种关于文化的理解都充满了不可解决的悖论。第一种是广义的文化概念，既具有一种普遍意义又具有一种特殊意义。在普遍意义上，它意味着所有人都享有的并且必然参与其中的一般特性或者共有的领域。在特殊意义上，它意味着复杂的特征，这些复杂的特征统一了一个特殊的社会单元，并且使其与所有其他的社会单元区分开来。这种差别虽然看起来十分清晰，但是暴露出很多缺陷。经验地确定这些有代表性的"文化共性"的理论努力，造成了相当矛盾的结果，即自然被认为是文化常量唯一确定的和合法的基础。不同的意义遭受了一种相似的堂吉诃德式的命运，结果不过是一种理想化的构造。对文化概念的详细运用导致一切有效的社会单元被一系列有差别的而且经常是相反的社会文化职位和角色所构建。因此，巨大的文化的认同环节被证明不过是理论的具体化而已。

当从一般的人类学的文化概念转移到狭隘的高级文化概念时，我们进入悖论的旅行并未停止。马尔库什在这里发现了另一层幻想的面纱。高级文化概念命名了一系列具体的社会实践，主要是艺术和科学——通常被看作自身自主的和有价值的。高级文化概念是对应着宗教信仰的衰微和作为宇宙的传统自然概念的摧毁而建立起来的。高级文化被构思为补偿作为结果的规范赤字的一个来源。现在人类声称自己是宇宙的主宰者，在外部活动和认识中，他们将是主宰者，他们的自我理解在全部象征意义体系中达到了顶点，通过这种象征意义体系他们确定了自己的目的并解释了自己的活动。

高级文化概念及其基本愿望也与来自日常生活的这些具体社会实践的日益增长的超然性和自律性有关。因此，可以这样理解：高级文化概念在概念上与它的反面——次级替代品，低级或大众文化相关。高级文化的发展已经达到了人类愿望的顶点，只有与一种有机地附着于无知的人们的利益和视角之上的相反的大众文化或者流行文化相连才有意义。在马尔库什的叙述中，如果没有商品化，高级文化和低级文化的对立将一直潜伏和固定在前现代居民财产与活动的分离中。"高级"和"低级"被带入市场，成为相互竞争的对立面。竞争的结果是对要求高级文化成为普遍意义和有效性的承载者的行为上的拒斥。在"文化战争"中，对这种竞争性的揭露必然会导致自主性高级文化的本质价值被进一步侵蚀。甚至现代科学找到一个特定的发现客观真理的路径的要求也被阻止了。不论是在科学界还是在全社会，如此确定的真理不仅仅是现存权力的一般统治实际运用的东西吗？同样，现代艺术承诺创造美的新作品似乎是虚幻的、没有内容的；经过检查，结果"审美质量"被证明只不过是以新的和更为精细的方式革新旧社会区分的一种手段。这种对文化悖论的解释形成了赫勒分析现代性文化的基础和灵感。然而，正如文章开头所说的，赫勒的解读是"相当自由"的和"高度选择性"的。

二　赫勒的文化悖论

赫勒对人类学文化概念的悖论的阐释集中在普遍和特殊的两极区分上。人类学文化概念的普遍性主张依赖于对平等认知规范的呼吁。然而，声称每种生活方式都是独特的并不意味着每种生活方式都具有同等的价值。虽然整体的生活方式不能比较，但并不意味着我们不能比较某些局部的生活方式。经验的文化概念的普遍性主张，就它排除了对野蛮人等其他人的诋毁而言，可以代表想象的一种飞跃。然而，这种武断的论断，阻碍了对可比较的文化价值的讨论。在极端的情况下，现代性自我反思的结果和相对化自我成就的能力是自然种族中心主义的复活，紧接着现代性凭借其自己的相对主义信念和独裁政权吹嘘他们对人的权利的压制（如对文化自律的抨击）解除了自身。

赫勒对高级文化概念的悖论的解释接近于马尔库什的理解。然而，她从趣味的概念出发揭示了高级文化概念的悖论。首先，趣味是社会等级的属性并且不能够被同化。但是一旦能够得到判断和提炼，趣味就会随着移动和变化成为现实。在我们这个时代，趣味的这种辩证法面对的是全部"高级"和"低级"之间区别的相关性问题。民主化已经将文化精英主义问题永久地纳入了政治议程。然而，每个人的趣味都相等的观点，会导致文化标准的毁灭和高级文化观念及其保管的文化精英的瓦解。这种实质民主的逻辑只是被盼望的，但这并不是故事的结局。自相矛盾的是，有关文化标准的普遍后现代怀疑主义不等于文化精英主义的死亡。然而，文化精英虽然被剥夺了脚下的理论阵地，其权威还没有完全丧失。在当代文化中，市场及其数量逻辑自然会比以前发出更大的声音。然而尽管如此，文化权威的观点仍旧比大街上群众的声音更具分量。这种精英内部的派系区分可能是客观标准观念毁灭的最终原因。然而，这种持续的权威只能显示出，摧毁高级文化概念的尝试是站不住脚的。那些宣判高级文化死刑的人，已经成为高级文化的受益人及其功能的承载者。对于赫勒来说，没有办法解决来自这种高级文化观念的悖论。她提出了一些有趣的避免悖论的策略，但是我将不考虑这些策略，而把注意力集中在她主要的创新上。

三 文化交谈的乌托邦

在赫勒的理论重构中最根本的创新就是她引入的第三种文化概念。第三种文化概念提供了可以在理论上克服现代性文化悖论的方法。像规范的文化概念和经验的文化概念一样，这个新增的文化概念也是一种普遍的文化概念。赫勒将这个文化概念称为一种表愿望的概念，因为它为参与文化讨论提供了平等的机会。文化交谈①（culture discourse）是一种对话，除了对话本身外没有其他目的；它既不以社会等级也不以职业等级为先决条件，只是因对话及重视和培养对话的热情的个体而快乐。然而，它确实也有历史前提。历史启蒙看到批判性交谈在日常生活中变得根深蒂固，并且承担着批判的功能。这样，它变成了现代性动力的主要载体。

然而，文化交谈是一种本质上很难控制的行为，尽管如此它还是受确定的程序规则约束。这些构成了一个规范的环节，由"公正客观"的单独观念汇总而成。交谈伦理学需要悬置利益，剔除偏见，能够引起他人的共鸣，带有信任的诚意。这些条件构成了一种交谈的道德准则，这种交谈用实例说明平等机会的标准。讨论者不平等的贡献不能侵犯这种标准。因为文化交谈的领域是一个悬置利益的领域———一种文化构造的自由空间——没有来自不平等的实际参与的危害性后果。只要避免两极化、商业化和商品化，文化交谈

---

① 作为文化话语的文化概念，是赫勒提出的第三种文化概念，由于这一文化概念强调文化交谈的作用，所以在文中除了作为文化话语的文化概念外，统一将 culture discourse 翻译为"文化交谈"，这样能更为贴切地表达出作者要表达的意思。——译者注

就能够使来自其他文化概念的悖论迟钝。例如，拿对于赫勒来说是现代性的主导价值观念的自由来说。然而，现代自由是一种悖论性的基本价值，因为它不提供确定性或者不证自明性所以没有文化根基，不被权力或利益所限制的自由讨论创造了一种根本不需要基础的虚弱的精神气质。当我们转向根本上威胁着要破坏高级文化概念的趣味辩证法时，问题也是相似的。当真理在没有完全被认可的情况下已经被贬损为主观的和历史的时候，一种趣味的对话判断仍旧能够要求普遍性，尽管存在争议。赫勒在康德的趣味判断中发现了一个可以概括所有文化交谈的模型。结果是一个社会交际（social sociability）的乌托邦诡计，在那里所有的利益——实用的、理论的和实践的——都被悬置起来，因为文化动力只是它自身的目的。这不意味着这种交谈可以是价值中立的，但如我们所知的那样，利益和偏见应该被公开宣布。然而，这是另一个世界，与世隔绝的世界，许多事情间接地来自文化交谈：必然性渐渐被破坏，信念被怀疑，并且考验也被热情地接受。赫勒意识到，这种免疫也有不利的一面。这些相同的对话可能是轻率的和不负责任的，但是她很高兴冒这些风险，因为这种风险可以获得高于一切的收益。

赫勒也不愿意将这种乌托邦限制在虚幻的领域中。文化交谈不是一种无力的理想，而是一则为围在餐桌周围的人们以及朋友所共享的故事。这种不情愿应该受到批判。在赫勒的反思的后现代情感中，她毅然地抵抗黑格尔的现实与事实辩证法的引诱。这在她对传统历史哲学的批判中明确地被表达了。然而，当她的思想转向文化交谈的领域时，她又向这种充满魅力的旋律屈服了。交谈现在变成了一种现实的乌托邦，虚拟与现实的合并。她想要对她的乌托邦希望进行经验确证，这点只能被期望。但是当这种希望挣扎着要超越私人领域并且发现它事实上只能存在于"在餐桌之上和朋友之间"时，赫勒似乎实现了她在虚幻和现实之间达成联合之时的要求。这可能就像合理地被当作一种"分离"一样。在现存的现代性文化制度中，私人空间范本的这种现实化很难证实其可操作性。

在更密切地关注这种对文化交谈的理解之前，考虑到其前提和理论基础，我想要回到马尔库什那里。他不仅描述了这些所谓的文化悖论，而且在一种对现代性文化的更全面的理解中揭示了它们的功能及社会文化意义。在此背景下，我们将更好地探索赫勒对作为文化话语的第三种文化概念的革新的理论动机和效果。

四　现代性文化的矛盾功能统一体

马尔库什重构文化悖论背后的主要理论动机是解释整个现代性文化动力逻辑的尝试。这涉及对赞美现代性文化自律的认同。在前现代早期，宗教的功能主要是表达一个复杂的概念—符号体系，通过提供一种全面共享的意义和必需的行为规范，这个体系同时指导并直接规定了个人的行为。当社会看起来像一个巨大的模式化交互作用的因果—工具性复合体时，当功能上协调的子系统符合它们自己的逻辑，并且绝大多数的高科技日常活动丧失了一切社会共享的和经验易懂的意义时，宗教就失去了其意义。宗教私有化了，不能再履行提供一种固定的、通用的标准和方向的文化功能。现在高级文化概念起到补偿这种规范缺失的功能。高级文化提供了一个意义的动态容器，现代个体能够从高级文化中借鉴、构建他们自己的一致和团结。现代个体被认为是由个人选择形成的。现代个体不仅是他们外在世界的制造者，也是他们自己生活意义的创造者。这样高级的和更为宽泛的现代性制度化文化在组织日常生活方面客观地发挥了比以前更为广泛的功能。然而，高级文化不再能被视为日常生活的最高表达或者概念的系统化。这解释了高级文化所具有的部分意识形态特征。自我创造的宏伟幻想掩盖了现代生活光谱所能照射的范围，可能性在根本上被个体在他们周围的最大功能—制度子系统中的位置限制了。这种张力在二者间的永恒不一致中表现得很明显。

这种不一致是反复声称现代性文化具有缺陷的来源。对马尔库什来说，两种解释可以解释这种对意义缺失的诊断。第一种解释假定了祛魅的模型：一种被截断了的合理性的胜利，这种被截断了的合理性把一切都降低到仅仅是手段的程度，并使个体避免受自我创造所支配而是受不能控制的"第二天性"所支配。另一种解释认为，问题不是合理性太少而是合理性太多。它怀旧地居住在过去天然的文化统一体中，并且想要通过一种新的神话或者投入"传统"虚构中，恢复一个特殊有机共同体的安全和温暖。这些诊断的差异导致根本相反的意识形态、规划和实践态度。这样我们就发现了与文化相对论相反的进化论，与尚古主义或者各种形式的伦理和文化民族主义相反的大同主义，以及相对于文化分离主义方案的一般现代化。

启蒙运动和浪漫主义的诊断方案之间的争论构成了整个文化现代性的历史。马尔库什对这种无休止的争斗的解读的最独特之处，来自他相信哪种方案也不能期望成功占有自己的独有地位。他发现了持久的、矛盾的现代文化统一体，存在于这些对立面争夺文化霸权的积极竞争中。这种矛盾的统一体之所以可能只是因为这种文化的两个最重要的和最主要的独立领域（科学和艺术）直截了当地和习以为常地构成了每种文化的对立面。启蒙运动被理解成一种理性的、批判的思维的具体化的科学方法和实践的后盾，然而浪漫主义相信艺术的巨大创造力是文化的生命适应性角色再造的文化媒介和样式。这些创造意义的范例样式在文化意义上被构成是互补的，每种样式实际发挥的功能与一种弥补危险的其他一维统治原则形式是补充的。这种根本对抗的二元论不是某种偶然的文化借口，而是对现代性本身悖论性质的反映和表达。在现代条件下，科学态度和审美态度已经变得一般化，且不再局限于一个预设的领域。原则上任何事、一切事都能变为它们的对象，尽管它们的有效性需求和标准彼此排斥并且引起了不可避免的冲突。然而也恰恰是这种交互斗争是再造现代性文化结构的作用机制，现代性尽其所能实现了文化整合。

如此就可以理解为什么马尔库什认为意识形态激发了争斗者之间无休止的争斗的愿望是虚假的。事实上，马尔库什谈到了两种假象。不仅它们的批判主要根据相反的和同样排他的总体性意识形态来表达。这些意识形态也培育了关于它们自己的社会力量和有效性的夸张观念。马尔库什自己不愿意复制这样的假象，而是致力于绝对的、总体的批判。当然，所有在实践上实现这些方案的尝试都以一种激进的方式引发了可怕的社会悲剧和人类悲剧。然而，这些激进尝试的犯罪行为无可争辩，马尔库什仍旧想要强调这些假象带来的积极贡献。文化主要通过这些总体性意识形态的棱镜以一种批判的文化补充了其补偿功能。

批判不仅悲叹现代文化表面的不足，而且指出现代文化敌视否定文化可能起主要指导生命作用的现存社会安排。因为不只是一种补偿的安全阀门允许个体承认现代性的基本结构矛盾，文化批判也为适度矫正这些自发趋势服务。不仅启蒙运动和浪漫主义的无止境的争论维持了现代性的全部动力，更具体地说，这些批判的普遍激进主义做出了自己的特有贡献。它指出了现代发展的实际不幸和功能障碍，并且提供了理想的资源，个体能够从这些理想的资源中概括出运用的过程，来维护他们自己的自律和反对现代社会自我操纵功能体系的团结一致性。它提供了允许把个别积怨描绘成共同关注的事务的思想。

一些强大的理论和诊断结论来自马尔库什对现代性文化的矛盾功能统一体的重构。在他看来，在现代性悖论之外明显没有吸引人的和可行的方式。其对抗的多元主义是现代性动力的基本来源。克服这些悖论的所有企图都不能克服现代性矛盾，反而会导致对现代性自身的抛弃。对任何一极的独有支配侵蚀了一种致力于平衡内在斗争势力的动态社会平衡。按照这些结论，我们必须回到赫勒那里，重新审视她的第三种作为文化话语的文化概念是克服现代性文化概念内在悖论的一种方式的意义。

五　无所不包的文化概念的威胁

有一点需要记住，那就是赫勒只是在一种非常有限的意义上将普遍性作为每种文化概念的属性。经验的文化概念在它包含一切的最明显的意义上是普遍的；高级文化概念在设立标准的意义上是普遍的；而作为文化话语的文化概念也正是因为提供了"平等的机会"才是普遍的。正如我们看到的，第三种作为文化话语的文化概念的普遍性对于赫勒的阐释特别重要。对于赫勒来说，文化是精神食粮的来源。然而，人类没有文化交谈也能生存，但是如果没有文化交谈就不能过上"好的"现代生活。后者的一个关键的组成部分是由日常惯例悬置和以感情浓郁的和有意义的作品的形式向自我超越屈服所产生的一种"高尚生活"。通过有选择地加工精神食粮，占统治地位的文化制度创造了维系现代个体的意义承载体。然而，赫勒借助于无所不包的文化概念把这种文化作用的一种威胁看作现代性多重动力的一个结果。其文化环节是趣味的文化自律的去合法化和市场日益增长的优势。这导致了文化产品的平均化以及对所有质的差别发起挑战。结果是所有文本的一种解释学民主。对于"谁"正在选择和"哪个文本"被选择这样的基本问题，唯一的答案是文化精英的消失和市场填充空虚的一种大杂烩。贡献和解释的这种不和谐被现代想象（历史的和技术的）巧妙地支撑着，这也只是为了满足革新和新的精神食粮的无休止欲望而试图清除相异的传统并对过去和未来发起攻击。

正如赫勒看到的那样，现代文化无所不包的趋势预示了危机的到来。首先，解释学的盛会暗示了文化的枯竭。这在现代性的许多特征中已经显现了出来。拿对现代艺术的最谦逊的预期来说，现代作品不需要再成为幻想的创造物，而仅仅是私人想象的模糊不清的兴奋剂。创意让位于个人意义的提取。但这不是全部。甚至更严峻的是起因于文化合理化和专业化的文化交谈的碎片化。在日益增长的无所不包的文化和职业专业化的环境下，文化交谈参与者的圈子缩减为那些靠解释谋生的人的圈子。结果，文化交谈分裂成孤立的、偶然的、不固定的小型谈话。对于赫勒来说，当代文化环境代表了一个超越前卫主义的新阶段，在那里不仅没有解释者的共同体来使标准合法化而且没有共享的强烈的文化体验，一旦具有共同的家园，就会同时产生熟悉的、引起回忆的和新奇的东西。文化共同体的消失使个体解释者成为唯一的中介。在文化世界沦为个体中介的过程中，语言和解释学的范式是历史上淘汰的：不存在文化视域的典型冲突和个体不断地改变文化语言的情况。解释的权力现在可能存在于个体解释者的手中。他/她最终处于以他/她自己特有的方式传达他/她自己独特的视角的位置上。然而，这只是一种一无所有的权力。

因为这种意义是不断变化的，随着个人的情绪和变化而改变，它缺乏权威并且不传达真正的信息。稳定性和权威的丧失，一无所有的主体也没有充分准备好承担文化选择的责任。然而，对于政治自由的现代追求一直被常规事情所约束：公共事务、对意义的现代渴求威胁着尚未熄灭的遗迹，因为不确定主体的漫无目标的漫步没有提供必需的精神食粮。

很难看出赫勒的作为文化话语的文化概念是怎样符合这幅图景的。在文化共同体的概念呈现没落和文化交谈已经碎片化为专业的小型谈话之处，赫勒大胆提议将她的"现实的"乌托邦作为平等机会的一种规范模型。将现代功能的限制和市场搁置一旁，允许我们看见现代高级文化的最初渴望并估计其当代危机。此外，我们已经看到赫勒也不愿意将她的文化交谈模型限制在主观想象的或者规范的观念里。依靠一个辩证环节，她将这种"现实的"乌托邦看作和我们友好的交谈一样的诱人的存在，然而充分的理想仍旧在做规范的服务。

六　选项和选择：内在的或乌托邦的

对赫勒的诊断和作为文化话语的文化概念在她的理论解决方案中所起的作用提出疑问，相对容易。然而，没有人能够质疑市场的侵蚀性影响和日益增长的文化自律所带来的问题，无所不包的文化论题有总括这些趋势的倾向。在经验的水平上，伴随着后现代主义，我们可能会赞同所谓的文化交谈碎片化为小型谈话，不是作为限制而是作为一种差异而存在，这种差异允许许多新的、从未听说过的声音入场，能够既使主导文化丰富化，又使主导文化问题化。传统的扩张意味着艺术自由和创造可能性的一种增长。显然仅仅是一连串小型谈话的存在自身不会侵犯赫勒的作为文化话语的文化概念的思想。只有在小型谈话意味着平等机会条件下文化对话终止时，才会侵犯作为文化话语的文化概念。然而，很容易认为小型谈话的现象只是例示了一种更为复杂的文化过滤体系，这与一个更复杂的社会相应，是由一套半自动的、工具子系统构成的。在这种结构中，功能子系统是必要的，它们吸收机智灵活的机制，能够选择相关受众的主题并使相关受众的主题层级化。赫勒的诊断的连续性也不是毋庸置疑的。把当代文化看作性质破碎的代表，看作文化精英消失并且只有市场占支配地位的一个结果，看起来好像兑现了赫勒的平等的有力断言，即后现代作者仍旧利用了自己的权威和那些他们解释的经典。

赫勒已经有一段时间用钟摆作为她最喜欢的隐喻来展示现代性的脆弱平衡。然而在文化问题上，她预期了一场正在逼近的危机。很明显，这种文化诊断与她的更为广泛的现代性理论放在一起有些古怪，在现代性理论中她认为功能在现代动力中起到了越来越重要的作用。如果现代性的"核心"——正如她在《现代性理论》中所认为的那样——是分配的逻辑，结果是功能原则日益弥漫进所有现代制度体系中，包括那些文化制度体系。与这种经验趋势相伴随的问题是，它侵犯了她的作为文化话语的规范概念。很难运用利益的直接承载者的功能调节这种不受约束的、公正的、开放式的对话规范思想。无疑赫勒认为专家和趋向制度化的现代趋势以及高薪文化精英的消失，是对真正文化交谈的可能性和完整性的一种威胁。把它们看成一切危机似乎是危言耸听，然而毫无疑问的是日益增长的文化自律和商业压力以多种方式影响了文化交谈。经验调查暗示着这种压力没有沦为高级文化的观众。文化制度仍旧支持对于卓越的要求（即使标准被激烈地竞争），甚至赫勒自己的解读，仍旧存在着那些对于判断它的权威的要求。

在衡量文化现代性诊断的某种现代趋势上我们意见不一。赫勒已经安排了她的文化交谈的规范的乌托邦，反对她看作这些趋势的最具文化意义争论的东西。她的策略的否定性后果很容易被识别：她的规范模式和当代文化革新之间的距离似乎使她陷入了文化保守主义的阵营。熟知赫勒的人都知道，这不可能妨碍她太多，但是尽管如此这种距离仍然与她残留的黑格尔渴望的、众所周知的对于一种不仅虚拟而且真实的乌托邦要求存在着张力。

此时此刻，可能适合回到我对于马克思之后的所有哲学家面临的困境的公开评论。我们已经看到在赫勒的文化理论中，这个问题的解决对于她恪守转变的承诺具有规范优先性，这种转变被表达为希望她的乌托邦仍然有某种现实基础。马尔库什的大相径庭的反应给了黑格尔的历史环节以优先性。他放弃了支持现代文化制度的实际语用学的一种仔细的、经验详细再造的乌托邦。他既没有看到一种实践的也没有看到一种理论的解决现代性文化悖论的方案，因为现代性文化的意识形态极点构成了一个矛盾的功能统一体，即允许这种文化来表达和适应其最偏激的趋势。因此，马尔库什感觉不需要第三种作为文化话语的规范概念来缓解这些悖论。要清楚：不是因为我们应该放弃对于现代性文化评定的规范性要求，而是，按照真正的黑格尔的样式，他认为这种文化已经具有了自己的建立在其文化语用学基础上的规范性要求。文化的这种规范方面不以任何个人文化乌托邦的形式存在，而是内在于文化活动主要领域的具体联系中。马尔库什这里已经考虑到在作者、作品和感受者之间存在的文化联系。从这些联系出发，他得出了引起规范原则作用的规范——自主性、客观化、理想化、新颖性——面向根据接受和生产所做出的对文化实践的适当理解。然而，他告诫这些不是规定实践的真实特征和它们结果的有效评估标准的基本规范。一切特殊交谈中的适当基本规范不能在具体历史联系和它们规定的规范框架之外被决定。它们不能被强加，而是必须从内在的文化语用学分析中得出。马尔库什认为在这里没有哲学家的特殊角色。在现代性中，哲学家不再是任何乌托邦特殊礼物的承载者，也不是古代的守护士和普通人的启蒙代表。当代哲学家不比其他市民更有资格提供他们的作为规范愿景的私人观点。在危急关头，这里存在着比一种关于现代性文化动力观点的差异更多的分歧。这也涉及哲学界限的问题。任何现代哲学家都需要找到他/她自己的在平衡经验的竞争要求和规范的竞争要求之间的平衡。

赫勒的解决方案揭示出她的哲学个性的一个最有特色的方面。熟悉她的作品的读者会知道她对于当代哲学家的角色的更为传统的看法。对于她来说，规范的问题和存在的问题对职业描述来说仍旧是必要的。在一种典型构想中，她提出"哲学想要震动或者震惊那些他们应该对自己的生活不满而不是感谢生活的读者"。对于她来说，甚至在主观主义增强的年代，哲学家，在其他事物中，也主要是相互矛盾的合理性的乌托邦的主要拥护者。这就是她创造第三种作为文化话语的文化概念的原因。

读者必须判断赫勒还是马尔库什对现代性文化悖论的解读更令人满意。我自己的偏好是明显的。我发现马尔库什的历史观点理论上更加考究，更能引起经验兴趣。他避开了对于现代性文化悖论的一种理论解决方案的要求，然而仍旧允许我们在现存文化联系中使一种规范的维度理论化。是否这个模型提供了批判的充分距离并避开了黑格尔的单单对现存现代性文化进行表达很难抽象地被回答的困境。理论方面将会涉及具体文化语用学的具体分析。赫勒的理论优先权取决于乌托邦环节而且这在她的规范视野和当代文化趋势之间产生了一段尴尬的距离。如果丧失了与流行的社会—文化动力的联系，甚至有力的批判也损失了其效力。一个人怎样衡量这些事实的和规范的部分以及来自它们的争论，不只是一个关于哲学家的判断的平衡问题，也是一个被所有正在思考的个体所协商的问题。

注释

这篇文章要求抛弃现代艺术哲学的两种决定性革新。首先要求趣味概念丧失向心性，并运用它在"好的"和"坏的"趣味之间进行区分。在适当的地方，我们恢复了"具备"或者"不具备"趣味的思想。这保存了一个标准，但是一个不再"杰出"的标准。这是因为它是由体裁的完美/不完美的评价能力的基础或判断决定的。这样判断纯粹被技术考量所指导，而不是被作品精神的主观解释所指导。

赫勒策略的第二点涉及使在不倚靠不可证实的客观标准的条件下的趣味相对论问题陷入圈套。这里关键是动员现代性的实用主义特征并注入历史想象，以解释学意识的形式作为结束判断的对应物以修复双重纽带的另一个节点。从文艺复兴开始，知识分子的作用是提供趣味的标准。这种作用是提供意义的解释学之一。伟大的作品产生意义的能力几乎是无穷无尽的。它们的永恒解释提出更多意义，就像它们增加了作品的光环并唤起了乡愁和认知感。赫勒认为，功能性在提供意义方面能够作为区分伟大的和传统的作品的基础。作品的地位不是由美而是由提供意义决定。伟大作品区分的是作者的主观意向，创造性的作品的意义实现。在现代，甚至伟大作品在市场上发掘自身，但这不是它们的灵感。相比之下，大众文化的主要功能是消遣。这些产品需要作者/创造者、生产者和传播者的共同贡献，被从快速吸收和容易消化的角度设计。但是这不意味着大众文化没有标准，相反，大众文化也有具体标准，但是这些标准不是意义创造而是与消费的具体功能相连。赫勒认为保存现代性的双重纽带十分重要。在功能和解释之间的这种想象允许平衡在历史意识和市场被分配给它们的适当角色的范围内被修复。

参考文献

[1] A. Heller，Renaissance *Man*，London, Routledge and Kegan Paul,1978.

[2] A. Heller，*A Theory of Modernity*，London:Wiley-blackwell,1999.

[3] A. Heller，*The Concept of the Beautiful*，London: Routledge,2012.

[4] G. Markus, *Culture and Modernity: Essays in Hermeneutics*，Budapest:Lukacs Archivim，1992.

[5] G. Markus, "The Antinomies of Culture Discussion Papers Series No 38,"Budapest:Institute for Advanced Study,1997.

[6] G. Markus, "The Paradoxical Unity of Culture:The Arts and the Sciences," *Thesis Eleven* 75，2003.

海外译稿

康德先验唯心主义文化哲学*

周来顺 译 **

伊曼努尔·康德是首位认为从人类的"自然"需求与利益角度理解"人类理性"（разумностичеловека）是没有依据的学者。康德哲学中对理性（разум）的绝对信任主题，表明了其与 18 世纪启蒙运动思想毫无疑问的相似性。在此思想当中，他总是将自己归为启蒙思想家，而将自己的时代称为"启蒙的时代"（Век Просвещения）。与其他启蒙思想家一样，康德坚定地认为理性具有"积极真理"的性质。然而如康德所言，他所完成的"哥白尼式革命"（коперниковский переворот）表明对理性一种全新的、批判性的阐释方法。后来新康德主义者将这种方法大都判定为文化哲学。W. 文德尔班认为，"康德批判的成果总是揭露那些伟大文化领域所依赖的理性依据"。①

康德意识到了自己的使命是消灭启蒙活动家典型的幻想。在康德看来，如果人能很快地意识到自身行为的自然的、受经验制约的动机的话，那么据此作为理性生物的人就可以拥有真理。这样的幻想不是建立在理性批判研究基础上，而是建立在人自己追求极端自私的，仅为自己个人利益考虑的生活实践的经验基础上的。因此，那个人们仅仅意识到自然的——实际上就是动

* 周来顺译自 В.М.Межуев.Идея культуры. Москва: Издательство Прогресс-Традиция, 2006。

** 周来顺，黑龙江大学哲学学院教授，主要从事文化哲学、俄罗斯哲学、国外马克思主义领域的研究。

① Виндельбапд В. Философия культуры и трансцендентальный идеализм //Культурология. XX век. Антология. М., 1995. с. 59.

物的——自身行为动机之前的时代，还不能称之为启蒙的时代。

在日常生活中，人们都倾向于遵循日常经验迫使其接受的，遵循他们天生爱好和意向决定的那些墨守成规的东西。由此，人们的本能恐惧走出了"经验界限"（за пределы опыта），他们怀着明显的厌恶走向了独立思考。当君主制控制人对幸福的自然权利时，人们经常反抗君主专制统治，但是对意识形态的精神专制人们却可以容忍，人们更喜欢意识方面被其他人领导。这种因人们精神上的"懒惰或者困难"的不自主而不能或者不想用自己的智慧活着的状态，并不是源于他们的智力不足或缺乏智力，而是源于他们缺乏利用智慧的能力和勇气的"幼稚状态"的特征。这不是源于某种原因，人们不想脱离幼稚状态而犯的错误，而是源于，"因为做幼稚的人很舒服！如果有替我思考的书，如果有良心能替代我的神甫，还有给我开出某种生活方式的医生等，那么没什么可让我为难的。如果我有很多钱可以付费的话，我不需要思考；其他人会为我做这些乏味的事情。"①

精神上的不自主造成精神依赖性，而后者是各种别的依赖性，包括政治依赖性的根源。因此，完善社会的方法不是通过保留精神不自主性的革命，而是通过启蒙，其口号是"Sapere aude——具有使用自己理智的勇气"②，"通过革命可能达到消除贪图私利者和贪图权利者的个人专制和压迫，但永远不可能通过革命的方式实现思想方式的真正变革；新的偏见和旧的偏见会成为没有思想的大众的负担。"③康德将对最好未来的希望首先寄托在必须进行社会精神领域的变革，也寄托在每个人都能达到精神的自主上。而启蒙是保障未来精神自主时刻来临的唯一可能方法。

但要知道，思想自主性（самостоятельность）也同样需要自由（свобода），即使是康德所说的"最无恶意的"（самаябезобидная）思想自由。这个世界对自由提出了如此强烈的向往，机会有多大呢？"我就听到了来自各方的

---

① Кант И. Сочинения в 6 т. Т. 6. М., 1966. с. 27.

② Кант И. Сочинения в 6 т. Т. 6. М., 1966. с. 27.

③ Кант И. Сочинения в 6 т. Т. 6. М., 1966. с. 29.

声音：别争论了！军官说：别争论了，训练吧！财政部顾问说：别争论了，缴费吧！神职人员说：别争论了，相信吧！……这里随处都是对自由的限制。"[1] 在对自由思想如此明显的限制面前，康德忙于相信而不是探讨关于对最高命令权利的侵犯，但这种相信并不是被动的无条件的服从这些命令的义务。在官方人士执行自身服务职能限度内，不可能规避为其规定的指令和规定。"当然，这里不允许争论，只应该服从"[2]。康德把这称为"对理性的部分运用"（частноепользованиеразума），这应该尽可能限制。只有执行了自己的服务义务的人才能够自由地讨论社会问题，向公众表达自己的观点。在"理性原有意义的"框架内公开使用理性是需要自由的，这种原有意义就是启蒙（Просвещение）的基础。最终，康德也没有找到比弗里德里希Ⅱ（Фридрих Ⅱ）的格言"争论多少，争论什么都行，但是要听从"更好的启蒙公式。与弗里德里希Ⅱ相对忍耐的政治（在其死后很快结束）相比，康德找寻到了启蒙思想之目的和理想的实际体现。"从这个意义上说我们这个时代是启蒙的时代，或者叫弗里德里希的时代。"[3]

我们简要地说明康德的文章《回答"什么是启蒙？"的问题》的内容，这篇文章可以算作其文化哲学独特的引言。可以说，在康德的作品中没有一部是专门研究文化问题的：康德对此问题的阐述分散在他关于历史哲学、道德哲学、法哲学、人类学等一系列的著作当中。但除了这些直接的阐述，他所有的哲学，如上文所述，都以文化哲学为主要特征。这样的评价根基是什么呢？只有弄清楚康德所从事的理性批判的实质和意义，才可能回答这个问题。

这种批评的使命，作为在康德活动早期（批判前期）试图创建世界自然的和人类的历史发展整体图景的结果摆在他面前。"发展思想"是康德接受的17世纪纯理性形而上学的理论，首先是莱布尼茨（Лейбниц）哲学。

后者的这种思想是建立在实体（单子）数量众多和质量均质以及他们在

① Кант И. Сочинения в 6 т. Т. 6. М., 1966. с.29.

② Кант И. Сочинения в 6 т. Т. 6. М., 1966. с.29.

③ Кант И. Сочинения в 6 т. Т. 6. М., 1966. с.33.

共同发展中的连续性和渐变性的原则基础之上的。单子（Манад）是独立的、封闭的、不可分的、不相容的，在自身复杂程度方面相互区别，并根据宇宙系统无限的和不断的上升阶段分布的原生本质。这些阶段之间没有任何联系和依赖的因果。单子不能相互产生，仿佛一开始就在这种秩序中永远相互一致。这样的秩序就是世界和谐。每种单子都被赋予了自身具有代表性的、与目标相符的力量（精神–心理的）的限度，其发展应以更全面地完成自身使命并以此证实自身在世界中的地位为限。但是此地位和使命已经被世界上起主导作用的和谐预先确定（被预先指定的和谐），单子发展只是揭露其中最开始植入进来的东西。莱布尼茨的发展思想具有形而上学的和目的论的依据，他的思想中没有自然联系和根据机械因果关系定律的事物来源。因此，这种思想就很难与恰恰是来源于与自然现象有因果关系的原则的经验，即关于世界的正面知识相结合（首先是在物理方面）。

这里首先应该指出，提出了重力机械引力原理的牛顿（Ньютон），和莱布尼茨一起对这一时期康德观点的形成产生了巨大影响（莱布尼茨在笛卡尔之后承认只是推斥力作为起作用的力）。康德对经验科学兴趣如此之大，以至在此阶段他因为自己的确定性而将自己列为自然主义者（натуралист）。

同时，那时的自然知识和其以牛顿固体机械学为代表的更多研究的部分中，这样的发展思想是没有的。牛顿本人也希望得到宇宙结构的解释，认为宇宙产生的原因不可能是跳跃的，离开上帝创造行为的"第一推动力"（первый толчок）是不可能的。在这种情况下，产生的现实世界存在和其来源的矛盾，让人思索如果能找到世界上主宰和谐的来源，为何不能用同样自然的方法解释此和谐的来源。由于莱布尼茨和牛顿相互之间要尽力和解——发展的思想与机械理论相一致，使康德产生了创建世界自然历史的想法。在那些此理论确实有效的范围内——固体相互作用范围内——此思想有卓越成果。这里所说的成果，指的是康德的太阳系来源理论［历史上著名的学科——康德 - 拉普拉斯假说（гипотеза Канта-Лаплас）］，这一理论可以视为他对世界自然历史思考的第一个部分。康德的口号在这里成了他的提纲："给我物质，我就能用这些物质创建整个世界。"

然而在这部作品中，康德用真正自然主义者的辨别力和尺度，对运用机械理论和在自然之外寻求解释的学说提出了怀疑。在康德看来，从机械到机体，从固体到活的生物之间的过渡，这种解释失去了效力。

康德问："可不可以说，只要给我物质我就能让您看到，怎样可以造出毛毛虫？"这种解释的不合理性，在谈到人时就变得尤为明显了，因为人和大自然一起形成了又一个重要的科学客体。康德从这个意义上说明了在"世界认知"面前展开的"双重范围"："这个双重范围，即大自然和人……第二客体为人类学。"① "全体知识"中既包括"自然学"，也包括"人学"，也就是人类学。

康德并不怀疑人作为"地球创造的一部分"应当与自然界的余下部分一样要接受相同的自然审查。人类史和其他一切活的有机体历史都属于自然史的一部分，然而机械的因果关系却不可能解释有机体的起源。与大自然的构造不同，活的有机体具备"合理结构"，使其能够适应外部条件和周围环境。类似的能力用片面的原因是无法解释的，在这种片面的解释中起作用的是从呆板的自然界中得出的那个特定原因。凭借自然史只可以经验性地判定机体中这种"合理结构"的存在，但无法解释它的起源。科学向来无法回答任何一种组织性事物起初到底是从哪来的问题。"如果我们可以接受的话，那么毫无疑问，这个问题的答案只有到自然科学之外才能找到，那就是形而上学。"② 相应地，人作为一种合理存在，也是按照他们自己设定的目标去行动，康德将其归为形而上学问题（现在可能都说哲学问题了）。按康德的说法，人类的智慧是形而上学或哲学的主要客体。

但形而上学本身可不可能成为一门科学呢？这也就是康德在其著作中所回答的康德哲学中最主要的问题。在康德看来，形而上学只有作为"理性批判"（критика разума），作为能够阐明人类任何形式活动的理性基础（根源

---

① Кант И. Сочинения в 6 т.Т. 2. М., 1966. с. 462.

② Кант И. Сочинения в 6 т.Т. 5. М., 1966. с. 91.

于大自然本身的理性）的批判哲学时，才有可能成为一门科学。这些人类的活动形式包括：理论的、道德的（实践的）和美学的。正因为如此，康德批判哲学，即先验唯心主义哲学（философия трансцендентального идеализма）的大部分内容后来才会被非康德学说拥护者解释为文化哲学。

为什么研究自然界的实验科学和理论科学（数学和物理学），以及道德和艺术能够成为科学？康德在回答这个问题时考虑到了理性本身，考虑到了它们将自身转化为哲学的研究对象或"批判"对象的"能力"，这种批判为这之中的每一种能力设定了界限和潜力。这样的观点与先于康德的"独断论哲学"（догматическая философия）所遵循的思路相对立，因为"独断论"哲学认为真实世界就是经验直接给我们的东西，误将经验和知识当成了客观实际本身，仿佛它是独立存在的，超出了人类的意识。按照独断主义的观点，认识的客体（比如大自然）要先于认识出现，不论我们的认识能力如何，它都不依赖认识而存在。"独断主义"的本质就是绝对（非批判性地）相信，我们的经验和思维中没有预先了解这个和那个事物的起源，这也最终导致将这一内容与外部世界混为一谈。

批判性地解决这一问题，将我们有关世界（我们所了解到的世界）的知识内容，以及我们在世界之中的存在与我们的理性构造和理性活动直接联系和关联起来。我们不知道人类以外的存在是如何看待这个世界的，比如在其他存在者或是上帝的眼中，世界是什么样的。对世界的理解本身就是超出人类智能的，是我们的意识所难以触及的，这是一个超验的（或者是彼岸的）世界［трансцендентный（или потусторонний）мир］，处于我们意识彼岸的世界。我们所说的和所认为的自然也不是独立存在的，它与我们的理论意识能力——感性意识和理性意识密切相关。超出我们经验和思维的一切事物都具有不可思议的、不为我们所知的现实——"事物的真正面貌"。事物展现（显现）出的只是我们的感性和理性认识到的形式而已，具有臆断（先验）的性质，与"真正面貌"的世界、本体的世界无关，只与我们的意识能力有关。这里走的似乎是一条相反的路：不是从客体到能力，而是从能力到由这种能力构成的客体。发掘对科学、道德、艺术态度的这种能力（即回答为什么上述三项能够成为科学），就是批判哲学的任务了。康德的《纯粹理性批判》完成了有关科学的任务，《实践理性批判》完成了有关道德的任务，《判断力批判》第一部完成了有关艺术的任务。

但怎样理解理性（разум）本身呢？也就是说，怎样理解从自然获得的赋予单子的自然能力，使其能够在意识中再生产出事物的自然秩序。与那些特别写实地论述理性的启蒙者不同，康德视理性为人的超知觉能力，就像一个超验的（普遍的）主体具有理论意识和道德品行。这种能力本身被他们定位为我们理论和实践活动的纯粹的（任何经验论内容都排斥的）、臆断的和客观的（普遍的和必需的）形式。发现这种形式已经不仅是批判哲学的任务，也是先验哲学的任务。

理性是我们从经验中获取的已知的唯一力量，它在自为的存在中不需要靠外因去确定，而是靠内因——目标和思想去确定。完全可以根据它为具有思维和意志的人们所设立的那些目标去判定理性。作为人类活动和行为的目标原因，它就是自由。从这个观点来说，人作为一种理性存在就不属于自然的历史，而属于自由的历史，而自由的历史原则上讲是不同于自然的历史的另外一种事物。

全面审视自然和自由就是批判哲学最深厚的基础。与启蒙者们所想的自然相反，它没有为任何人类活动的理性构建提供保障。对于人类存在的目的，大自然是盲从和冷漠的，驱使它活动的只有失去了任何意义的必然性。正因如此，人在他自然存在的计划中还尚不可能被归为理性存在一极。人的理性在于他不依赖自然甚至与之相反的活动能力，也就是在于自由。

与感性的、经验论的存在者一样，人当然也要服从于天然的必然性。这种天然的必然性以外部形式决定着人的意愿和爱好，促使他去进行可以引领其达到个人福利的那些明确活动。康德根本没有采取这个启蒙提纲，但他拒绝在这之中去解释人作为理性存在者的本质，他认为，应该说是本能而不是理性在驱动类似的目标。人是自由存在，因此对人而言，最高的立法者不是自然（природа），而是理性。对于人来说，理性的目标也就是自由的目标。换句话说，自由人应该设立自己的那些目标的来源，不应到自然界和那个按预先设定的计划创造了世界的上帝那里寻找，而应到先于任何经验赋予个体的理性中寻找，可以这么说，正因如此才从最初就称其为先验性的。

如果自然（康德不知道除自然之外的其他科学）的意识存在于引导理论意义上的理性之中，这个理论意义上的理性仅是以外部形式描画意识的边界，为不陷入对其自身不可调和的矛盾之中，意识是不能越过这个边界的。所以理性的实际用途就在于其对意志的影响，在于它为自己规定道德准则的能力，康德称道德准则为"绝对命令"（категорический императив）。理性的本质在于面对整个人类时每个人肩上所承担的责任，在于脱离任何感性兴趣的责任。理性将赋予人类意志一个最高目标，那就是人的道德存在。道德本身并没有任何目标，它自身就是人类的目标。遵从道德，人就可以摆脱自然的影响，从他那些感性的欲望和冲动的意志中解放出来。"对于作为道德存在者的人，已经不可以去问他是为什么而存在了。他的存在的确具有最高目标。无论他能胜任多少，他都可以用这个目标征服整个大自然，或者至少他不应认为自己是被自然的某种与这一目标相反的影响所统治。"[①]就是应该基于人接近这一目标的观点去审视"世界公民计划"中的历史。

但要知道，人在任何情况下仍是处于自己感性的愿望和爱好影响下的存在。到底是什么迫使他从经验上升到理性，即道德存在？是什么迫使他克服自己感性自然的地心引力，从感性自然的强制中解放出来？人有没有希望在某个时候达成理性指定给他的目标？人类现今的存在及他的对抗性、战争、相互间的敌对是不是人越来越远离这个目标而不是接近这个目标的证明？事实上，康德所有的文化学说就包含在对上述问题的回答之中。

最主要的是，什么使人具有这一特点——人因为为自己设立的那些目标而具有行动能力，也就是成为自由存在的能力。类似的能力也说明人是具有

---

① Кант И. Сочинения в 6 т.Т. 5. М., 1966. с.469.

理性的，但这种能力并不意味着人可以正确地运用自己的理性，在各方面都
能做得很理智。然而在任何情况下，这种能力都能使文化事实变得更加可能。
按照康德的理论，这个事实说明了什么呢？说明人不仅能够适应自己生活的
外部环境，也能使其适应自己，适应自己的多种需求和利益，也就是像自由
存在一样行动。这样行动的结果就是他创造了文化。由此就得出了著名的康
德文化定义："理性存在获得设立任何目标的机会（也就是说，在于他的自
由），就是文化。"①

　　然而这里所指的是"任何目标"，也就是不仅指"理智本身的目标"
（цельсамогоразума），而且还包括人作为经验主义生物存在的必然性所提出
的目标，且这些目标不能超出人的感性意愿范围。这种理解中的文化涵括了
人既是感性自然，又是理性自然所创造的一切。如果人在自己经验主义的
存在中是经验目的学说的研究对象，康德称这一学说为"实用主义人类学"
（прагматическая антропология），那么作为一种理性存在，人也是形而上学
目的学说抑或纯目的学说的研究对象，即实用哲学或伦理学的研究对象。康
德的目的论（目的学说）此时离自然主义目的论和认为自然或上帝是目标来
源的宗教目的论还很远。对康德来说，作为同时态的感性和理性存在，人自
身就是这样的根源。对于感性的人，文化是人类学问题，而对于理性的人那
就是道德问题了。两种情况下，"人的自然"都应当是超出自然科学所知的目
的论的论据，而不是机械论的论据。②

　　康德晚年将"人的自然"这个发现归功于让-雅克·卢梭（Ж.Ж.Руссо）。
在这方面，卢梭作为人类学家和道德哲学家对康德的影响，跟牛顿作为自然
主义者对康德的影响一样大。康德认为，卢梭在人这方面的成就相当于牛顿
在自然方面的成就。"在他之前那些混乱和配合不好的多种多样的事物，牛顿
第一次在其中看到了与广阔空间相联系的秩序和规范，并且从那时起行星按
照正确的几何轨道旋转。卢梭第一次在普通又多样的人类形态中发现了人的

① Кант И. Сочинения в 6 т.Т. 5. М., 1966. с.464.
② Кант И. Сочинения в 6 т.Т. 4. М., 1966. с.319.

深深隐藏的自然和那个暗藏的规律。根据他的观察，按这个规律，预见就找到了根据。"①

到底是什么让康德在读卢梭的著作时如此惊讶呢？康德用下面的话讲明了这一点："按自己的倾向，我本身是一个研究者。我体验到意识的巨大渴望，体验到难以抑制的不安的前行企求或是源自每一次达到了成绩的满足。我曾想这一切都能变成人类的荣誉，所以我蔑视了一无所知的愚民。卢梭纠正了我。以上指出的耀眼优势逐渐消失，我在学习尊重人……"② 道德家卢梭以他的力量和口才确立了道德感对人类本性之下特性和动机的初始性和优越性，这个力量和口才使学者康德非常吃惊。③

作为理性最后一个目标的论据，即道德法则的论据，正如康德所说，在人这方面就是实用哲学或者伦理学的任务。然而在现实生活中，人们更喜欢遵守他们那些非常世俗又感性的、受制约的愿望和动机，而不是道德责任。这样的人是"实用主义人类学"的研究对象。实用主义人类学与经验主义的、在具体历史环境中生活和活动的个体有关，是确定的人民、社会、国家的组成部分，用康德的话说，也就是与作为"世界公民"的个体有关。对于这一点，实用主义不需要转到史前状态，不需要诉诸我们一点也不了解的"自然人"。人类学研究实际经验中的人，也就是已经形成的文化和文明的存在。

在这里，立刻可以看出康德和卢梭之间的差异，这个"差异"也就是康德人类学的独特之处。康德写道："卢梭的方法是综合性的，源于自然人；我的方法是分析性的，源于开化的人。"④ 卢梭不是在与我们经验中的实际的人作战，而是与"自然人"的概念作战，这个概念在很大程度上是人为构造出来的，在构造的同时试图为他附注上一个道德的开端。因为这个概念与真实存在的也就是开化的人不相符，所以有利于自然人，卢梭在教条主义思想的实

---

① Кант И. Сочинения в 6 т. Т. 2. М., 1966.c. 213.

② Кант И. Сочинения в 6 т. Т. 2. М., 1966.c. 205.

③ Фишер К. История новой философии. Т. 2. с. 204

④ Кант И. Сочинения в 6 т. Т. 2. М., 1966.c.192.

质中是完全排斥开化的人的。而对康德而言，开化的人的存在是在论证道德可能性时必须考虑到的经验主义事实。道德法则的必要性应当在真实的（开化的）人而不是在臆造的（自然的）人那里得到证实，只有在这种情况下，人才会与经验一致，才不会与经验相反。如果文明和文化像卢梭所认为的那样是排斥道德的，那么道德将是除人之外的任何其他事物的命运。

不管是卢梭还是康德，人就其自身的自然属性而言都是一种道德存在。然而对卢梭来说，人在自然状态时就已经是这样的了，而对康德来说，人正面临着要变成这样的。人在卢梭的想象中是"大自然的产儿"，其身上所有好的东西都有赖于大自然。自然将他降临到世界上时是无罪的，"单纯的"，没有做不良行为的禀赋，而正是由于文明和文化让他堕落了。康德用下面的话概括了卢梭的这个观点："卢梭的三部作品都在讲述人所遭受的危害。1. 由于我们力量的衰弱，我们这类人从自然状态转为了文化状态；2. 文明是由于不平等和相互压迫形成的；3. 由于违反自然的教育和对思想形式的曲解才出现了臆想的道德说教。我说，这三部向我们呈现单纯自然状态的作品只应当为他的'社会契约'（общественный договор）服务，为他的'爱弥儿'和他的'萨瓦牧师'（Савойский викарий）服务，以便摆脱恶毒的误解。我们这种人因为自身的错误在其中陷入了困境。"①

康德完全没有试图将人恢复到自然状态的愿望，源于卢梭的想法。康德写道："他想要人从他现在所处的阶段往回看。"往回看，而不是返回去。往回看是为了将自己现在的状态与失去的状态相比较，进而明白改正人这一类属任务的所有困境。"……不应臆想这个困境。在这个问题上，旧时代和新时代的经验将每一个思考这件事的人引向慌乱，并激起对法则的怀疑：是不是有一天与我们这类人打交道会更好。"②

卢梭很少将自然人道德的堕落和败坏的责任归咎于人本身。人本善（就其自然天性而言），是"消极的善"。正如康德对这一条的解释，善的意思是

① Кант И. Сочинения в 6 т. Т. 6. М., 1966.c.580.
② Кант И. Сочинения в 6 т. Т. 6. М., 1966.c.580.

在他的行为中缺少图谋和企图。对人来说，恶的危险不是源自他本身，而是源自不良的"教育者"——政治家、哲学家、道德学家、艺术家，也就是源自那些在展现艺术的同时又将人引向错误的道路、树立负面榜样、让人腐化的那些人。在包含了整个教育体系的《爱弥儿》中，卢梭建议用"优秀教育者"替换"不良教育者"，建立专门学校。在那里人从出生的那一刻起就能与周围的不良环境隔离开，而他也能沿着他固有的、源于自然的天性和喜好所显现出的道路发展。

"不过到哪去寻找这样的教育者呢？"康德问。那些充当教育者的人自身也应当事先接受某人的教育。"学校固然是必要的；但要真正建立起这些学校，就必须培养很多爱弥儿。"[1] 最终，整个教育问题就陷入了某种绝境。康德在仔细分析卢梭的理论时，不得不因此断定"像让-雅克·卢梭这样的教育者不是真正的教育者"[2]，而"对我们这类人的道德教育问题仍是一个悬而未决的问题"。[3]

康德和卢梭一样不否认人受教育的必要性，问题只是在于由谁来和怎样教育他。对善良的教育者的希望，因为缺乏这样的人而失去意义。所以人应当自己教育自己。自我教育的能力就是他理性的证明。然而只有类存在的人才具有这个能力，而独立存在的个体的人并不具备这个能力。在这个能力中能够知道自己的"类特性"（характер рода），而不是个体的、人民的甚至是人种的特性。没有意识到自己的类属性和自己与人类之间整体联系的个体不需要教育，他完全满意自然将他降临到世界上来的样子。作为单一的存在，他更倾向于平静和自在的状态，这种状态称为幸福，在这种状态中能看到自己最近的目标。人确实在追求幸福的过程中发展着自己的天性，以达到满足自己的需求并创造对自己有益的福利的目的。他的文化其实也就在其中。法国的启蒙者这样理解文化，在任何情况下，比自然更多地为人提供幸福就是

---

① Кант И. Сочинения в 6 т.Т. 2. М., 1966.с. 198.

② Кант И. Сочинения в 6 т.Т. 2. М., 1966.сc. 197-198.

③ Кант И. Сочинения в 6 т.Т. 6. М., 1966.с. 581.

文化的目标。卢梭就是以这个论据为基础批判文化的，视文化为人的道德败坏的原因。康德与之相反，并不否定人在创造文化时首先想到的是自己的幸福，承认这个命题只对那些没有走出日常意识视野、没有弄清楚自身使命的人是公平的。从这一无论对卢梭还是康德都显而易见的事实中可以看出，文化还没有把谁变成幸福的人，康德直接得出了一个与卢梭相反的结论：要否定的不是文化，而是对文化的狭隘理解（现在可以说是庸俗的理解），即只在其中看到了获得圆满幸福生活的手段。创造文化的同时，人们可以遵照任何一种意愿，其中也包括追求自身幸福的愿望，但不应从这一点就认为这些意愿就是文化的真正目的。归根结底文化在自己的发展中是由表达人的类本质的"理性目标"驱动的，而不仅仅是单独个体在自己日常生活中遵照的自私动机在驱动。

按卢梭的观点，自然状态中的人是道德的，但不够幸福；按康德的观点，人在自然状态中也可能是幸福的，但还不是道德的。想成为幸福的人的愿望说明人还不是理性存在，而是感性存在。感性存在是人的本能存在方式，这一方式通过深入他的物理自然并通过他自然天性的发展实现。幸福就是人与自然和谐的状态，若按《圣经》的说法，幸福就是上帝在天堂（启蒙者们所说的自然状态）赐予人的东西，在其后来转变为自然状态时消失了。天堂般的田园生活毁灭了"理性的觉醒"，破坏了"人脱离自然管束向自由状态的转变"。"自由史"也就是从这个"人的历史的假定开端"开始的，即人类的文化史。这种转变促使人放弃他在天堂里的"无忧无虑的"存在，用它来换取充满困苦和沉重劳动的生活。

这样的转变对人来说是好还是不好？卢梭的回答让我们清楚：后来的任何收获都无法弥补人类的损失。整个文化史只是其道德失败的证明。对康德而言，这个问题"不可能再提"，因为人类的使命不在于不劳而获（准确地说，这是动物的命运），而在于为达到道德目标而进行的不断的自我完善。对独立的个体而言，这样的转变意味着他道德方面的"堕落"，或是剥夺了其初始的纯洁状态。整体说来，对人类而言这种转变就是"由更不好转向更好"，或是激发人完善道德的意识。没有人对自己生活的自然法则的"破坏",也就是说,没有那个作为这个"破坏"后果的恶,人是不可能出现这种意识的。作为理性存在,人想成为自由的人,这个想要自由的愿望本身就已经是违背自然秩序的"罪行"了。"恶""罪"存在于人的历史的起点,根源于作为自由存在的人的自然,但只有这一点才可以解释在它当中激起的道德意识,而这个道德意识就是推动他进一步自我完善和发展的动机。

到这里,我们已接近最终解决康德和卢梭之间的争论了。按康德的观点,卢梭确立了自然和文化之间的矛盾,是正确的。虽然文化就是人为达到自身福利而发展其自然天性的后果,但文化根本无法让人感到幸福。相反,在创造文化的同时,人们不仅没有达成预定目标,反而失去了文化产生前他们在生活中所具有的那些存在优势。如果人的使命只是为了个人幸福,那么应当承认卢梭关于文化危害的结论是公平的。然而这个结论并没有考虑到人不只是作为自然人,而且还是道德人的使命。随着文化发展,作为自然人的人类输掉的恰恰是作为道德的人所赢得的。文化作为人自身自然天性的发展最终促进了他的道德发展,帮助他达到了道德目标。卢梭将从文化对自然人所造成的损失的角度揭发文化当成自己的任务,这个自然人是天生正派并向往幸福的。康德则力求证实文化是人的道德完善的必要条件,是人类达到自己最终使命的唯一途径。

1784 年康德发表了文章《世界公民提纲中的普遍历史观念》,其中实际上涵括了他就文化问题想说的所有基本观念。康德这篇文章与所有启蒙思想家文章的开头是一样的:人作为单个存在是属于大自然的,是一种纯粹经验主义的存在。从这方面说,他具有"自然天性和禀赋",而其自然天性和禀赋的充分发展就是他自身的目的。这篇文章的第一条为:"有生命的存在物的一切自然天性都是为了完善适宜的发展。"①然而,只有在类属中,只有经过很多代的更替才能充分发展人的这些天性。"用来运用理性的人的自然天性(作为

---

① Кант И. Сочинения в 6 т. Т. 6. М., 1966. с. 8.

地球上唯一的理性存在）是在一个类属中得到充分发展的，而不是在个体之中"① （第二条）。自然需要"无数能够不断互相传递知识的一代又一代，以便最终将我们这一类属所具有的天性引领至完全符合自然目标的发展阶段上去"。

人的天性获得发展的可能性在于大自然没有将任何现成的东西提供给人，它只是要求人能够凭借自身的劳动获得他想要的东西。"大自然希望处于人之动物存在的机械构造之外的一切都完全是他自己生产出来的，并且人只能将那个幸福以及他自己脱离本能而自由创造的完美归功于其自身的理性"② （第三条）。自然"不会在自己的环境中滥用"，它既没有给人"牛的尖角"，也没有给人"狮的利爪"，亦没有给人"狗的牙齿"，只给了双手，让他自己去生产一切。它并没有分给人"天生的知识"，只给了可以保障他独立行动的理智天性和自由意志。

正是在这个意义上，康德才在《判断力批判》一书中写道："然而，似乎自然最重要的任务不是要让人过得好，而是希望人靠自己的行动获得与生活和福利相符的地位。因此，自然对人提出的最后目标不是幸福，而是文化。"③ "可见，我们有根据归结为：自然对人类提出的最后目标的只有文化（而不是人自身的幸福，也不是他在缺乏理性的自然中为获得协调和秩序变成主要工具的能力）。"④ 如果说自然对人的目标仅用它自己的恩赐就可以满足，也就是让人获得幸福，那么人被赋予理性和意志又是为了什么呢？"……自然根本没有将人作为自己特别的宠儿，一点儿也没有特别优惠地将自己的恩赐只分给人类，不给其他动物。也就是说，自然对人和其他动物在自我破坏行为方面的宽恕一样少，比如瘟疫、饥饿、洪水、寒冷、来自其他大小野兽的攻击等。"⑤ 此处，康德还补充了人所遭受的其他苦难："政权压迫"、"残酷战争"及其他人类自己引发的痛苦。自然对人唯一的希望和要求正是人能自

① Кант И. Сочинения в 6 т. Т. 6. М., 1966.c. 9.
② Кант И. Сочинения в 6 т. Т. 6. М., 1966.cc.9-10.
③ Кант И. Сочинения в 6 т.Т. 5. М., 1966.c.469.
④ Кант И. Сочинения в 6 т.Т. 5. М., 1966.c.463.
⑤ Кант И. Сочинения в 6 т. Т. 5. М., 1966.c.463.

己为自己选择目标，进而把自己变成这样的目标，并且利用自然作为达到其目标的工具。

康德的结论让人难以置信，因为他居然认为大自然对人类最后的目标是要人独立于自然，也就是人要存在于自由之中。大自然似乎在强迫人脱离它的影响，从它的影响之中解放出来。但它以怎样的方式才能达到这个目的呢，换句话说，大自然用什么才能唤起文化的呈现呢？对这个问题的回答包含在康德这篇文章的第四条中："大自然为实现人类所有天性的发展所采取的方法就是人的天性与社会的对立，因为最终这种独立逐渐变成了人类具有合理秩序的原因。"①

人作为一种社会存在，不仅渴求与自己相近的事物交往，而且还希望与自己不同的事物隔绝和对抗。试图按照自己的意见行动时，人必然会遭遇到其他人的阻抗，这就会导致社会中的不团结，会导致康德所说的"人们的不友善交往"，或是互相敌对。这种普遍的阻抗会激起人的全部力量，促使他战胜自然的惰性并发展自己的自然天性，以使自己在人群中占据一席之地。"在这里才真正迈出从愚昧到文明的第一步，这个文明也就在于人的社会价值。"②文化作为人对抗自然的结果就是这样产生的，这种对抗引发了人自身利益和意志的冲突。"所以大自然因坏脾气、嫉妒又竞争的虚荣，因为贪婪的统治和控制而变得神圣！没有这些，人类一切卓越的自然天性都将是不发达的。人类追求和谐，但大自然更清楚什么对人类更好，所以它才喜欢纷争。"③

如果自然对人类的最后目标不是单个人的幸福，而是人类的文明，那么这个目标只有在社会中才能实现。大自然仿佛在激励人类克服相互间的敌对和不道德状态，创造一种更完善的社会机构，使其只为达到这样目标的条件服务。幸福的渴望冲击着人类，对文明的向往要求他们和解。所以"自然强迫人类去解决人类最大的难题……只有在这样的社会里才能达成大自然的最

① Кант И. Сочинения в 6 т.Т. 6. М., 1966.с. 11.

② Кант И. Сочинения в 6 т.Т. 6. М., 1966.с.11.

③ Кант И. Сочинения в 6 т.Т. 6. М., 1966.с. 12.

高目标：发展他所具有的所有天性。与此同时，大自然也希望社会自身就能实现这个目标，就像一切其他预定给人的目标那样。这就是为什么这样的社会……应该成为人的最高目标，因为只有借助这个任务的解决和完成，大自然才能实现自己其他对人的目标"[1]（第五条）。

这样，不断的冲突促使想获得自己文化成就的人只能遵从自身的兴趣，只能培养自己的纪律性，彼此团结起来，相互加入公民联盟。[2] 这种联盟的必要性会引起全世界范围内人民的联合。"建立完善的公民机构的问题取决于建立各国家间合法的外部关系的问题，并且后一个问题如果不解决，前一个问题也不可能解决"[3]（第七条）。人类在这条道路上等来了最为艰巨的考验（毁灭性的战争），它能威胁到文明和文化的存在本身。问题只能通过人的道德完善来解决，只有道德完善了才能消除人与人之间的疏远和不友善。"道德感"的理念，在康德那里变成了人类文化的最高表现和最后表达。

这样，世界史（也就是文化史）的开端和最终目标就形成了：它从人类走出自然状态开始，到人类转化为道德状态结束，人与人之间"永恒的和平"是基础。一切文化成果都在这个区间发展：使人脱离了他自然的"愚昧"和"动物性"，发展了他的自然天性和禀赋（文化的禀赋）后，现在它应当引导人与整个人类和谐相处，控制他自私的欲望，使他服从于道德责任，简言之，道德地塑造人（文化教育）。文化在自己的成果方面不可能停在半路，它要么达到它的目标，要么消亡于它所引起的纷争之中。文化能够保留自己，只是要在达到它最初的目标之后——将人从物理存在变为道德存在。

因此，在文化中，人类发展的两条线相互交叉：物理完善的必要性，也就是"所有能够促进达到理性提出的目标的文化"[4]，以及道德完善的必要性，"我们身上的道德文化在于要履行自己的责任，同时还必须是出自责任感（要

---

① Кант И. Сочинения в 6 т. Т. 6. М., 1966. cc.12-13.

② Кант И. Сочинения в 6 т. Т. 5. М., 1966. c. 464-465.

③ Кант И. Сочинения в 6 т. Т. 6. М., 1966. c. 15.

④ Кант И. Сочинения в 6 т. Т. 4. М., 1966. c.326.

让法规不仅是一种规则，还要变成一种行为动机）"。①

康德认为，如果说在此之前，文化一直致力于发展有益于人类实现任何目标的能力和本领，那么现在文化已经达到了一定水平，明显表现在人类完成对自己和全人类的道德责任的必要性上。只有在康德认为对他而言已是现代化的那个历史阶段，"隐秘的大自然对人类的计划"才变得清晰起来："为了这个目标（道德目标——B.M.）要在内心和外表实现完善的国家结构，它（自然——B.M.）也只有在这唯一的状态中才能发展其赋予人类的全部天性"②（第八条）。作为一种"道德感"的文化只能存在于法制国家，即康德所谓的理想的社会政治机构。

道德不是文化的产物，而是理性赋予它的目标。文化也可以遵照其他目标，比如表面的教养和体面，这时它就是文明（цивилизация）。文明不是以自由为基础，而是以规定人在社会中行为的形式上的纪律为基础。文明不能把人从利己主义和自私观念的控制中解放出来，只能赋予他表面的威风和体面，即礼貌和良好的行为。"正是因为科学和艺术我们才达到了文化的最高阶段（但不是最终阶段——B.M.）。我们在互相交往时过分文明了，过分礼貌和客气。但我们要想变成道德完善的人，要做的还有很多。实际上，道德感的理念是针对文化的；然而这个在相似的甚至在外部礼仪上也热爱名誉的道德理念的运用，就是文明。"③

文明的条件中包括竞争，包括个体、人民和国家之间的敌对，这给人类带来了无数的灾难。实现道德责任的理性需求在此与盲目的、无法控制的"动物性"力量和不惜一切代价获取个人成就的渴望相矛盾。所有这一切都在试图将人拉回到自然状态，在通往宝贵目标的路上设置了障碍。康德极关注这个他认为的现代文明最主要的矛盾——物理的自然人和道德的自然人之间，人的自然存在的必要性和他作为理性存在的自由之间的矛盾。摆脱这个

---

① Кант И. Сочинения в 6 т.Т. 4. М., 1966. с. 327.

② Кант И. Сочинения в 6 т.Т. 6. М., 1966. с.18.

③ Кант И. Сочинения в 6 т.Т. 6. М., 1966. с. 18.

矛盾的方法就是文化。在完善人的"精神、内心和肉体力量"的同时，文化让人可以自由达到任何目标，其中包括理性的目标（道德的目标）。到一个确定时刻，前个体的人无法意识到的隐秘的文化道德价值也就在于此。因为在现代文明中，个人已经不再像"动物"那样表现自己了，但也还不能像一个"世界公民"那样表现自己，因为即便是在文化中，个人也没有把道德生活视为条件，而只是把物理生活视为条件。即便是按他所利用的方式成为文化的（自由的）存在，他仍然还是按自己目标方式存在的自然存在。文明的一切问题的根源就在于人不会正确地运用自己的自由，在于人不明白自由具有道德使命（**моральное предназначение**），而不是自然使命。因此，直到现在在全部历史中，都是兽性的规则战胜人的规则，也就不足为奇了。

不理解自由（也就是文化）的道德价值，不理解自由不仅是幸福的条件，也是良好生活的条件，就是滥用自己自由的原因。到目前为止，人在社会中的生活都表现为滥用自由。实际上，这会导致政治独裁和人民、国家间的相互敌对。大部分人都想要一样东西——幸福，然而不是对其他人完全不道德，而是对自己而言与道德本身的理念相矛盾。他们只承认能够让他们自身变得幸福的自由。人从"他的自然本身"来讲就向往个人幸福，但从这点并不能得出这个愿望可以作为他道德存在的充分动机的结论。没有充分的动机，就无法达到和平与和谐的状态，而只有这种和平与和谐的状态才能为每个人获得幸福的机会提供保障。

按康德的观点，文化的最终目标就是在生活的所有方面确立道德法则——个人方面、国家方面和国际方面。个人方面确立道德法则能将他引向"公民美德"的理念，国家方面确立道德法则能将人引向权利的理念，而国际方面确立道德法则则会将人引向人民之间"永久和平"的理念。这些"理性的理念"为个体、社会和全人类的发展提供了摆脱困境的道路，提出了人类文化进化的最高目标。唯一能够证实的文化专制就是"理性的专制"，即道德责任的专制，这种专制应该取代余下的一切专制，包括自然的专制。

在不可调和的对立中碰撞到了感性的和平、必要性和自由、自然的追求和责任，康德希望不可调和的对立能够冲破阻碍达到"善良意志"（добрая воля），它意味着人自愿将"理性的目标"作为自身行为的动机。按康德的观点，人特有的"理智"（благоразумие）是"善良意志"的保障，这种理智或早或晚都会让人为了道德而屈服于道德责任。康德对事情将基于对人有利的出路的信念，就是建立在这种不可靠的基础之上。

不难发现，类似信念有相当大部分属于乌托邦主义。如果道德的目标假定人会自愿拒绝自然赋予他的个人活动动机，那么可不可以相信道德目标能够实现呢？康德所表述的道德法则的思想正在于此。在后康德哲学中，试图在文化中找到运用人的感性和理性自然的方式，试图使人的自然愿望和道德责任达到某种程度上的协调，就成为对这个判断做出的反应。

马克思主义与文化理论*

孙建茵 译**

一

文化——由于起源于启蒙计划——是一个体系上多义的概念。体现为它具有两种清晰可辨的意义,然而,在实际的使用中却证明这两种意义并不能够完全划清界限。一方面,"文化"指的是某些社会实践活动及其产生的结果所能渗透到的所有方面:在当代的理解中,它具有意义承载和传递的维度,是所有社会的表意体系(signifying system)[广义的、人类学(anthropological)意义上的文化]。另一方面,它指的是一系列限定的、特殊的实践活动——像艺术、科学等——它们在西方现代性的条件下变成自律的,也就是被社会地设定为本身有价值的,并且具有自己原生的 - 内在的规范和评价标准的活动[狭义部分的、"价值 - 标示的"(value-marked)文化概念]。

二

关于人类学的文化概念,无法用一种"历史唯物主义"的概念方式明确表述。这当然并不意味着马克思主义无法解释此现象领域里的各个方面和元

* 孙建茵译自 G. Markus, "Marxism and Theories of Culture," *Thesis Eleven 25*,1990。
** 孙建茵,黑龙江大学马克思主义学院教授,主要从事国外马克思主义研究。

素，而只是表明，从其自身的内部逻辑来看，它们并不是能用同一的方式探讨和理解的统一体。

问题在于对立的概念阐述逻辑。人类学的文化概念基于一种一体化的社会形象（integrative image of society）：文化是一个社会的全体成员共享的东西，对文化的参与可以使他们在一个通常意义的世界中以互相理解的方式行动。此外，它也是那些共享的意义，在这些意义的基础上，个体形成了共有的一致性，其时间上的持久又确保了社会持续的统一。

另外，马克思主义想要从不同结构制度领域间的动态关系入手去研究这个社会，正如它通过分析处于不同结构位置的社会力量之间的经常性冲突所实现的那样。它将社会的统一性和连续性与所有共享的共同归属感进行了彻底的区分——它把前者理解为支撑它们的那些关系和制度的不断再生，而正是这些关系和制度决定了基本的社会对抗特征。并非语言学的交往，而是生产中的分工，为马克思提供了社会交往的范式：以制度分化活动之间的互补性和互联性为基础的相互作用，它主要设想的不是共有的，而是不同的能力（competences），同时也包括现实利益的对抗。

既然"人类学"的文化概念在我们的（日常的和科学的）思维中毫无疑问地发挥着一种重要、有效的作用，那么声称马克思主义的理论方法不能阐明它，似乎是对后者做出的一种非常严苛的判断，至少暗示了它需要被与其逻辑相异的原理来补充。然而，如果要使这个结论成为令人信服的，除非人们认为关于"完满"理论的想法是可以实现的，换句话说，认为存在那样的可能性，即单一的理论框架可以在原则上令人满意地解释归于其概念领域之下的所有现象的（至少基本的）特征。我没有这种期望并且不知道在什么研究领域里有这样的例子，哪怕是能够接近于满足这个条件的。不仅如此，在社会理论和人文科学领域里，这种增补完善的想法似乎尤其存在问题，在这些领域里，不同的理论范式对于社会行为往往提出实践上不可调和的观点和导向，然而却不能彻底区分它们合法的适用范围（这也恰恰是它们争论的问题所在）。在这种情况下，虽然它们存在公认的理论"不足"，但人们需要在它们中间做出选择，这种选择当然不能独立于实践的承诺，因此也暗含着实践的责任。

三

另外，狭义的、价值 - 标示的文化概念，对于马克思主义来说，从其发端时起，便构成了其理论兴趣的一个重要领域。启蒙的观点认为文化和培养是通向合理的和自由社会的主要手段，同时由于自己的理论也属于同一个文化领域便声称具有一种彻底的实践意义，与这种观点截然对立，对马克思主义而言，这种观点的问题在于，它既表现为一种理论上的困境，也代表一种实践上相关领域的理论化。（在此意义上的）文化概念阐述的三种方式，在马克思主义理论家远见卓识的思想中发挥了突出的作用，并且这三者都可以追溯到马克思本人。尽管它们好像往往以不同的方式彼此联合，但是它们却代表着完全不同的思路，可以分别概括为不同的特征。它们可以分别表达为经济基础和上层建筑的隐喻，意识形态的概念和文化生产的概念。

四

经济基础和从属性的上层建筑（economic base and dependent superstructure）的概念——在其表述和理解的所有的变体中——明确表达的思想是所有政治的、法律的、宗教的和文化的制度与实践（关于它们的特征和变化）对经济结构和社会进程的必然的依赖性。用经济基础的变化对于上层建筑领域中的变革既具有强制性也具有刺激性来解释这种依赖性是合理的。在马克思那里，这种观点具有强烈的论战的、祛除幻想的（disillusioning）特征：它直接反对马克思时代普遍流行的那种认为政治和文化是普遍利益的表达和体现的思想，也就是认为普遍价值与仅仅作为所谓私人利益领域的经济完全相分离，并且相对立的观点。人们同样应该承认，经济基础／上层建筑的二分法构成了早期马克思关于文化问题论著的框架——无论今天我们以什么方式评价它们——这种二分法实际上促成了文化社会学部分学科（如文学社会学、艺术社会学、科学社会学等）的生成。

五

然而，即使人们把长时间以来关于这种二分法的理解所产生的一些观点作为简单化的曲解（如把经济基础等同于"物质"，把上层建筑等同于"意识－观念"；两者之间单一的因果关系等）而加以摈弃，对我来说，似乎这一理论的有用性也已经被耗尽。抛开许多当然并非不重要的理论困难不说，主要的观点可以总结如下：那些似乎可以从上层建筑被经济基础所"制约"的观点中合理地保留下来的内容，不再表现出一种批判的洞察力。那些政治和文化活动在某种意义上和程度上依赖于，并反作用于经济变化进程的思想，那些存在于前者领域中的实践常常受到不同关联的群体利益的影响和诱导的种种思想——一般而言，在今天呈现出一种经验事实的形态。代表真正理论和实践旨趣的是研究这些事实是如何被理解和解释的。然而，想要说明这一点，这个包含着完全不同的制度和实践的，极端抽象的上层建筑概念无法提供足够的理论工具——因为有一点是十分明确的：由于它包含不同的成分，这个问题必须用根本上不同的方式来加以回答。断言这种概念表述是一种还原论的概念，不是因为它不承认上层建筑对于经济基础的一种"反作用"——它显然是承认的，而是因为它所能理解的这种能动作用是在表达还是压制特定利益，在促进还是阻碍一定经济发展趋势之间的单一的二分法的意义上理解的能动作用。或者换句话说：谈论上层建筑的"相对自律性"仍旧一直保留一种辩护性（defensive）的一般特征。因为要给一种自律性概念赋以意义（不论它是怎样相对的），人们必须不仅能够指出来自什么（from what），还要说明去做什么（to do what），这也是自律实践的一种既定形式。然而，经济基础/上层建筑的二分恰恰缺乏这种能力：去详细说明使不同上层建筑的实践和体系成为特殊实践的根本特征是什么。因此，最近那些深奥的

（sophisticated）意欲研究出这种概念阐述在今天仍然存在有效内容的尝试对我来说似乎是相当有问题的，在他们所有的分歧争论中不仅存在同样的知识上扭曲的特征，而且最终都是以恰恰违背了马克思引入这一隐喻初衷的观点而结束。

六

在某些场合意识形态概念被马克思（尤其是他早期著作中）用于直接论战的目的：将历史中赋予观念以某种超越性力量的思想和表现体系，还原为明确的、特殊的（有意识的或无意识的）社会利益。在这个意义上，意识形态概念只是把依赖性的上层建筑的思想转换成解蔽的（demasking）文化批判的有效方法。但是，马克思还在另一种超越了经济基础／上层建筑二分的方式上使用这个概念。这种意识形态的意义，主要以他对黑格尔、亚当·斯密、李嘉图等人著名的和反复的批判为例。很明显，在这些批判的分析中，对一定利益的特殊形态的理论阐释，只是发挥了次要的作用，尽管马克思一贯地将之描述为"资产阶级社会的意识形态"，但他分析的重心在其他方面，在于揭露这些理论的那些尚未主题化的（unthematized）、理所当然的假设，它们有效地把这个社会的一些构成性的特征最终转化为思想的方法论前提，更普遍地转化为它们所构成的合理的话语和表述方式。因此，这种意识形态理论开始着手揭示那些结果，那些竭力普遍化这些非反思性预断的现实尝试所引发的结果——正如在重要的文化著作中所做的那样——那些结果主要出现在分析作品中的矛盾和断裂之处。文化上具有重要性的意识形态，在这个意义上是典型的对思想的禁锢，把历史限定的实践中的束缚转变为思想和想象上不可超越的局限。对它们的批判是社会批判的一部分，这种社会中占统治地位的文化，系统地排除了自身产生其他社会可能性和选择性的理解。同时这种批判也是对文化对象化（objectivations）意义的一种重建，这种意义从不单独存在于作品中，而是依赖于那些实现意义构成的文化实践的客观条件，并且它们对于作品的创作者来说似乎已成为不证自明的必然。在这种意义上，意识形态批判——正如近来很多人已经强调的——代表了一种辩证的调解，是在依赖于它的非文本的、社会实践的背景下，对意义解释学的理解与客观性说明之间的一种辩证的调解。

七

正是后一种对"意识形态"的理解构成了马克思主义者著作的基本框架，这一点毋庸置疑塑造了我们对于当代文化及其传统的整体理解。马克思已经在一种相当偶然的方式下指出了意识形态批判所面临的两种主要困难。第一种是关于基本的文化形式（或类型）的起源和特殊功能的问题。第二种是关于文化传统的问题，也就是那些在它们最初被创造和接受的社会条件已经消失（也许甚至是无法重建）之后却依然长久地延续着意义和重要性的文化传统。这两个问题显然彼此联系——长期有效的传统，在前面提到的意义上只存在于某些文化形式之中，在其他形式中未曾发现。

无疑，后来的马克思主义者便致力于对这些问题的研究——人们只需要参考那些明确围绕着一定文化传承形式的历史变化和社会重要性的著述便可以发现。然而，尽管如此，总的来说问题仍然没有找到答案，或者更确切地说，通常这些答案要么是用一种非历史的人类学方式（一般把基本的文化类型划分为人类与世界可能关系的刚刚分离，或者交往关系不同方面的分离）呈现，要么就是用一种浪漫的历史主义的方式（把文化传统当作人类鲜活的记忆，是对其历史累积的自我意识）呈现。并且，人们可以发现，这种解决方式甚至出现在那些对这种理论立场没有表示出什么好感的作者那里（例如F. Jameson）。然而，这类答案在马克思强烈的历史主义的框架内似乎显得相当古怪（即使他自己也许偶然考虑过它们），并且几乎无法与一些历史事实相调和，这些历史事实证明了不仅在有效传统的储备中，而且在文化法典化的类型分类的结构中也存在着基本的变化。尽管如此，我把这些难以令人信服的答案首先视为一种有益的自我防卫的表现——反对把意识形态批判变成"总体"（total）的一种自我防卫，反对把它从一种文化干预的方法转化为一种普遍的文化理论的防卫。

马克思主义的"意识形态"是一个批判的概念。它曾经是而且现在还是干预传统－传承和传统－维持的统治性过程的一种有效媒介，是打开思想新视野，刺激新的社会感受性和想象力的途径，进而从文化束缚中解放出来——达到社会的解放。作为一种批判形式，它在涉及自己的对象时必然要求一种特权地位，它把那些仍然不透明的并因此在实际的分析作品中被当作自明的预断，视为特殊的和社会导致的。要把这样一种方法转化为一种普遍－总体的文化理论只可能意味着两种结果。要么是，如今的批评家主张一种普遍性的特权地位，宣称他/她自己的观点在原则上独立于所有历史限制视角的形式，并且也因此将之置于文化传统的连续性之外。要么是，能够承认批判观点本身在原则上也被嵌入其对象所陷的同样扭曲的境况中——因为，它们可以被反思地和事后地认识，却从不可能被超越。毋庸置疑，马克思自己倾向于第一种选择。他认为（尤其在他晚期著作中）自己的理论态势是沿着自然科学的形态发展的，尽管也是历史限定和不能"无先决条件的"，但只是带着不断在物质实践中得到验证的，经验可证实的前提而发挥作用。在这方面，阿尔都塞关于科学和意识形态之间严格的二分法在经典文献本身中是能够找到合理根据的。然而，大多数意识形态批判的代表（也包括马克思和阿尔都塞），不能接受对科学的实证主义的理解或批判理论方法与自然科学方法的等同。但是，另一种选择对于他们来说同样有充分的理由不能接受。因为，意识形态概念自我反思的"总体化"（totalization）——正如近来法国后结构主义的一些趋向所说明的——作为一种社会批判的工具总体上是无力的。由于批判在这里针对的是一些根本无法超越的事物。针对语言，或是任何表述话语的强制力量，或是所有思想不可避免的历史规定性和视角等——对于这些方面的人类有限性，这种理论不是表现为一种绝望的抗议，就是一种愉悦的顺从，这使得意识形态批判丧失其实践－社会的相关性。由此，马克思主义最杰出的代表们在文化理论的某些基本问题上，遁入了抽象的人类学的普遍性之中。

八

"文化生产"（geistige Produktion）这个术语从 1844 年到最后的经济学手稿，多次出现在马克思的著述中，但是其意义和内涵却从来没有被详细澄清过。如果说这一表达在最近 20 年变得有些流行的话，部分是与这样一个事实有关，即它恰好符合一种幻灭的态度，这种态度认为文化不再是能够产生永恒价值的个别英才深不可测的创造性行为的结果，而是一种世俗的社会制造过程的结果，这个过程只是为了满足不同消费品位和选择的需要而制造某类物品。基本上，像珍妮·沃尔夫（Janet Wolff）或桑切斯·巴斯克斯（Sanchez Vazquez）这样的作者就完全是在这个意义上使用这个术语的。

然而，在马克思那里，"文化生产"意味着——或者至少象征某些更重要的东西——生产概念在专属于特殊的文化活动领域中的一种典型延伸。这至少包含着两个前提。第一是这样一种观点，它认为这些实践的社会功能主要是由它们在全体分工中的（历史变化的）位置决定的，因此也意味着需要去研究那些使它们联系着，并整合进后者的制度机制。第二也是更有争议的一项计划，要借助于某些从专属于物质生产分析中得来的概念特征和观点来理解这些文化活动的特殊性。到底是什么，也即生产范式在什么意义上对于所有制度化的实践形式而言是典范性的，这是今天争论的一个主要问题。在这里我只能陈述我对于那些观点的不同意见，反对那些常常遇到的，把生产范式等同于对所有人类活动的一种工具主义的理解，反对把它们还原为劳动这一目的–合理性（goal-rational）活动的观点。在我看来，这种范式包含三个部分：

（1）用人类活动和需要的对象化和占有（appropriation）的方式来

解释社会活动；（2）同时就这些活动及其产物而言，在"物质内容"和
"社会形式"之间做出一种分析上的划分；（3）把所有这种"生产"行为
都理解为再生产进行过程中的一个独一的（singularized）时刻。

九

尤其是在最近几十年的文献中，一直存在这样的尝试，试图在更加严格
的意义上使用"文化生产"概念。其中至少有两种尝试值得特别注意。

第一种是直接把马克思对商品形式的批判分析应用到现代文化上，尤其
是应用于艺术领域。首先在德国，有一部重要的关于"商品美学"的文献，
研究了商品化对于美学实践及其产物的历史影响。然而，显而易见，此类分
析最成功的要数被应用到日常消费功利产物的"唯美化"（aesthetization）之
上（Haug）。它们能够对"大众文化"发展上的趋向提供有用的，尽管往往
是片面的观点，但是当它们试图处理"高雅文化"作品时却陷入相当大的困
境。这几乎不是偶然的。高雅文化的自律性，作为现代性的一种构成性的制
度特征，代表了对抗这些实践活动彻底的、真正的商业化的不可轻视的补偿
性因素。而且也应该补充一点，马克思的商品形式理论（尤其是他的劳动价
值理论）在被用来分析当代（"大众的"或"高雅的"）文化生产的经济方面
时特别失效——因此"商品美学"理论在这方面往往被迫运用相当表浅的、
修辞学上的一般原则。

第二种是一直存在的更普遍的尝试——从本雅明开始，在阿多诺的晚期
和威廉斯等人中得到继续——试图将马克思对生产力和生产关系之间的划分
（即内容／社会形式二分法的一种具体化）再一次运用到现代艺术的分析中。
这些理论意义只能分别地、详细地加以讨论——这是我在这里无法做到的。
我当然受惠于它们的某些方面。与此同时，人们感到吃惊的是所有这些作者
各自使用概念意义时明显的多样性，例如在阿多诺那里，这种多样性似乎联
系着相当不同的甚至不可调和的理论计划。总的来说，关于两种文化生产理

论的研究方法，在我看来它们的重点在于主要地并片面地强调那些从属于文化领域的社会体系和关系，即那些确保其整合到社会再生产的总体进程中的社会体系和关系，而不是那些构成文化领域的社会关系。

十

为了使这最后的我担心会难以理解的评注有意义，也为了可以用一些积极的建议结束这个论文，请允许我指出，到底是什么构成了每一种"文化生产"观念都会涉及的主要困难。生产范式其实暗含着作为它的一个方面的再生产概念，如果这一说法可以接受的话，那么谈论"文化生产"似乎是完全没有意义的，至少在现代性文化方面是如此。因为这种文化将革新的原则，也即对新颖性（novelty）的要求设置为构成性的条件，它必须被所有理解为属于文化领域的对象所满足。因此专门的文化活动应表现为创造行为（即被社会上设定为独一无二的——当然与它们心理学上被理解的创造力无关），而不是生产行为。

再生产概念不适用于这样的文化活动这一点似乎在马克思应用它们的术语中得到了承认——但是以一种自相矛盾的方式被承认：精神（geistige），它是观念的对象化。根据马克思的观点，一般而言，再生产的必然性以这样的事实为前提，即对社会生产的使用价值的适当消费，它们的使用同时也是它们被消耗的过程，是它们目的形式的一种损毁——所以人类创造的物质客体的社会世界只有通过不断地再制造、再生产才能生存。但是，文化作品是"脑力"劳动的产物，是"观念"的对象化，黑格尔的术语（"精神"，geistige）道出了其中的事实，那就是它们履行它们有目的特别是文化上的功能，主要就是只"表达"在某些物质形式之中的意义复合体。因此，它们适当的使用行为，即文化的接受和理解行为，原则上没有把它们耗尽，事实上恰恰是这些行为在文化对象化的功能中完全保存了它们。所以，一种"观念-文化的生产"概念似乎是自相矛盾的——这些观念"产物"的特征使它们的再生产变成无对象的（objectless）概念，因此谈论它们的"生产"也丧失了严格的意义。

十一

然而，正是这些考量说明了在什么意义上文化实践和对象化可以，甚至应该在这个词的真正的意义上被理解为构成社会再生产的一个特殊的领域。可以这样阐述上述所表明的文化接受的特殊性，即关于这些对象化，它们的"消费"行为不仅构成——正如马克思关于"物质"活动产物已经表述的那样——"生产的完成"，同样也构成了它们再生产的行为。文化作品，首先是不同种类的文本，只有当它们在适当的不断重复的接受行为中被直接赋予一种意义，而这种意义被设定为内在于它们并且与正在进行的、现今的文化实践相关时，才能保有一种有效的文化意义，否则它们将只不过是意义丧失的历史或社会的文献，并且只有为它们提供一种适当的背景才能重建其意义。但是，文化对象化这种看起来固有的意义在历史中是不断变化的（而且如果它们想要与正在进行着的文化实践保持相关性的话就必须变化），这个事实表明它们之所以"拥有"这种意义，只是因为它们被设定和理解在一种已然存在的，无声假定的背景中——一个不断再生的关系体系，照此在其特殊的联结和分支中构成了文化领域。

十二

这一点可以回到作为现代文化实践构成性之特征的革新（innovation）问题来加以说明。严格地讲，一种普遍的"新奇性"要求是没有意义的，因为长期以来人们既可以认为每一种事物都是新的（根据难以辨别的同一性原则来说必然如此），同时也可以认为太阳底下没有新事物。新奇性的构成标准能够具有意义，只是因为在文化实践每个领域的任一时刻，无论对作者还是对接受者来说，比照什么（有效的传统）和在什么方面，以及根据什么标准判断一部文化作品应该是"新颖的"，这显然是预先给定的。并且，相关的标准在不同的文化类型中基本上也是不同的：自然科学中对早前的一个实验的"再试验"，与绘画中的"临摹"或者哲学中的"折中兼容的模仿"意味着完全不同的意义。此外，只有提供一种适当的背景时，一部文化作品才可能去有意义地声称，并被认为是"新颖的"，从而既再次确认又（有可能）修正了这个框架本身。

十三

所提到的这种背景，对任何（一定形式的）文化对象化来说既建立了直接意义的条件也建立了新奇性的条件，这种背景可以被概念化为一种复合的体系，它把任何声称与文化相关的作品都设定在标准的关系之中，包括作品与它被赋予的作者之间（固定在某种交往的位置），与一个"专属的"公众之间（其特征由某些针对文化对象的特殊要求所赋予）以及与适当选择和组织的，构成一种有效传统的其他大量的作品之间的关系，而这传统需要它再一次以一定的方式嵌入其中。这些给定的作品必须满足这些关系才能被接受成为一定种类的"文化创造"。这些便是在基本的分支和联结中构成了自律的文化领域的独特的、特殊的文化关系。如果这个词使用得恰当的话，它们主要"存在"（exist）于各种制度化的标准和需求的形式中，一定类型的期望和评价标准中，也同样存在于作者和接受者的能力中，这种能力——或多或少成功地——受到在能力施展过程中同时被再造和修正的这些标准的导控。所以，对于接受者来说，他/她的"再造"一部作品的内容（即意义）的能力，也就是以某种适当的方式理解它，是以具备将这些内容理解成满足和体现一系列这样标准关系的能力为前提的，换句话说要把它理解为具有一种特定的形式。文化形式（在广义上对应于一种类型的形式）被视为直接存在于所提到作品的结构和组织中的凝结成的文化关系——而事实上，习惯上被长期传统所接受的作品的形式，伴随着主导性文化关系体系实际中的变化，往往在历史上发生基本变形。

十四

文化形式确定了有意义的文化对象化在一定时代中可容许的形式范围——它们可能被解释、被参考和被使用的方式，它们可被称赞或批评所根据的立场，它们可以与其他（相似或相异形式的）文化作品发生联系的方式。它们构成了一种限定了大多数立场和观点的制度化的语用学，根据这些立场和观点，我们赋予这个世界和我们的生活以意义，或至少使它们成为可以理解的。

十五

现代性的文化关系既是赋予权力的又是抑制性的。它们没有叙述性地确定谁来扮演相关的作者和接受者的角色，也没有确定在这种或那种文化形式中应该说什么或表现什么——在所有这些方面原则上的开放是它们主张的自律性和普遍性的一个基本方面。但是它们规范地限定了作者的"声音"，要求以某种成文的意义-形式用"适当"的接受态度来再造一个文本或描写的意义。这些被要求的能力和感受力，事实上是社会限制和约束的，并且这不只是一种经验事实。现代文化不仅将自身设定为对每个人来说都是内在有价值的和有重要意义的，而且还是"非凡的"，也就是高雅文化。这种"高雅"和"大众"文化之间的对立，根本上不同于我们在前现代社会中在"精英的"与"平民的"或"低层的"文化之间做出的划分。在后者的情况中，对于那些社会力量来说，所涉及的实践活动并不被理解为同一种实践，它们在归属上属于不同的社会力量并且具有相当不同的、不可比较的功能和重要意义。只有在现代性的条件下——由于文化作品基本上专指向一个社会学上非特指的公众，由于市场机制使它们的分配普遍地均质化等——以往一直不同的问题才开始转化为如此构成的文化领域的内部矛盾。

十六

不同文化形式的特征，标准的"作者—作品—受众"关系的分化体系，最终依赖并取决于照此区分的实践及其产物在一个时期所具有的社会功能。例如，一门主要服务于"启迪"（edifying）目的的关于自然的科学（science of nature）（像 16 世纪到 18 世纪的"自然哲学"），区别于一门主要作用是开启新的技术可能性的自然科学（natural science），并且区别不仅在于它的社会组织和实际的受众，而且还在于它的认知结构、文献对象化的形式、允许的批评标准等。

另外，某些文化实践社会功能中的变化或企图的变化（往往至少也包括那些制度结构的不完全的重组，相关的活动通过这个过程被整合入整体劳动分工中——一个我在这里无法讨论的问题）通常只有通过主导性文化关系和形式的变革才具有可能性。社会的压力和要求始终通过成文的有效传统和先在的文化形式的多棱镜折射出来，同时它们为改变提供了重要的驱动力。不同的自律文化领域里关于形式问题的"内在"争论和对抗，转为围绕着远不只是"形式上的"问题而展开。它们涉及不同的文化实践之间划分的内容问题，涉及它们所设定的适当接收态度的特征问题（因此间接地涉及潜在的受众），还涉及所表达和被理解的意义形式和影响力问题（因此间接地涉及所主张的社会重要意义）。这些是反映在自律的文化领域内的社会对抗。人们可以重述青年卢卡奇的格言：形式是突出的社会因素——不仅在文学中，也在普遍的文化中。

仅仅作为一种非详尽的说明，我在这里可以参照哲学中的体系（system）问题。这个概念既不能混淆于某些对相关性和全面性的永久要求，也不能混淆于一种特别的文学阐述形式——"体系"作为哲学的（并且只要实证科学没有完全从中区分出来，还属于它们）主导性的（尽管当然是无竞争的）文化形式，几乎已有三个世纪之久。一般而言，这类作品要满足和符合它们应该被理解的样子，这一事实暗含着一系列详尽而标准的假设。产生于 17 世纪早期的这种思想是基本媒介之一，哲学、科学通过这些媒介在文化上从制度化的宗教和神学的监管中解放了自身并且提出了自律性的主张。后来的争论是关于这种形式的合法性问题，首先是两波伟大的"体系批判"浪潮，法国的启蒙运动和德国的浪漫主义——（无论使用什么论点）基本上是关于一种自律性哲学与日常意识和生活间的适当关系的斗争，关于其可能的任务以及与其他伟大文化形式（例如文学）之间关系的斗争。这种文化传承形式从 19 世纪晚期开始缓慢瓦解和消失，部分是所有社会成文的知识形式的专业化和特殊化这一潜在文化进程的结果，而且即使在今天，针对哲学实践的适当形式所提出的不同建议——从它的"科学化"到它的解构——亦代表了对其合乎需要的社会文化功能非此即彼的、对立的计划，这些计划要针对不同的受众，以不同的方式重新划定高雅文化类型上的界限。

十七

虽然文化实践中广泛的历史变化依赖于总的分工体系以及它们在其中的位置转变，但是文化关系具有它们自己特殊的物质基础。人们可以说存在着特殊的"文化生产力"，共同决定着文化关系和形式的发展。粗略地讲，它们与交往的技术和手段以及各种承载意义的信息的再造紧密相连。然而，具有普遍文化生成意义的，不是这些交往和再造的技术，而是使用它们及其产物的能力和权力的社会分配。换句话说，不是智识技术上的写作形式，而是社会规定的知识读写（literacy）形式，不是印刷技术，而是阅读公众中有效的社会范围和组织等，才是文化变化中的决定因素。因此，文化关系在某种特定的意义上，确实具有一种"上层建筑"的特征：它们只有通过社会权力和分层这一给定体系的调解，才能与自己的技术"基础"产生联系。

十八

在现代性条件下，当文化实践自身被社会地赋予一种价值，同时新奇性成为其产物所必须满足的构成性要求时，可以理解为，它们不同的形式将获得强有力的驱动，朝向一种自生的、自动的发展。的确，文化变化的短暂周期，根据问题－生成、问题－解决的解释程式可以很好地理解——无疑，在自然科学的例子中尤其如此，当然不只是它们的例子。然而，一般而言，这两种"外部"的决定类型均表明了以上所述仍然有效。文化的自律性并不意味着其不同的子域具有各自发展的逻辑。文化实践及其对象化的特征上的变革仍旧受到来自其他的"外部的"社会生活领域的要求和压力的影响，以及它们自己物质基础的发展所产生的新的可能性的影响。从这一点上看，自律性只是意味着，每一种具有自己的调节标准和独立评价尺度以及强化这些标准和尺度的制度结构的文化实践类型，以一种高度选择的、积极的和特殊的方式，反作用于所有外部的驱动力和可能性。

十九

最后，关于文化现代性的起源问题，以及文化因素在西方资本主义的兴起中发挥怎样作用的问题（马克思和韦伯之间构想的"争论"），可以用两点作为总结。一方面，似乎很清楚，只有商品关系的普遍发展才能为那些指向个人与社会非特指、匿名公众的文化实践对象化的持久再生，创造一种稳定的社会经济体制。另一方面，构成这些实践自律化的基本方面和先决条件的根本的文化变化，往往比所涉及活动或其产物最初的商品化更早发生（有时差了几个世纪），这是一个历史事实。例如，当有关的实践仍然在个人依赖（惠顾）与社团（行会）组织这两方面关系构成的体系中运行时，现代艺术概念和体系，伴随着对作者身份变化性的理解（甚至还有归属），在此条件下已经开始发展进化。此外，某些文化领域在市场组织和相应经济实践形式的发展演进中，发挥的先锋作用也是十分明显的。例如，图书和剧场表演那样的文化展景，实际上是最先正式刊登广告的商品（从 15 世纪晚期开始），图书交易（早在 18 世纪）是真正达到全国性组织（national organization）的一种产品市场的最初实例之一，等等。总的来说，这种假定似乎并非不合理，与韦伯一致，但是不依赖于由其个人主义的理论框架决定的动机主义（motivationalist）的论述。对于经济中商品关系的普遍化来说，某些必要的制度机制、社会承受力和态度，是在狭义理解的文化活动领域中最先形成和运行起来的。如果历史有什么训诫的话，它似乎预示着，重要的文化变革既是结构社会变化的结果，同时也是它的前提。

文化模式可以比较吗？ *

杜红艳 译 **

让我用最简洁的话语来阐释这个问题。一般我们会因在评判中，尤其是在对政治行动和行动者的评判中运用双重标准而彼此责备。如果在具有不同文化传统和政治制度的国家采取相同的迫害和暴力行动，且某人在一种情况下谴责这些行为是"恐怖的"而在另一种情况下将这些行为看作"适当的措施"，我们就会指责这个人运用了"双重标准"。"双重标准"的概念含有"非正义"的意思。为什么会这样呢？根据形式正义的概念，即正义的广义概念，如果一个社会集群拥有同样的规范和规则，那么这个相同的规范应该适用于这个集群的每一个成员。"双重标准"可以这样来定义："某种共同规范适用于两个群体成员从而使他们（即使他们仍然是不同群体的成员）成为相同社会集群的成员：虽然如此，我们仍运用不同的标准对待两个群体成员。"运用双重标准是非正义的，因为它与形式正义的概念相矛盾。但是对完全不同的社会集群运用不同的标准绝不意味着非正义。这可以用那句拉丁格言来表达：很多事情上帝能做而牛不行。因此，如果我们愤怒地责备某人运用了"双重标准"，我们首先必须问一问在仔细审查的情况下"双重标准"概念是否也完全有意义。而且我们得出了极其令人不安的结论，即我们愤怒地排斥的不是应用双重标准对待某种行动和行为模式，而是运用不同的标准，原因很简单，

---

* 阿格妮丝·赫勒著，杜红艳译，发表于《黑龙江社会科学》2015 年第 3 期。

** 杜红艳，黑龙江大学马克思主义学院副教授，主要从事国外马克思主义研究。

人类不是一个社会集群。没有适用于所有人的共同的规范和规则,不论他们属于什么文化,而且因此也没有比较和排列人类行为的共同尺度,更没有一个尺度可以被每个人类成员看作绝对有效的。

然而,我们坚持谴责运用所谓的"双重标准"并不是一种无意义的口头练习。它代表一种强烈的感情的出场,我将把这种情感称为"正义感"。正义感是把不同标准转变为"双重标准"的缘由。这样做,它要求人类应该变为一个社会集群,实际上是至关重要的(首要的)集群,至少有一些共同的规范和规则应该适用于所有集群和所有人类(*homo sapiens*)成员,而且存在一个比较和排列行为的共同标准。不论在什么样的文化氛围内,正义感不能用任何其他方式来解释而是表达将人类解释为至关重要的(首要的)社会集群的意愿。

在下文中,我将证明极端的文化相对主义与正义感的主张相矛盾。如果我接受极端的文化相对主义,我就不能够再谴责运用双重标准。极端的文化相对主义可以同样出现在精神史中、文化解释学中、简单的实证主义中,而且这里我不能指出它们各自的具体特征。列举极端的文化相对主义的基本宗旨就可以了。

让我们假定所有的价值、观念、世界观、行为模式和信念都具有许多偏见,存在于相对的时空中。在一切给定时期,包括现代,有许多不同的共存的文化,每种文化都具有自身的价值、观念、世界观和行为模式,都是理所应当的"信念"。每种都彼此不同,没有办法比较它们。不仅作为整体的文化不能被排列。即使一个单独的行为模式或一个特殊文化习俗也不能与任何单独的具有相同功能的另一种文化的行为模式相比较。原因很简单,一切行为模式都内嵌于它们各自作为整体的文化中。同样的信念和同样的行为在一种传统文化中是正确的和真实的,在另一种文化中可能就是虚假的和错误的。我们甚至不能就是否一种行为模式比另一种更正确(或更好)提出疑问,因为没有共同的标准使得可以根据这种标准来进行评价。每当我们进行排列时,每当我们运用共同的标准来评判不同文化背景的人所进行的相同行为时,我们会从我们自己特殊的文化立场出发进行评判，运用我们认为理所当然的衡量价值和标准来这样做。因此，我们将我们的偏见强加给其他文化。双重甚至多重标准的运用比对一切文化运用共同的标准更正义。那些运用双重或多重标准的人只是把他们自己放在与他们自己的文化传统不同的文化模式中了。他们承认不同的文化传统并且将他们自己的传统理解（解释）为一种异己的偏见体系。

这里论证的逻辑明显是不合理的，而且它提出（而没有解决）的问题毫无疑问是真实的。让我们首先分析一下逻辑谬误并且进入问题本身。任何提出一切文化都是独特的且我们不能运用任何共同的观点来比较或排列各种文化的人，任何认为这不仅对于整体文化是真实的而且对于内在于每种文化中的一切特殊信念和行为模式也是真实的人，主张行动上（in uno actu）占有真理而且要求进行正确的（好的）评判。关于"所有文化都是独特的而且也不能根据任何标准来进行比较和排列"的主张是正确的，以及"不要根据任何共同的标准来比较或排列文化，因为它们是独特的"这一准则是正确的。然而，就某些人认为这个主张是真实的以及这个准则是正确的而言，在各种文化间进行比较已经发生了，因为下文至少应该根据含义来认识。所有的文化都是独特的和平等的，在这个意义上每种文化都包含真实的观点和正确的规范（因为这些文化中普遍的规范和观点被认为是真实的和正确的），那么那些文化就会认为所有的文化都是独特的和平等的并会因此认为它们不应该被比较或排列就比那些其他不持有这种观点的文化有优势，原因很简单，即它们认为这是一个比所有其他文化更真实的观念和更正确的规范。假设西方文化属于少数允许提出这种论断的文化，那么西方文化在价值上就不与所有其他文化平等，而是更具优越性，至少就相关的一个规范和观点而言。那么，最终结果是一个极度种族中心主义的主张显示了整个模型的内部弱点。然而，我想要在这个无法解决的不一致性基础上进一步探究。

让我把极端的文化相对主义的论证划分为：a.事实的陈述，b.要求或建议。

a. 这是一个超出了合理的怀疑人类文化是不同的且每种文化都具有独特性的陈述。虽然不是所有的关于极端的文化相对主义的批判都会伴随着我，我也接受进一步的建议，即作为整体的独特的文化也不能排列或者比较。无论什么时候文化事实上都是按照这种方式分级或排列的，是根据许多文化中的一种文化的标准来排列的，而且评价文化的规范体系被认为是理所当然的并被认为是"真实的"和"正确的"，或者至少是"先进的"，与卑劣和不完善形成对比，最终与被评估的文化的"原始性"形成对比。现在被称作"种族中心主义"的，是一切文化面对异在文化时表现出的自然态度。历史哲学只是这种"自然态度"的高度精细的和精简的版本。

极端的文化相对主义从事实的陈述中推导出要求。在我看来，从一个"实然"判断中推导出一个"应然"判断，是一个合理的程序。然而，这种情况下事情的主旨是从事实陈述中推导出要求并不是从已经建立的事实中推断出的。

b. 事实上可以从陈述中得出，所有的文化都是独特的，它们的独特性应该被理解。然而，对它们根本不应该被排列、比较或分级的要求并不是从上述断言中推导出的。让我们简要地分析一个类似的情况。人们从来不能完全理解个人，他们理解的过程原则上是无限的，而且他们的解释模式原则上也是无限的。但是，如果有什么区别的话，比较和排列个人与他们的独特性关系不大。人们通过将规范运用于个别行为和表现，运用规范作为分级和比较的尺度来比较个人。当然，个人的独特性和文化的独特性之间有区别，因为文化是规范和规则的体系。但是如果人是首要的（至关重要的）人类集群，至少会有一种每种文化都共有的规范。文化将不再是独特的，但是它们也应该能够根据它们享有的规范标准来比较。因此，一方面对于一切文化独特性的认知，另一方面在各种文化模式之间进行比较的可能性，原则上并不彼此排斥。然而，排斥的是对作为整体的文化的比较、排列和分级，因为每种文化的独特性包含其他文化没有的规范、规则和行为模式的特征。

正义感反对极端的文化相对主义。如果不同的和独特的文化在任何情况下都不能被比较、排列或分级，就没有正义感，且那些运用"双重标准"的人的斥责也就是无意义的、无效的。但是正义感并不反对温和的文化相对主义。如果我说万物有灵论在 X 文化中占有一席之地，但是在 Y 文化中偏离真理，没有人的正义感会抗议。可能仍旧会有反对意见认为我是错误的，甚至我对这件事的评判欠佳，但是可能不是因为我运用了双重标准所以是非正义的。因此，正义感意味着"某事"应该被比较，而不是一切都应该被比较。如果正义感表达了人类应该变为"首要的（至关重要的）人类集群"的意愿，且如果相同的正义感要求某些事情而非一切事情应该被比较，那么"善"这种意愿的目的就在于在共享的"善"的界限内顾及"善"的多元性——规范体系的和价值体系的多元性。但什么是"共享的善"，对此正义感的目的是什么？

没有必要求助于一种假定的情境，即为了揭露"无知的面纱之下"的东西我们必须运用一种共同的标准，如果我们打算实践正义感的规范性要求的话。也没有必要陈述历史（过去的、当下的和将来的），甚至确定所谓的人类的"普遍性"。在当下历史阶段抛锚并迅速凝望当代历史意识，根据这种历史意识来解释经验证据就足够了。

让我问几个最简单的问题。什么时候，在什么情况下人们彼此责备运用了"双重标准"？什么时候，在什么情况下我们的正义感把运用不同标准谴责为非正义？只是发生在我们评判或者评价统治、压制、武力和暴力的行为时。如果人们在具体文化中被囚禁、折磨、杀害、羞辱，甚至歧视，那时也只有在那时正义感恰恰告诫我们要运用同样的标准对待所有人。女人戴面纱或者穿超短裙是一个特殊（独特）文化品位的问题。然而，她们被强迫戴面纱，就不再是一个"文化独特性"的问题而是变为了一个强制的问题。

极端的文化相对主义预备取得最终的胜利，即有用性和功能性的胜利。例如，杀害婴儿在某种传统文化中是有用的（功能性的），生活在其范围内的人不杀害婴儿不能存活。在古老文化中奴隶也是功能性的。如果我们赞许操控理论，专制主义在某些亚洲文化中也是功能性的（有用的）。此外，童工在资本主义的发展中也是极端功能性的（有用的）。但是这个论断可以对我们对当前世界的评判产生什么积极的影响呢？从中可以推导出什么实践结论呢？当置身于保卫我们当代世界的背景中，文化相对主义的最后的名片，有用性或功能性的胜利，在令人恐惧的思想中推论出几乎所有一切都被允许对一种特殊文化进行复制，因为在这方面一切都是有用的（功能性的）。很明显，在一种"客观的－相对的"疗法中，一种文化的功能制度中，这引发了奥斯威辛，或者古拉格的"劳改集中营"。

我记得在匈牙利有一个非常著名的笑话，它起源于第一次世界大战时期，是关于第一次离开村庄参加奥地利军队的哈西德派的犹太人的故事。回到家后，他以《四年异邦生活，他们的道德和习俗》为题写了一本书。为什么这个题目有趣？原因很简单，是由于"异邦"部分的根深蒂固的信念，换句话说，非犹太的欧洲，它们的文化（习俗和道德）是卓越的文化，所以按照民族学来描述是非常可笑的。同时，如果我们去图书馆并随意选择一百本四年来任何旅行者或民族志学者记录世界人民或部落人的生活经历的书，阅读对他们的主体习俗和道德的描述，我们绝不会发笑。这里，笑话转变为一个严肃的和值得尊敬的科学事业。那么，差别的基础是"内部"与"外部"。只要我们处于一种文化的"内部"，按照民族学的方式来描述它就非常荒谬。当然，从内部出发嘲笑我们自己的文化可能间或服务于启蒙和自我反思的目的。伏尔泰有过野蛮的经历并从一种"外部"观点出发嘲笑法国的风俗，但是仍然从处于法国文化之中的观点出发。就许多狂暴的、前所未闻的症状和虚伪的经历而言，道德认为内在的看来好像是外在的东西是理所当然的。如果成绩卓越的话，这种讽刺性的测验可以是一种有益的实验，它引导我们悬置我们自己文化规范和规则的"想当然"并因此助成这种可能性，即这些可能被"理性的合理性"所检验。然而今天，由笑话引起的娱乐慢慢消失了。以"民族学－人类学"的方式联系我们自己的文化，现在以最严肃的方式进行，而且在我看来，以这种方式进行危及许多普遍的价值。哈贝马斯的新书《交往行动理论》恰恰反对我们的文化在方法论上的差别，尽管他选择了错误的人来谴责。我甚至想要更深入并扩大我反对的范围。我的建议如下：能和我们一起分享我们现在的世界的文化，不能够也不应该专门以与民族学－人类学有别的方法来接近。很明显，这不是反对作为科学事业的民族学或人类学的存在和实践。但是一切文化（不管是不是我们的）的解释和理解都不能排除全部可能的评判。而且应该有一些原则，使我们可以根据一种平等的（相同的）标准来评判它们。

我们的文化（我们存在于文化的内部）和一些异在文化之间从来没有绝对的差别（换句话说，这意味着没有文化对于所有其他文化来说是绝对秘密封闭的）。我们笑话中提到的哈西德派的犹太人生活在非犹太人文化的"外部"，生活在具有完全不同规范和规则的一个封闭的共同体中，也总是运用不同的语言，但是同时，在某些方面，他也生活在非犹太人文化的"内部"，他是一个奥地利公民，他被奥地利军队征召入伍等。如果人们写作街头帮派、黑手党、新宗教团体、恐怖主义群体、族裔的人种学－人类学研究，"外部"与"内部"之间的差别就完全模糊不清了。所有这些群体都有他们自己的习俗、道德、礼节和惯例。我们已经了解，文化不能被比较。但真的是这样吗？极端的文化相对主义者对这个问题会感到不安，但这只是他们前后矛盾的证据。他们最后可能勉强认可这种观点，即只有"外部"的文化可以根据人类学方法的规则来理解。但是，正如我提到的，在这种情况下"内部"和"外部"的区别将完全模糊。一个在街头帮派中长大的孩子或者一个新宗教共同体无论在何种情况下都认为他们的习俗和道德是"理所当然的"。从"外部"看，他或她会把他人的习俗和道德看作外在的习俗和道德。在这种情况下，我们通常谈及"亚文化"，但是前缀并不改变事实，即它是受到严格审查的文化。当然，只要有一点常识的人就能够轻易地分辨出上面列举的各种亚文化。如果内在于亚文化的风俗和道德没有将额外的武力、暴力和权力关系引入"主文化"，正在谈论的"亚文化"应该降低武力和暴力的数量，那么其风俗和道德可以简单地被认为是不同的，而且因此被认为与利益、好奇心或者同情心有关。但是如果亚文化将更多的武力和暴力引入"主文化"的框架，比现在有的还多，任何人都不可避免地会反对它并且对其宣判。我们对于黑手党"家庭"、一个恐怖团体和一个族裔的评价，以及一切同样可以被认为是亚文化的东西的评价，不应该是相同的。当然，在理论上，在哲学上，人们可以说和做他们认为是与自身相符的事情；人们一定只是逻辑上始终如一的。在这方面，理论家可以非常容易地对一切文化采取一种纯粹人种学–人类学的态度：对我们自己的文化，对在夹缝中避难的亚文化，而且对所有其他文化来说都是这样。理论家不能做的是说服人们的常识遵从理论的建议。只要常识不是麻痹的，人们就没有被洗脑，那些具有常识的人就不把他们自己文化和亚文化的观点接受为极端的相对主义派别的表达。

要求一种共同标准就是要求分级和比较。当将不同标准转变为"双重标准"时，正义感不仅要求在评价行动、行为模式和包括统治、强制、武力和暴力在内的系统约束中运用相同的标准，而且要求从这些标准的角度出发对文化模式和风俗进行比较和分级。正义感提出的假设在统治、强制、武力和暴力中减少了。所有那些反对运用双重标准的人一定在这种假设的引导下对不同文化进行了比较、排列和分级。很明显，所有文化都以某种方式或在某种程度上包含强制或武力或暴力的统治。当根据共同标准比较一种特殊文化和其他文化时，这种特殊的文化在某些方面一定有优越性而在另一些方面处于劣势。而且文化中的统治、强制、武力和暴力越少，就会比含有更多这些因素的文化优越。

上面描述的程序是正义的而且可以为形式正义的概念所解释。根据后者，构成一个社会集群的规范和规则需要一贯地和连续地应用于该集群的每一个成员。集群成员需要通过将一般规范和规则用作排列和比较的标准来进行排列和比较。但是，如果人类不是一个社会集群，我们要在什么基础上对各种文化进行比较？事实上并非如此。

这里我们回到我们的出发点：正义感表达了人类应该变为"首要的（至关重要的）人类集群"的意愿。所有那些在行为评判中没有运用双重标准的人表现得仿佛人类是首要的（至关重要的）人类集群。尽管我现在回到了我的出发点，我处于不同的层面上。首先，我得出结论正义感表达了某种规范或者至少是一种规范对于一切人类、一切文化应该是共同的意愿，是构成至关重要的人类集群的人类的规范。现在我们了解了上述文字且不限于此，我们知道许多规范（或者一种规范）应该组成首要的（至关重要的）人类集群。因为我们的正义感警告不要运用双重标准，只要统治、强制、武力和暴力的行为或模式被评判或评价，作为一个至关重要的集群，人类的共同规范应该如此，即在每种文化中他们的惯例会缩小统治、强制、武力和暴力。可能有这种不同的规范。康德已经明确地表达了最极端最抽象的规范：人不应该被当作他人的手段。

人类不是由能够进入一种社会联系的、真实的或虚拟的、以无知为借口的单独个体组成的，或者相反，人类是由各种文化和历史组成的。个人社会化进不同的文化中并根据不同的传统构成不同的历史的一部分。在它们中有一些宝贵的东西也有一些低劣的东西。只有文化，而非个体，能够进入一种"联系"中，从象征意义上来说，因为接受了几个一般规范，尤其是嘱咐我们尊重其所有成员及其全部"外围团体"成员的生活和自由的规范。如果我们将人类看作"生活在地球上的人类的总和"，我们只是掩盖了我们正在谈论人类文化总和的事实。

这个环境没有从对上述内容中暗含的一种"社会联系"的可能性或有利条件的沉思中概括出其重要性。不如说，其重要性在于此时此刻不正视它我们就不可能是正义的。事情的要点在于即使我们将几个共同的标准运用于所有文化，那么如果一种行为或者系统模式包含统治、强制、武力和暴力的运用的话，我们也不能只根据这个共同标准比较不同文化的个体活动者。我们也不能根据只运用这些共同标准的优缺点排列它们，即使它们事实上运用了，换言之，万一运用了武力、暴力等。这涉及最让人担心的问题，即运用"双重标准"的禁令在多大程度上应该调节我们个人的比较，而且是在什么情况下。我认为韦伯式的"责任伦理学"可以充当这种行为的一个指导原则。人们可能会说在适当的政治行为中，一个共同标准也应该适合个体行动者，而且它遵守原因。一旦一种历史哲学的构想确立，世界历史就会在我们这个时代变为事实。不管在地球的某个角落发生了什么，且不管发生了什么之前没有过的事情，对于一切文化、一切国家的居民来说都是命中注定的结局。因为适当的政治行动影响，不管发生在什么文化中，每种当代文化的居民的生活，一切适当的政治行为的结局都超越了文化在其之前运行的框架中的界限。政治行动者不能只运用他们自己的视角主义的标准来评价，也应该根据那些引发了他们的行动结局的文化来评价。然而，如果我们运用任何其他文化而不是他自己的文化的标准来评价一个政治行动者，评判就是非正义的，因为我们将把规范和规则运用于规范对其无效的社会集群的一个成员。而且我们应该根据运用一切经验共存文化的标准来评价政治行动者，我们不能在评价中达成共识。我们评判中的唯一正义的方式就是将合适的规范运用于政治行动者的行为，这些规范还没有构成作为首要的（至关重要的）人类集群的人类。尊重生活，而且普遍规范运用自由。政治行动者可以而且应该在他们尊重或不尊重所有人（包括他们自己在内）的生命和自由的基础上来被比较。这样说来，我只是重申了对于温和的文化相对主义的要求。只有那些包含统治、强制、武力和暴力在内的行动应该被排列和比较。适当的政治行动多多少少包含这些选择的一个；而且正是这种"多"或"少"的程度提供了比较和排列个体政治行动者的严格标准。

我的论证归结起来：极端的文化相对主义与我们的正义感相矛盾。如果我们接受了极端的文化相对主义，我们不能反对运用"双重"标准。在这种情况下，我们既不能提出正义的评判和行动的要求，也不必把种族中心主义的评价当作正义的。而且正义感不存在，因为我们谴责运用"双重标准"是不正义的。对此的明显反对如下，尽管我们拒绝运用"双重标准"，但我们一定一直在运用它们。政治敌手彼此谴责运用双重标准，但他们不是担心他们自己运用双重标准。然而，这个悲伤的事实并不拒绝"正义感存在"的论断。无论什么样的规范都应该被运用于社会集群的每一成员，同样的事情或者相似的事情会发生。在各方面都很容易判断他人比我们自己更正义。第二种可能的异议更严肃。可以说没有一种人类的概念是通过一些实质性的目的来定义的，而且这个概念本身排斥正义，鼓励从实质性的目的出发运用不同的标准。这毋庸置疑是真实的。然而，只能证明正义感不是普遍的而并非不存在。某种规范适用于人类应该是首要的（至关重要的）人类集群的意愿，而且这些规范应该嘱咐我们尊重所有可能居住于过去的文化中的人的生命和自由，确实存在，但是并非每个人都有这种意愿。如果所有人都有，人类可能已经，事实上，成为首要的（至关重要的）集群。为了人类变为集群，所有政治联盟的人必须分享这种意愿。但是我们应该按照它们是这样来行动。不管其他人怎么样活动，我们自己都不应该运用双重标准。

正义感属于实践理性，而关于各种文化独特性的理解属于理论理性的范围。尽管差别可能是模糊的，不过确实存在。正义感反对极端的文化相对主义，只是在它对我们此时此刻的判断和行动产生影响的时候。由此推导出将一些普遍标准运用于某种行动和结构，无论它们发生在哪一种文化中，是一种道德职责——只有在涉及对当代文化中的行动和结构进行比较和排列的时候。人们可以运用同样的标准评价过去的和消失的文化，但这是观点和品位的问题，而不是道德职责的问题。我们只能说这完全不是理论上模糊或者不合理地运用相同的尺度评价发生在过去文化中的某种行为的事情，我们只在自己的文化中运用相同的尺度评价类似的行为。没有人会因莎士比亚将阿基里斯（对于年轻的亚历山大大帝来说是模范）描绘为一个残忍的和心胸狭隘的小丑而责备他，写作正是从他的伊丽莎白的人道主义立场出发的。毫无疑问，这是"现代化"的结果，但是一种不断地和不可避免地影响我们的现代化。我们在学校里知道了布鲁特斯——杀掉了自己的儿子的罗马人，而且或许避免评判这种人，或者我们主张"共和国美德"的现象。但是之后我们读到了约瑟夫和玛格达·戈培尔失败后毒死了他们的孩子——为了不让"孩子们成为奴隶"。换句话说，出于同样的意识形态动机，且如果我们憎恶后者的行为，我们常常回顾地谴责罗马历史主角的所谓的英雄主义。这实际上是现代化，但是我没有看到更多需要道歉的理由。历史应该从那些遭受了最多苦难的人的视角出发被重写吗？一种事实上非常值得称赞的事业。这可能是在一种普遍的原则基础上运行的"现代化"——对苦难的缓解。但是在什么基础上它可能是公然虚假或者错误的？然而，这里我不得不重申在评价某种文化意义上根深蒂固的行为模式中运用普遍原则是必要的，只有我们在处理共存于我们现代的世界的文化的时候是这样。但是就当下而言，这是一种应该。

图书在版编目(CIP)数据

文化哲学基础理论研究 / 丁立群主编. -- 北京：
社会科学文献出版社, 2019.12
（黑龙江大学文化哲学研究丛书）
ISBN 978-7-5201-5257-0

Ⅰ.①文…　Ⅱ.①丁…　Ⅲ.①文化哲学－理论研究
Ⅳ.①G02

中国版本图书馆CIP数据核字（2019）第154625号

·黑龙江大学文化哲学研究丛书·

文化哲学基础理论研究

主　　编 / 丁立群
副 主 编 / 周来顺

出 版 人 / 谢寿光
组稿编辑 / 周　丽　王玉山
责任编辑 / 王玉山
文稿编辑 / 刘　翠

出　　版 / 社会科学文献出版社·经济与管理分社（010）59367226
　　　　　　地址：北京市北三环中路甲29号院华龙大厦　邮编：100029
　　　　　　网址：www.ssap.com.cn
发　　行 / 市场营销中心（010）59367081　59367083
印　　装 / 三河市尚艺印装有限公司

规　　格 / 开　本：787mm×1092mm　1/16
　　　　　　印　张：20　字　数：288千字
版　　次 / 2019年12月第1版　2019年12月第1次印刷
书　　号 / ISBN 978-7-5201-5257-0
定　　价 / 138.00元